HISTOIRES AVEC LA MORT EN CRIME

Dans Le Livre de Poche :

ALFRED HITCHCOCK

présente :

HISTOIRES À NE PAS LIRE LA NUIT.
HISTOIRES À FAIRE PEUR.
HISTOIRES DIABLEMENT HABILES.
HISTOIRES À N'EN PAS REVENIR.
HISTOIRES MACABRES.
HISTOIRES ANGOISSANTES.
HISTOIRES PIÉGÉES.
HISTOIRES RICHES EN SURPRISES.
HISTOIRES DE MORT ET D'HUMOUR.
HISTOIRES TROUBLANTES.
HISTOIRES NOIRES.
HISTOIRES MÉDUSANTES.
HISTOIRES QUI DÉFRISENT.
HISTOIRES À SANG POUR SANG.
HISTOIRES POUR TUER LE TEMPS.
HISTOIRES EXPLOSIVES.
HISTOIRES DÉROUTANTES.
HISTOIRES À CORPS ET À CRIMES.
HISTOIRES AVEC PLEURS ET COURONNES.
HISTOIRES À RISQUES ET PÉRILS.
HISTOIRES D'ARGENT, D'ARMES ET DE VOLEURS.
HISTOIRES DE LA CRÈME DU CRIME.
HISTOIRES DE SANG ET DE SOUS.
HISTOIRES DE TROUBLE ÉMOI.
HISTOIRES DE FAISANS À L'HALLALI.
HISTOIRES PLEINES DE DOMMAGES ET D'INTÉRÊT.
HISTOIRES DÉLICIEUSEMENT DÉLICTUEUSES.
HISTOIRES D'OBSESSIONS TEXTUELLES.
HISTOIRES DE MORTS SÛRES ET MÉFAITS DIVERS.
HISTOIRES D'HUMOUR, SÉVICES ET MORGUE.
HISTOIRES D'ÉPREUVES ET DE CORRECTIONS.
HISTOIRES DE DERNIERS HEURTS.
HISTOIRES AVEC VUE SUR LA MORT.
HISTOIRES À SE FAIRE UN SANG D'ENCRE.
HISTOIRES DE DÉCÈS DÉCIDÉS.
HISTOIRES D'HOMICIDES À DOMICILE.
HISTOIRES D'EFFORTS FAITS EN FORFAITS.

ALFRED HITCHCOCK

présente :

Histoires avec la mort en crime

LE LIVRE DE POCHE

LA CLEF DE TOUT

par ALBERT BASHOVER

Carnow Industries, une des plus grandes manufactures de jouets aux U.S.A., occupait quatre étages dans un immeuble de Jamaïca à New York. Deux succursales étaient implantées en Caroline du Sud et à Taïwan.

La plupart des gens se figuraient qu'une société de cette envergure était dirigée par tout un état-major de directeurs, donnant des ordres depuis leurs bureaux lambrissés du dernier étage de la maison-mère. Mais dans l'univers du jouet, on savait qu'un seul homme tenait les rênes du pouvoir : Sacha Carnow.

Débarqué de Russie à quatorze ans et sans un sou vaillant, Sacha découvrit bien vite que rien n'était impossible en Amérique. Il suffisait d'un peu de chance, d'intelligence, d'astuce, et de travailler dur, pour réussir.

À présent, ce milliardaire mettait le même acharnement à contrôler son empire qu'au temps de ses débuts, dans un bâtiment vétuste de Brooklyn où son affaire ne comptait que cinq employés. Corpulent et chauve, il arpentait les couloirs au pas de charge et avec autant de grâce qu'un rhinocéros.

Du vice-président au simple balayeur, personne n'échappait à Sacha Carnow. Le « vieil homme », à un moment ou à un autre, surgissait à l'improviste et s'apercevait immédiatement de ce qui n'allait pas dans leur travail. Il expliquait alors comment faire pour devenir plus performant. Ces intrusions n'étaient guère appréciées, néanmoins le rendement s'en trouvait nettement amélioré. Le but recherché par Sacha qui avait toujours ce qu'il voulait ou presque....

Il avait voulu un fils qui lui succéderait et son vœu n'avait pas été exaucé. Après la naissance de sa fille Miriam, les médecins annoncèrent à Sacha que son épouse ne pourrait plus avoir d'enfant. Miriam possédait tout ce que les parents souhaitent : santé, beauté, intelligence. Elle avait obtenu son diplôme de fin d'études avec mention et était sortie de l'université de Droit en tête de sa promotion. Mais aux yeux de son père, elle n'en était pas moins une fille.

Les vieilles coutumes et les préjugés de son pays natal demeuraient encore si profondément ancrés en lui, que Sacha n'admettait pas de laisser, un jour, une firme comme la sienne, à une femme... à une très jeune fille, plus exactement.

Il estimait pourtant que rien n'était perdu. Il lui fallait un gendre pour remplacer le fils que le ciel lui avait refusé. Mais quand Miriam annonça qu'elle entrait dans un cabinet d'avocats, il jugea qu'il était temps d'agir. Imprévisible, elle risquait d'épouser un garçon qui, lui aussi, ne s'intéresserait pas à l'industrie du jouet.

Un des dessinateurs, Jerry Solomon, attira son attention et il pensa recevoir une réponse à ses prières. Jerry paraissait être le gendre idéal : un jeune célibataire, d'un physique agréable, ambitieux, doté d'un esprit brillant, plein d'idées originales et ayant même réalisé des projets qui s'avéraient prometteurs. Tout son portrait, trente ans auparavant.

On pouvait peut-être lui reprocher son caractère obstiné, mais de ce côté-là Miriam n'avait rien à lui envier.

Sacha confia le soin de créer un département de Recherches à son vice-président Dave Rabb. Jerry Solomon, qui travaillait dans son service, en prendrait la direction, avec six ingénieurs qualifiés sous ses ordres, un bureau privé et une secrétaire.

Cette promotion permettait à Sacha d'inviter son protégé pendant le week-end dans sa propriété de Long Island. « Il s'agit d'une réunion de travail », crut-il bon de préciser. Sacha manquait peut-être de subtilité, mais il s'arrangeait toujours pour parvenir à ses fins.

Dès son arrivée, le domaine de Long Island impressionna Jerry. La bibliothèque plus vaste que son appartement et le fait qu'un domestique lui verse un vin de grand cru dans un verre en cristal accentuèrent sa gêne. Sacha, lancé dans une discussion animée avec les deux pontes de la société, Dave Rabb et Harry Kaye, le directeur des ventes, fit une brève pause, le temps d'accueillir Jerry et d'expédier les présentations, puis reprit l'entretien là où il l'avait laissé.

Sans doute à cause de la différence d'âge, les deux autres appelaient Jerry par son prénom alors que celui-ci leur donnait du « monsieur Rabb et monsieur Kaye » comme un petit garçon qui s'adresse à des grandes personnes. C'était d'ailleurs tout à fait l'impression qu'il avait. Pourtant son nouveau statut le plaçait presque sur un pied d'égalité avec eux. Il essaya d'intervenir dans la discussion qui roulait sur la prochaine présentation de jouets à New York, mais ses aînés formaient un cercle privé et se renvoyaient la balle sans tenir compte de son opinion.

Jerry abandonna la partie et fixa son attention sur la cinquième personne présente : une grande jeune fille brune, à peu près du même âge que lui, aux yeux noirs et brillants. Sacha s'était borné à des présentations succinctes. « Ma fille Miriam, avait-il dit. Elle est avocate. » et désignant Jerry : « Monsieur Solomon, notre génial dessinateur et directeur des Recherches. »

La gêne par trop apparente du jeune homme fit sourire Miriam. Elle s'assit à côté de lui. Son père, maintenant, exposait tout ce qui freinait la bonne marche de l'entreprise, un sujet intarissable. Les autres, élevant également la voix, se mirent à parler tous les deux en même temps.

Miriam murmura à son voisin :

— C'est à chaque fois la même chose, monsieur Solomon. Mon père ne s'arrête que lorsqu'il est à bout de souffle, mais Dave et Harry s'empressent de prendre le relais. Impossible de placer un mot. Nous n'existons pas pour eux, aussi nous ferions bien d'aller ailleurs. Qu'en pensez-vous ?

Sa voix veloutée avait, peut-être inconsciemment, des intonations charmeuses. Jerry admettait difficilement qu'elle ait hérité du poids écrasant des gènes de Sacha Carnow.

— Je ne demande pas mieux, répondit-il. Ça nous donnera l'occasion de faire plus ample connaissance.

Le début de cet aparté laissant entrevoir qu'un flirt pouvait s'ébaucher entre eux, Jerry jouait le jeu, mais il constata avec surprise qu'il souhaitait vraiment découvrir la personnalité de Miriam.

— Lorsque vous dites « monsieur Solomon », il me semble que vous vous adressez à mon père, ajouta-t-il. Mon prénom est Jerry.

Miriam lui dédia un second sourire.

— Eh bien, Jerry, je vais vous faire visiter le domaine. Le parc est magnifique en cette saison.

— Excellente idée, Miriam.

Elle se leva et posa la main sur son bras.

— Papa, je vais faire une petite promenade avec monsieur Solomon... avec Jerry. Nous serons rentrés pour le dîner.

Sacha leur tournait le dos et ne vit pas l'air espiègle de sa fille. Il leur lança par-dessus son épaule :

— D'accord ! Allez-y...

Miriam montra à Jerry les nombreuses variétés de fleurs, puis ils flânèrent sous le couvert des arbres, échangeant leurs impressions sur le dernier concert auquel ils avaient assisté à Broadway ainsi que sur une exposition de peinture. De là, ils passèrent à la politique.

Miriam avait connu quelques déboires avec les garçons. Ils la trouvaient jolie, mais son intelligence les déconcertait. Par contre, il lui sembla que Jerry, lui, appréciait ce côté intellectuel.

Après dîner, Harry Kaye souleva le problème concernant les équipements de pêche pour les juniors.

— Nous avons investi un bon paquet de fric et pourtant ces équipements se vendent mal, expliqua-t-il. Vous nous avez apporté quelques idées, Jerry, mais il faudrait vraiment une présentation qui accroche l'œil. Vous devriez piocher davantage la question.

— Je vais y penser, monsieur Kaye, bien que je n'y connaisse pas grand-chose en matière de pêche.

— Que nous chantez-vous là, Jerry ! s'exclama Sacha. Les Américains apprennent à pêcher dès la prime enfance.

— J'avoue que cela ne m'a jamais beaucoup attiré, monsieur.

Kaye insista :

— Je vais vous dire ce que nous allons faire, mon jeune ami. Je vous invite samedi prochain sur mon bateau. Rien de tel pour se relaxer et réfléchir. Je vous prêterai tout un attirail de pêche. Essayez une fois, et je vous garantis que vous aurez mordu à l'hameçon.

Harry, satisfait de son jeu de mots, éclata de rire. Jerry avait l'air embarrassé.

— Quand j'avais dix ans, mon père a voulu m'apprendre à pêcher. Il m'a montré comment accrocher un ver vivant à l'hameçon, ce qui m'a déjà rendu malade. J'ai fini quand même par attraper un petit poisson et j'ai constaté avec horreur que le crochet s'était planté dans son œil. Mon père l'a rejeté à l'eau. Il a flotté un moment à la surface et a coulé. J'ai compris que je venais de tuer, sans aucune raison. J'en ai eu longtemps des remords. Je suis désolé, monsieur Kaye, je trouve la pêche et la chasse parfaitement écœurantes.

Harry marqua un léger mépris.

— Seriez-vous végétarien ?

— Non, je ne le suis pas. Cependant, je ne changerai pas d'avis. Je...

S'apercevant que Jerry ne tarderait pas à être débordé, et de l'expression irrité de son père, Miriam déclara d'une voix suave :

— Excusez-moi, de toute façon Jerry n'est pas libre samedi. Nous devons jouer au tennis. À chacun sa façon de se distraire.

Elle sourit à Jerry.

— Je compte sur vous, n'est-ce pas ?

Il acquiesça avec un regard reconnaissant.

Peu soucieux de tenir tête à la fille du patron, Harry garda le silence.

Sacha n'était pas particulièrement enchanté de ce qu'il venait d'entendre. L'industrie du jouet, soumise à une compétition sans merci, était un univers féroce où les loups se dévoraient entre eux. Un homme démuni d'un « instinct de tueur » y tenait à peine un an. Peut-être avait-il commis une erreur de jugement à l'égard de Jerry ? Il devait le surveiller avant que celui-ci se mette à jouer les futurs gendres.

Mais il était trop tard. Miriam avait décidé que ce jeune et génial ingénieur, qui refusait de tuer les animaux, possédait des qualités qu'elle aimerait étudier de plus près...

Trois semaines plus tard, Dave Rabb appela Jerry dans son bureau.

— Vous êtes la seule personne à qui je peux me confier, dit-il d'emblée. Quand vous saurez tout, je suis sûr que vous comprendrez que je serai bientôt obligé de mettre Sacha au courant. Voici ce qu'il en est. L'année dernière, la société Acme Toys a sorti un modèle de bateau téléguidé qui était presque la réplique de celui que vous aviez dessiné. Vous vous en souvenez ?

Jerry réfléchit un moment et approuva.

— Je m'en souviens, monsieur Rabb. Vous m'aviez dit alors avoir parlé au directeur des ventes de cette société et conclu qu'il s'agissait d'une coïncidence. Je vous avais répondu que j'en doutais fort. Leur modèle ressemblait vraiment trop au mien.

— Eh bien, Jerry, il semble que vous aviez raison. Grâce à un de nos employés dont le frère travaille à Acme Toys, j'ai appris que cette société a commandé les pièces nécessaires pour fabriquer une poupée qui marche et qui parle. D'après sa description, c'est le même modèle que vous avez mis au point il y a six mois. Une fois, ça passe, deux : on ne peut plus croire à une coïncidence. Je commence à penser que nous avons un espion dans notre département.

Jerry fronça les sourcils.

— Les plans de la poupée n'ont jamais quitté mon bureau. Je n'ai pas de coffre-fort, mais le tiroir où j'enferme mes croquis a une serrure à gorges. Et lorsque je travaille sur une nouvelle idée, je fais toujours en sorte de mettre tous mes papiers en sûreté. Si cette serrure avait été trafiquée, je m'en serais aperçu.

— Je tenais à vous exposer les faits, Jerry. Je sais que Sacha a les yeux sur vous et des projets importants à votre égard, mais vous le connaissez ? Les affaires avant tout ! S'il y a eu des fuites, je vous conseille de trouver rapidement le coupable. Si elles proviennent de votre service et que la compagnie subisse de grosses pertes, je ne vous cache pas que vous risquez de perdre votre situation.

Jerry regagna son bureau, très perturbé. Il devait admettre que Dave Rabb voyait juste : quelqu'un de son entourage, un de ses ingénieurs, avait communiqué ses plans à un concurrent. Ils étaient ses proches collaborateurs, les seuls à savoir sur quoi il travaillait.

L'espionnage industriel n'était pas nouveau, mais Jerry se sentait comme violé. Il était avec ces hommes depuis près de deux ans, les connaissait ainsi que leurs familles. Découvrir un espion parmi ces six collaborateurs lui posait déjà un grave problème, l'accuser et le licencier, c'était intolérable. Jerry n'avait jamais rien fait de semblable et la pensée de se tromper lui donnait la nausée.

Jerry savait que Sacha suivait ses relations avec sa fille et semblait favorable à ce que celles-ci se transforment en quelque chose de plus profond. Il savait aussi qu'en apprenant cette affaire d'espionnage, Sacha exigerait de sa part une action rapide et efficace. Peu importait qui en paierait le prix.

Cela allait être un véritable bras de fer, et cette perspective atterrait Jerry.

Il était dix-sept heures et les employés commençaient à partir. Une heure plus tard, il n'y avait plus personne dans le service, sauf Jerry toujours plongé dans ses pensées. Il était certain d'avoir enfermé les dessins de la poupée chaque fois qu'il s'absentait, même brièvement, et tous les soirs avant de s'en aller. Évidemment, dans la journée, il arrivait qu'ils restent sur son bureau avec d'autres papiers. Quelqu'un les avait vus, ou plutôt aperçus, mais qui ? Et comment avait-on pu les photographier ?

La première question semblait plus facile à résoudre que la seconde. Il fit un rapide tour d'horizon, examinant la possible culpabilité d'un de ses collaborateurs, et s'arrêta à Frank Duval. L'ingénieur travaillait depuis douze ans à Carnow Industries et avait quelques années de plus que lui. Ils s'entendaient assez bien jusqu'à ce que Jerry soit nommé à la tête du département des Recherches. L'attitude de Frank changea d'une façon très perceptible et, en différentes occasions, il ne se priva pas de dire qu'il était capable de tenir ce poste.

Oui, ça pouvait être Frank — c'était probablement Frank — ce qui n'expliquait pas comment il s'y était pris.

Jerry ne se rappelait pas lui avoir donné des détails sur cette poupée. Même si Frank avait aperçu les croquis sur son bureau, il n'avait pu y avoir accès. Et pourtant, Acme Toys était maintenant en possession du projet achevé. Apparemment, il fallait bien admettre que Frank avait trouvé le moyen d'ouvrir le tiroir sans laisser la moindre trace.

Parfois, les ingénieurs demeuraient après les heures de travail. Le suspect s'était sans doute arrangé pour être seul. Mais à quoi cela lui aurait-il servi du moment qu'il n'avait pas la clé du tiroir ? Jerry conservait les doubles des clés de tous les bureaux et fichiers dans un casier rivé au mur de son propre bureau et fermé au cadenas. Cependant, il gardait celle du tiroir accrochée à son trousseau.

Jouer au détective était comme une seconde nature chez lui. Chaque défi que Jerry se lançait en mettant au point le mécanisme d'un jouet ressemblait aux indices que Sherlock Holmes ajustait dans une enquête. Hélas, aujourd'hui, Jerry était confronté à un problème quasi insoluble.

Pourtant, à force de réfléchir, une idée se fit jour peu à peu dans son esprit et il entrevit une partie de vérité.

Le visage sans expression, il tourna de gauche à droite dans son fauteuil pivotant. Ça l'aidait à se concentrer, à étudier les diverses facettes de cette affaire.

À supposer qu'il soit le voleur... de quelle façon aurait-il eu accès aux secrets enfermés dans le tiroir d'un de ses collègues sans en avoir la clé et sans éveiller les soupçons de celui-ci ?

Vingt minutes s'écoulèrent, le silence troublé seulement par le grincement du fauteuil. Finalement, Jerry sourit, puis son visage se durcit. Il se leva d'un bond et descendit chercher un tournevis dans l'atelier.

Une fois de retour, il fit glisser son tiroir, retira les écrous qui fixaient la serrure, enleva celle-ci et l'examina d'un air pensif. Un souvenir de jeunesse lui revint en mémoire. En ce temps-là, déjà passionné de mécanique, il avait démonté, un jour, la serrure du bureau de son père. Elle était du même modèle que celle qu'il tenait dans la main et l'ingéniosité de l'assemblage l'avait fasciné.

À l'intérieur du barillet, il y avait cinq trous correspondant aux cinq trous d'une clé spécialement forée. Deux vis en cuivre maintenues l'une contre l'autre par un petit ressort s'ajustaient dans chacun des trous. Ces vis pouvaient être placées à différents intervalles, ainsi seule une clé de la longueur appropriée était capable de régler la séparation entre les deux vis avec celles des barillets intérieurs et extérieurs. Avec cinq vis de diverses longueurs, le nombre possible de clés était astronomique.

Jerry se souvenait aussi qu'en ôtant le barillet de la serrure, toutes les vis et les ressorts avaient volé en l'air comme une nuée de sauterelles et s'étaient éparpillés sur le tapis. Il s'était empressé de tout remettre en place avant l'arrivée de son père. Mais il n'avait retrouvé que deux jeux de vis s'adaptant à deux trous. Même avec les trois autres jeux qui manquaient, la serrure fonctionnait normalement et son père n'avait jamais rien découvert.

Jerry se reprocha sa négligence. Comme il s'y attendait, quatre des cinq trous du barillet étaient vides. Par contre, le dernier trou possédait les vis et le ressort qui convenaient. Cet unique jeu permettait de croire que la serrure fonctionnait correctement. Mais, il y avait un énorme hic : n'importe quelle clé — pas moins d'une centaine — était susceptible de l'ouvrir.

Jerry éprouva du soulagement et à la fois de la tristesse. Il savait comment l'espion avait opéré. Rien de bien compliqué. Quand il n'avait pas de projet en cours, Jerry ne fermait pas son tiroir. Le suspect, Frank en l'occurrence, en avait profité pour rester après les autres et trafiquer la serrure.

Sa clé ouvrait donc le tiroir, tout comme celles des cinq ingénieurs du service. Jerry ne pouvait rien prouver contre Frank.

Jerry et Miriam avaient rendez-vous dans une trattoria où ils se retrouvaient depuis trois semaines. Le restaurant étant près de son lieu de travail, Miriam arriva la première. Assise à « leur table », elle respirait les bonnes odeurs qui venaient de la cuisine. Peu de temps après, Jerry s'installa en face d'elle.

En général, ils évitaient de parler de ce qui se passait au cabinet d'avocats ou à Carnow Industries. Mario, sans qu'ils aient besoin de commander, leur apportait les spécialités de la maison. Après le repas, ils se promenaient dans la Huitième Avenue, insensibles au bruit, à la pollution et à la grisaille qui les entouraient. Parfois, ils allaient au cinéma ou au théâtre puis Jerry raccompagnait Miriam et la quittait en posant un baiser sur ses lèvres. La jeune avocate savait qu'ils ne tarderaient pas à finir la soirée d'une façon différente...

D'ordinaire, Jerry éloignait les soucis. Plus rien ne comptait lorsqu'il était auprès de Miriam, mais aujourd'hui il n'y parvenait pas. Elle tenta de donner un tour enjoué à la conversation puis finit par demander :

— Qu'est-ce qui ne va pas, Jerry ? Dites-moi ce qui vous préoccupe.

— Nous avons décidé de ne pas parler de notre travail, Miriam. Je serais navré de ne pas tenir ma promesse.

— Je suis née dans le monde des affaires, ne l'oubliez pas, lui rappela-t-elle. Je suis sûre que je pourrais vous aider.

Il expliqua son entretien avec Dave Rabb, sa découverte de la serrure trafiquée et ses soupçons sur Frank Duval.

— Vous voyez, conclut-il, j'ai trouvé comment il avait opéré, mais il m'est impossible de l'accuser sans preuve et de le licencier. Imaginez que je me trompe de coupable ? Je me refuse à ruiner la réputation de cet homme tant que j'ai des doutes. Mais vous connaissez votre père ? Sacha voudra une solution positive et rapide. À ma place, il renverrait Frank immédiatement. Moi, je ne peux pas !

— Il est vrai que mon père ne s'embarrasse pas de sentiment, admit Miriam. Cependant, il faut le comprendre : il ne peut permettre que ces fuites continuent. Vous devez prendre l'affaire en main, Jerry. J'ai bien une idée...

— Je vous écoute.

— C'est un coup un peu tordu, mais ça ne vous coûte rien d'essayer...

Jerry s'absenta pendant deux jours. Quand il revint au bureau, les commentaires allaient bon train. Après toutes ces années à Carnow Industries, Frank Duval venait de démissionner en se contentant de téléphoner au directeur du personnel. Il n'était même pas venu chercher ses affaires, à croire qu'il évitait de voir ses collègues.

Jerry s'assit à son bureau, constata sans surprise que son tiroir n'était pas fermé à clé. Aucune importance, cette fois il ne contenait pas de secret. Il en sortit une feuille de papier, secoua un peu de farine qui y adhérait encore et sourit en parcourant les lignes qu'il avait écrites :

« Cher Frank. Puisque la farine que j'ai saupoudrée sur cette feuille est éparpillée dans mon tiroir, c'est que vous aurez lu mon message. Considérez donc ceci comme une lettre de licenciement. Vous comprenez pourquoi je vous ai confié tant de travail avant de partir. Je vous offrais là un prétexte de faire des heures supplémentaires. Cela ne vous étonnera pas s'il n'y a aucun projet susceptible de vous tenter. J'espère que cette expérience vous servira de leçon dans votre nouvelle situation. Il est évident que vous ne pouvez compter sur une recommandation de ma part !

« Si j'ai découvert que vous vendiez mes plans à Acme Toys, n'imaginez surtout pas que c'est par hasard. Au cas où cela vous viendrait à l'esprit, sachez que j'ai pris mes précautions. Sachez que seule votre clé a pu ouvrir ce tiroir. Pour la raison que cette serrure est la vôtre ; j'ai posé la mienne, celle que vous avez trafiquée, sur le tiroir de votre bureau. »

Jerry fit pivoter son fauteuil. Sacha approuverait sans doute les résultats de son enquête, mais serait plus réticent quant à la méthode employée. Pour lui, Jerry aurait dû affronter Frank et lui arracher des aveux. Mais il existe plusieurs manières de vaincre un adversaire.

Peut-être laisserait-il le soin à Miriam d'en parler à son père ? Après tout, c'était son idée...

Miriam ! Jerry sourit. Il ne voulait plus penser qu'à elle et à leur avenir.

Key for Two
Traduction de Dominique Sidot

SAN JUAN-LES-PÉPINS

par KENNETH GAVRELL

Avec une régularité de métronome, les vagues vertes, couronnées d'écume blanche, retombaient lourdement sur le sable. Il n'y avait aucun bruit, hormis les cris des mouettes qui effectuaient des figures acrobatiques au ras de l'eau. Machinalement, j'ouvris une canette de bière. La troisième en moins d'une heure.

Après une rupture, la ville dans laquelle on a conjugué à deux le verbe aimer se transforme en un piège insidieux. À chaque coin de rue ou presque, les souvenirs vous assaillent et vous rappellent cruellement votre infortune.

Il y avait ce petit restaurant italien où les serveurs jonglaient avec les plats et n'arrêtaient pas de courir entre la salle et la cuisine.

Le bar argentin où une vieille ivrognesse me demandait toutes les cinq minutes si j'avais vraiment l'intention de finir mon verre. Finalement, je m'étais débarrassé d'elle en lui offrant un double Martini.

Et puis, bien entendu, la boîte de nuit où, à l'issue d'une folle soirée, nous avions gagné un concours de tango.

Sans oublier le parking où je m'étais tordu la cheville en sautant par-dessus le capot d'une grosse limousine. Un pari idiot après un dîner trop bien arrosé.

Me promener dans San Juan était devenu un véritable calvaire et, pour me changer les idées, j'avais décidé d'aller passer la journée à Playa Azul, une station balnéaire située à une heure de route de la capitale de Porto Rico. Assis à l'ombre d'un cocotier, le dos appuyé contre un vieux tronc poli et blanchi par la mer, je contemplais avec nostalgie ma fidèle glacière en plastique. Elle, au moins, elle m'avait toujours été fidèle.

La plage était quasi déserte. À quelques mètres devant moi, allongé sur un transat, un touriste américain exposait ses chairs molles et grasses à l'ardeur des rayons du soleil. Lentement, sa peau était en train de virer au rouge vif et je me dis qu'il se préparait des nuits difficiles, pour ne pas dire cuisantes. Sur ma gauche, un peu en retrait, deux amoureux s'embrassaient, étroitement enlacés, et, tout au bord de l'eau, un jeune homme, torse nu et en short, courait avec l'ardeur d'un futur champion de marathon.

S'il y avait une chose dont je n'avais pas envie, c'était bien de courir ou faire quelque mouvement que ce soit. À la rigueur, lever le coude. Juste assez pour porter la canette de bière à mes lèvres. Pour être franc, le noir que je broyais était aussi opaque que la conscience d'un parrain de la Mafia. Raquel partie, je me trouvais à nouveau dans le vide et dans le froid. Tous les rapports scientifiques s'accordaient pour annoncer un réchauffement de la planète ? Pas ma planète à moi. La mienne était en train de se refroidir depuis déjà plusieurs semaines et elle était maintenant proche du zéro absolu.

Et, sans doute pour me torturer encore un peu plus, j'avais pris la décision de ne plus fumer. À toutes les heures du jour et de la nuit j'étais obsédé par l'envie de fumer une cigarette, mais j'avais trop de fierté pour céder à la tentation. Cela faisait quinze jours que j'avais renoncé à mon vice favori. Juste au milieu d'un paquet, sur une impulsion qui n'avait rien eu de prémédité.

Depuis lors, le paquet entamé se trouvait dans l'un des tiroirs de mon bureau et je le considérais un peu comme une sorte de symbole. De quoi, je n'aurais su le dire. J'espérais seulement que je l'aurais encore dans vingt ans et que je serais alors complètement libéré de l'esclavage de la nicotine.

Voyant que rien autour de moi ne pouvait avoir un effet bénéfique sur mon humeur, je décidai finalement que je ferais mieux de rentrer à San Juan et d'aller faire un tour à mon bureau. Avec un peu de chance, il y aurait peut-être une affaire assez passionnante pour me faire oublier Raquel.

*
* *

Raul était au bureau, ce qui me surprit un peu, car, d'habitude il ne venait jamais l'après-midi. En fait, il avait plus l'air de quelqu'un s'apprêtant à aller faire son jogging que de l'assistant d'un détective privé.

— Tu as décidé de changer de look ? questionnai-je en lui serrant la main.

— J'ai besoin de faire de l'exercice, Chef. Pour rester en forme. Je commence à me rapprocher de la trentaine, vous savez.

— Tu es allé à la Banco de Boriquen dans cette tenue ?

— Ils me connaissent, maintenant, Chef et je pourrais y aller en short sans que personne y prête attention.

— Tu as obtenu les informations à propos de l'hypothèque ?

— Oui, acquiesça-t-il en brandissant une feuille de papier. Je m'apprêtais à les poser sur votre bureau, Chef.

— Et les renseignements à propos du contrat ?

D'un geste de la main, Raul m'indiqua un autre document déjà sur mon bureau.

— Les voici, avec les mémos de Maria sur les appels téléphoniques qu'elle a reçus.

Maria est ma secrétaire. Je ne l'emploie qu'à mi-temps, car je n'ai pas assez de travail pour un plein temps. Un arrangement qui lui permet de mieux s'occuper de sa famille.

— Vous avez pris un jour de congé, Chef ?

— Oh, je suis seulement allé faire un tour à Playa Azul, répondis-je en ouvrant le placard à alcools. Le besoin de communier avec la nature, sans doute. Tu bois quelque chose ?

Raul regarda la bouteille de Palo Viejo que je venais de sortir comme si elle contenait un poison mortel.

— Je vais aller courir, Chef !

Je haussai les épaules et me versai une large rasade.

— Pardonne-moi, mais, en ce qui me concerne, la ligue antialcoolique peut bien aller au diable !

— Vous avez bien arrêté de fumer, pourtant, me fit observer Raul sur un ton qui n'était pas exempt d'un certain reproche.

— Oui, concédai-je. Mais il s'agissait d'une décision prise dans un moment d'égarement passager.

— Néanmoins, vous n'avez pas repris, n'est-ce-pas ?

— Non, acquiesçai-je. Parfois, je me demande si je ne suis pas un peu masochiste.

Raul était déjà à la porte pour aller courir ses dix kilomètres. Tout en buvant mon rhum, je lui dis au revoir d'un signe de la main et parcourus ensuite les mémos que m'avait laissés Maria.

La plupart des appels concernaient des problèmes de routine : Deux d'entre eux étaient des réponses à des demandes que j'avais faites. L'un émanait d'une société qui m'avait confié l'élucidation d'une sombre affaire de concurrence déloyale et l'autre d'un parti politique (nous étions en pleine campagne électorale). Un troisième appel provenait d'une femme en instance de divorce, persuadée que son mari était en train d'essayer de la déposséder des biens qui devaient lui revenir. Le seul mémo qui piqua ma curiosité concernait une personne m'ayant appelé deux fois et dont le nom ne me disait rien. Cela ressemblait à un nouveau client. Saisissant mon téléphone, je composai le numéro que Maria avait consciencieusement noté.

— Allô, qui est à l'appareil ?

La voix était féminine et appartenait, apparemment, à une personne d'un certain âge.

— *Buenas tardes*, répondis-je en espagnol. Je suis Carlos Bannon, le détective privé. Je crois que vous m'avez appelé ?

— *Ah, sí. Yo queria hablar con usted sobre la posibilidad de una investigacion.*(Je voudrais vous parler au sujet d'une enquête que j'aimerais faire effectuer, si cela est possible.)

— Je suis là pour ça, répondis-je. Vous pouvez me donner quelques détails ?

— Euh... il y a des choses qui ne sont pas faciles à dire au téléphone.

— Bien sûr. Je vous comprends. Voulez-vous venir à mon bureau ou préférez-vous que nous nous rencontrions dans un autre endroit ?

— Et si vous veniez chez moi ? suggéra-t-elle. J'habite à Santiago Iglesias.

— Comme vous voudrez. Quand cela vous arrange-t-il ?

— Cela vous ennuierait de venir maintenant ?

— Pas du tout. Au contraire.

Je griffonnai son adresse sur une feuille de calepin, bus une autre rasade de Palo Viejo et fermai mon bureau. Dans le parking, ma vieille Nissan était encore chaude et, moins de trois minutes plus tard, je prenais la direction de Rio Piedras.

Je connaissais bien Santiago Iglesias. Il s'agissait d'un

quartier un peu vieillot dans les faubourgs de la capitale de Porto Rico. Un quartier de villas qui commençait à être grignoté par les promoteurs et par les entreprises commerciales. Pendant que je cherchais la rue où habitait la señora Vega, la dame qui m'avait téléphoné, je fus pris dans un embouteillage provoqué par une caravane électorale. Des voitures couvertes d'affiches, des haut-parleurs qui hurlaient et des militants de base qui distribuaient des tracts et des programmes politiques avec cet enthousiasme qui est la marque de la jeunesse et de l'innocence. L'un de nos augustes politiciens sollicitait mon suffrage. Au milieu du tintamarre, je parvins à saisir le nom du candidat : Arana. Apparemment le señor Arana convoitait un siège de sénateur. S'il parvenait à ses fins, il deviendrait l'un des membres de la prestigieuse assemblée qui gouvernait le commonwealth de Porto Rico, État libre associé aux États-Unis d'Amérique, un mandat qui ferait de lui l'un des élus les mieux payés du monde occidental. Je ne sais pas pourquoi, mais nous avons des gouvernants qui ne se lassent jamais de se voter à eux-mêmes des augmentations massives.

Puis, soudain, M. Arana apparut en personne, juste devant moi. Un automate qui arborait un sourire de circonstance et serrait les mains de toutes les personnes ayant le privilège de croiser son chemin. Le pied sur l'accélérateur, j'enrageais. Ma fenêtre était ouverte et, en arrivant à ma hauteur, il se pencha et m'agrippa la main avec autorité.

— *Encantado conocerle !* (Enchanté de faire votre connaissance !)

Et, aussitôt, il se redressa pour passer à la voiture suivante.

Pendant près d'un quart d'heure, je restai bloqué dans ce maudit embouteillage. Enfin, les flonflons s'éloignèrent et, au bout de quelques minutes, je parvins à l'adresse que m'avait donnée la señora Vega. Ma cliente potentielle habitait un petit pavillon de plein pied coincé entre deux immeubles en béton, l'un rose et l'autre bleu. À Porto Rico, les terrains sont souvent minuscules et les gens construisent jusqu'en limite de leur propriété.

La porte et les fenêtres étaient protégées par des grilles en fer forgé. Je passai la main à travers et actionnai un vieux heurtoir en bronze. La porte s'ouvrit presque aussitôt devant une dame corpulente qui m'accueillit avec un sourire aimable.

— Vous êtes le señor Bannon, je suppose ?

Elle portait une robe d'intérieur en tissu imprimé et un collier qui se terminait par une grosse pierre bleue taillée en forme de cœur.

— C'est bien moi, acquiesçai-je en lui montrant ma carte professionnelle.

Elle déverrouilla la grille et je la suivis dans un petit salon mal éclairé, meublé dans un style vieillot.

— Voulez-vous du café ? me demanda-t-elle en espagnol.

Je refusai poliment. Si elle m'avait proposé une bière bien fraîche, j'aurais sans doute accepté, mais je n'avais aucune envie de boire du café.

Tandis qu'elle-même s'asseyait dans un vieux fauteuil, elle me fit asseoir en face d'elle sur un canapé qui, en comparaison, paraissait presque confortable.

— Au fait, comment avez-vous eu mon nom, señora Vega ? lui demandai-je en regardant autour de moi avec curiosité.

— C'est José Pagan qui me l'a donné.

Apparemment, ce nom aurait dû me dire quelque chose.

— Vous l'avez aidé à retrouver sa fille, précisa-t-elle. Il y a une huitaine d'années environ...

Je fis un effort pour me souvenir et quelques détails me revinrent. Il ne s'agissait pas d'une affaire particulièrement passionnante. Une fille qui s'était enfuie avec un musicien de rock.

— Et vous, quel genre de problème avez-vous à résoudre ?

— Ma sœur, Awilda, a été assassinée le mois dernier.

Sur le moment, je restai un peu décontenancé.

— Vous êtes sûre qu'elle a été assassinée ?

— Oui, affirma-t-elle sans hésiter. Sur ce point, il n'y a aucun doute. Elle a été abattue de trois balles en pleine poitrine alors qu'elle sortait de chez elle pour aller au supermarché. Son meurtrier l'attendait dans une voiture garée juste en face de sa maison.

— Et la police ?

— Une enquête a été ouverte mais, pour le moment, elle n'a abouti à aucun résultat tangible.

— L'inspecteur qui est chargé de l'affaire doit bien avoir une hypothèse, une explication ?

La señora Vega hocha la tête.

— Il pense qu'il s'agit d'une erreur. Le tueur aurait pris ma sœur pour quelqu'un d'autre. Hypothèse complètement absurde. Pour moi, il cherche seulement à justifier son inefficacité et c'est pour cela que j'ai demandé votre nom au señor Pagan.

Elle jouait nerveusement avec la pierre de son collier. Une pierre dont la couleur s'harmonisait avec l'un des bleus de sa robe.

— Hum... cette histoire me semble beaucoup plus compliquée que celle que j'ai résolue pour le señor Pagan, déclarai-je en hésitant. Avant de m'engager, il faut que vous me disiez tout ce que vous savez : Le passé de votre sœur, les gens qu'elle fréquentait, sa personnalité et ses activités. Bien entendu, je voudrais savoir également si vous la soupçonniez de mener une « double vie » et lui connaissiez des ennemis. D'autre part, il faudra que je voie l'endroit où le meurtre a été commis et m'entretienne avec les témoins éventuels.

Quelqu'un a vu la voiture, n'est-ce-pas ? Il ne s'agit que d'un début, naturellement.

Lorsque j'eus terminé mon petit numéro, elle se leva et mit en marche le ventilateur du plafond, un vieil appareil muni de grandes pales en bois verni. L'atmosphère devint un peu moins étouffante, mais, néanmoins, je continuai de transpirer à grosses gouttes.

— Vous savez, je suis une athée, déclara-t-elle d'une manière inattendue. Je crois que nous n'avons qu'une seule vie et j'estime que personne n'a le droit d'y mettre un terme avant l'heure. Ma sœur était plus jeune que moi — elle avait à peine soixante ans. Il lui restait donc peut-être encore vingt-cinq ans devant elle.

J'attendis patiemment en luttant, comme d'habitude, contre mon envie de fumer une cigarette.

— Awilda menait une existence paisible, comme moi, poursuivit-elle après une seconde ou deux de silence. Son mari, Julio, est mort d'un cancer, il y a plus de dix ans. Quant à son fils, il n'habitait plus avec elle. C'est l'un de ces jeunes de maintenant qui ne pensent qu'à eux-mêmes et n'ont aucun égard pour ceux qui les ont élevés. Un bon à rien qui, j'en suis bien sûre, ne lui a jamais donné un *cent*, même quand il était sous son toit.

« Elle s'apprêtait à aller faire ses courses de la semaine. Il était environ quatre heures de l'après-midi. Elle était presque parvenue à la portière de sa voiture, lorsqu'elle a été abattue par un homme assis dans une grosse limousine américaine garée de l'autre côté de la rue. Une voiture avec des vitres teintées, qui a démarré immédiatement après les coups de feu. Ma sœur était morte lorsque les voisins sont arrivés auprès d'elle.

— Est-ce que vous savez si elle avait des ennemis ou même, simplement, des gens qui lui en voulaient pour une raison ou pour une autre ?

— Oh, il y avait sûrement des gens qui ne l'aimaient

pas. Cependant, je suis persuadée que personne ne lui en voulait assez pour la faire assassiner.

— Je suppose qu'elle n'avait aucune relation — hum — intime avec un homme ?

Les lèvres pincées, elle me regarda comme si j'avais proféré une insanité.

— Cela ressemble à un crime de professionnel, poursuivis-je avec précipitation. En soi, on peut considérer que c'est déjà un indice. Pensez-vous que la mort de votre sœur puisse avoir un rapport quelconque avec son fils ?

Les traits lourds et sans charme de mon hôtesse se détendirent un peu et je vis qu'elle avait déjà envisagé cette éventualité.

— Ce n'est pas impossible, acquiesça-t-elle. D'après ce que j'ai entendu dire, Orlando est un *atorrante* — un petit voyou sans envergure. Je ne l'ai pas revu depuis au moins deux ans.

Je lui posai quelques questions supplémentaires sur son neveu, mais également sur la victime. Il fallait que je sache exactement qui elle avait été et quel était son passé. Puis, pour finir, je lui demandai si elle avait une photo récente de sa sœur. Après un instant d'hésitation, elle ouvrit un tiroir et me tendit un instantané en couleur, pris devant un arbre de Noël. Awilda était plus mince et ses cheveux étaient moins gris, mais il y avait un indéniable air de famille.

— Maintenant, déclarai-je, je voudrais voir l'endroit où le meurtre a été commis. C'est loin d'ici ?

— Oh non, répondit-elle en se levant. On peut y aller à pied. Venez, je vais vous y conduire.

Je la suivis et, une fois dehors, attendis qu'elle ait soigneusement verrouillé sa grille. À San Juan, personne ne laisse jamais une porte ouverte.

— Si j'avais été à la maison au moment du meurtre,

j'aurais entendu les coups de feu, ajouta-t-elle en passant devant moi pour me montrer le chemin.

*
* *

La maudite caravane politique continuait de tourner dans le voisinage. Pendant tout le trajet jusqu'à la maison de la victime, j'entendis la rengaine lancinante qui vantait les mérites du señor Arana. J'en vins presque à regretter de ne pas être inscrit sur les listes électorales. J'aurais éprouvé un certain plaisir à voter contre Arana.

Le pavillon où avait habité Awilda n'était pas plus grand que celui de sa sœur et ses murs n'avaient pas vu de pinceau depuis bien longtemps. La señora Vega me montra où, d'après les voisins, avait été garée la voiture du meurtrier. C'était presque en face du portail et, vu la distance, l'homme n'avait pas eu besoin d'être un tireur d'élite pour atteindre sa cible.

— Quels sont les voisins qui ont vu cette limousine ?

— Tous, ou presque. Hormis ceux qui n'étaient pas chez eux, bien entendu.

— Personne ne s'est étonné de sa présence ?

— Elle n'est restée qu'une vingtaine de minutes avant que ma sœur ne soit abattue.

Je jetai un coup d'œil autour de moi et hochai la tête.

— À votre avis, y a-t-il des gens que je devrais interroger en priorité ?

— Oui, acquiesça-t-elle. La señora Quintana — elle habite là-bas... (D'un geste de la main, elle m'indiqua une villa de l'autre côté de la rue) — et la señora Irizarry qui était la voisine la plus proche de ma sœur. Elles étaient les meilleures amies d'Awilda dans le quartier et toutes les deux ont remarqué la présence de cette voiture. Comme leurs maris travaillent, elles étaient, l'une et l'autre seules chez elles.

La señora Vega me présenta d'abord à la señora Irizarry, un petit bout de femme, maigre et sec, qui fumait cigarette sur cigarette. Un véritable supplice pour quelqu'un ayant pris la décision d'arrêter de fumer.

Je lui demandai si elle avait une idée sur les raisons pour lesquelles sa voisine avait été assassinée.

— Awilda ne sortait guère que pour aller faire ses courses. En fait, c'était presque une recluse. Son fils ne venait la voir que très rarement et à l'exception de quelques voisins, comme mon mari et moi, elle ne connaissait personne.

Elle s'interrompit et réfléchit pendant une seconde ou deux avant de poursuivre.

— Vous devriez peut-être chercher parmi les relations de son fils, suggéra-t-elle. Sauf de ce côté-là, je ne vois vraiment pas qui aurait pu avoir un quelconque intérêt à la supprimer.

— Vous savez où il habite ?

— Orlando ? Je ne suis même pas sûre qu'il habite quelque part. On m'a dit qu'il traînait souvent dans les bars et les boîtes de Santurce. D'après ce que j'ai compris, il a trempé dans beaucoup d'affaires louches. Racket, prostitution, recel de marchandises volées, drogue... Vous voyez ce que je veux dire.

La señora Vega soupira et secoua la tête.

— Chucho a toujours donné beaucoup de soucis à cette pauvre Awilda.

— Chucho ? m'étonnai-je. Je croyais qu'il s'appelait Orlando.

— C'est le surnom qu'il s'est choisi. Tous ses copains ne connaissent que Chucho. Il croit qu'il ressemble au chanteur Chucho Avellanet.

La señora Irizarry haussa les épaules.

— Il lui ressemble à peu près autant que moi je ressemble à la reine d'Angleterre !

— Auriez-vous une photo de lui ? demandai-je à la señora Vega.

— Non, me répondit-elle en secouant la tête. Du moins, je n'en ai aucune qui pourrait vous aider. Chucho doit avoir environ trente-cinq ans maintenant. Sur la dernière que j'ai prise de lui, il était en culotte courte.

— Comment croyez-vous que je pourrais le joindre ?

— Vous pouvez toujours essayer l'annuaire du téléphone, suggéra la señora Irizarry sur un ton dans lequel je ne parvins pas à déceler le moindre sarcasme.

Quelques minutes plus tard, je m'entretenais avec l'autre voisine, la señora Quintana, une dame âgée au tour de taille impressionnant et qui se déplaçait d'une jambe sur l'autre sans jamais plier les genoux. Dans les quartiers anciens il y a souvent une majorité de gens âgés et Santiago Iglesias ne faisait pas exception à la règle.

La señora Quintana n'avait également que fort peu d'estime pour le fils de sa malheureuse voisine. À plusieurs reprises, elle répéta qu'il était absolument « *sin vergüenza* » — sans vergogne. Il avait brisé le cœur de sa mère, une femme très digne et d'une honnêteté scrupuleuse. La señora Medina n'avait vraiment pas eu de chance ! Hélas, avec les enfants on est si souvent déçu ! On leur donne tout ce qu'on a et, bien des fois, on ne reçoit en échange que mépris et ingratitude.

Sur ces mots, elle leva les yeux au ciel comme pour dire que c'était la volonté divine et que personne n'y pouvait rien changer.

J'essayai d'obtenir quelques renseignements supplémentaires sur la voiture du meurtrier, mais sans beaucoup de succès. Personne n'avait songé à relever le numéro d'immatriculation. Il s'agissait d'une « grosse limousine américaine » de couleur noire. Aucune des deux femmes n'était capable d'en préciser la marque et, bien entendu, avec les vitres teintées, elles n'avaient pas vu les gens qui se trouvaient à l'intérieur.

Après avoir quitté la señora Quintana, je retournai à ma voiture en compagnie de ma « cliente ».

— Je suppose que vous savez que mes honoraires s'élèvent à quarante dollars de l'heure, plus mes frais éventuels, déclarai-je tout en marchant.

Elle hocha la tête.

— J'ai les moyens de vous payer.

— Naturellement, poursuivis-je, je vous fournirai une facture précise et détaillée. En outre, si je me rends compte que mes investigations ne conduisent à rien, je vous en aviserai rapidement et mettrai aussitôt un terme à mon enquête.

— J'ai confiance en vous, señor Bannon, affirma-t-elle. Vous réussirez. Le señor Pagan m'a dit que vous étiez très efficace.

Elle souriait — un sourire figé qui ressemblait à une grimace. Après tout, me dis-je, je l'ai mise en garde et elle est libre de dépenser son argent comme elle l'entend.

Deux minutes plus tard, je montai dans ma vieille Nissan et repris la direction de mon bureau.

*

* *

— Hello, Roberto.

— Hello, Carlos. De quoi as-tu besoin cette fois-ci ?

— Qu'est-ce qui te fait penser que j'ai besoin de quelque chose ?

À l'autre bout du fil, Roberto s'esclaffa.

— Pourquoi m'appellerais-tu si tu n'avais besoin de rien ?

— Bon, d'accord, concédai-je. Tu as deviné juste. À

propos, tu devrais être flatté que je fasse si souvent appel à toi.

— Comment pourrais-tu faire autrement ? À part moi, tu n'as aucun autre contact à la police criminelle.

— Ce n'est pas vrai, protestai-je. Il y a également Moises Romero.

— Tu ne le sais peut être pas encore, mais il prend sa retraite dans six mois...

Il y eut un silence. Le temps d'allumer une cigarette, sans doute, car, au bout de quelques secondes, j'entendis le claquement sec d'un briquet qui se refermait.

— Alors, de quelle affaire s'agit-il ?

— Du meurtre d'une femme. Awilda Vega de Medina. Le trois septembre, à Santiago Iglesias.

— Ce n'est pas moi qui m'en suis occupé, me répondit Roberto Burgos. Je vais aller jeter un coup d'œil au dossier. Rappelle-moi dans un quart d'heure.

Je raccrochai et ouvris le placard à alcools. La bouteille de Palo Viejo était toujours là. Je bus une première gorgée rapidement et savourai la deuxième en me disant que Roberto avait eu assez de tact pour ne pas me parler de Raquel. Quand il avait appris notre rupture, il avait eu l'air presque aussi bouleversé que moi.

Beaucoup d'amis disparaissent quand on traverse une mauvaise passe. Dans le malheur, on aime avoir des gens à qui se confier, mais les gens, eux, n'aiment guère écouter les malheurs des autres. Très vite, le type qui s'est fait plaquer par sa petite amie devient une sorte de lépreux, comme si le chagrin était une maladie contagieuse. À la limite, on devrait agiter une sonnette afin de signaler son approche à ceux qui nagent encore dans le bonheur et la félicité.

J'attendis vingt minutes avant de rappeler Roberto.

— L'enquête est au point mort et je ne crois pas qu'elle ira très loin, déclara-t-il en feuilletant son dossier. La seule piste sérieuse était la voiture et personne n'a pu nous en donner une description exacte. Sans parler du numéro d'immatriculation qui, de toute façon, aurait sans doute été un faux numéro.

— Tu ne crois pas qu'il s'agissait d'une voiture volée ? Une voiture volée dans le seul but de commettre ce meurtre.

— Apparemment, non. Si tel était le cas, elle aurait réapparu.

— L'analyse balistique et l'autopsie ont-elles apporté des informations intéressantes ?

— Deux balles dans les poumons et une dans l'estomac. Chacune d'entre elles aurait pu être mortelle. Du neuf millimètre. On n'a pas retrouvé les douilles.

— Un travail de professionnel ?

— Difficile à dire. À cette distance, n'importe qui aurait pu réussir un carton de ce genre.

— Aucun mobile ?

— Pour le moment, nous n'avons rien trouvé. Une affaire très bizarre.

— Les gens disent que son fils, Orlando, est un *atorrante*. Tes collègues l'ont-ils interrogé ?

— Ah, le fameux Chucho ! Oui, ils l'ont interrogé, mais cela ne les a menés nulle part. Nous avions eu déjà affaire à lui. La première fois pour une histoire de vol de matériel audiovisuel et la seconde au sujet d'une prostituée qu'il avait mise sur le trottoir à Santurce. Dans le premier cas, mes collègues n'ont pas réussi à rassembler assez de preuves contre lui et dans le second, ils se sont contentés de lui faire peur, juste pour qu'il conseille à la fille de travailler d'une façon un peu plus discrète. Dans la mesure où il n'est pas trop voyant, nos gouvernants s'arrangent très bien de ce genre de commerce.

— Un type presque bien, en somme, commentai-je. Y a-t-il dans ton dossier une adresse où l'on puisse le trouver ?

— Oui, il a une piaule dans un hôtel louche à Santurce, répondit-il en me donnant un nom de rue et un numéro. Si tu vas là-bas, n'oublie pas de te munir d'un coup-de-poing américain.

— Je crois que je prendrai plutôt mon automatique, déclarai-je. Quand pourrions-nous aller boire un verre ensemble ?

— Vendredi après le boulot ? suggéra Roberto.

— D'accord, acquiesçai-je. Je te rappelle.

— Si tu nous résous l'affaire Vega, je t'offre le champagne. Aux frais de l'administration, bien entendu.

Je le remerciai pour sa prodigalité et raccrochai.

*

* *

Je mangeai une escalope de veau et des frites à l'Auberge Bavaroise, puis je repris ma vieille Nissan et descendis l'avenue Condado jusqu'à Santurce. L'adresse que m'avait donnée Roberto était située dans le quartier le plus « chaud » de San Juan, sur l'avenue Fernandez Juncos, entre Labra et Cerra qui forment la limite avec Miramar, un quartier de résidences cossues et respectables. Chaque soir, lorsque les lumières des centres commerciaux s'éteignent, une faune étrange et louche converge vers Santurce, au grand dam des bourgeois de Miramar. Des boutiques aux vitrines brisées, des palissades recouvertes d'affiches jaunies et arrachées, des bars miteux, des prostituées, des dealers et des drogués : un décor qui rappelait les films de Thomas Gomez. Je roulais lentement, sous les regards blasés des passants qui arpentaient les trottoirs. Sans doute se demandaient-ils si c'était de la drogue ou une fille que je cherchais. À chaque embrasure de porte ou presque, des femmes attendaient le client dans leurs « tenues de travail », minijupes en tissu lamé, grandes bottes en cuir ou souliers à talons aiguilles, bas et soutiens-gorge provocants, boléros de fourrure... Tout le harnachement de l'amour vénal. Sans parler, bien entendu, de leur maquillage agressif. Pendant que je roulais ainsi, je croisai deux autres voitures qui rôdaient comme moi et je faillis écraser un ivrogne. Un type sans pantalon qui zigzaguait au milieu de la chaussée.

Enfin, je réussis à repérer ce que je cherchais. Une vieille enseigne à demi effacée au-dessus d'un bar. Le « Superior Hotel ». Sans la lumière du bar, je ne l'aurais pas vue.

Je me garai, branchai tous mes dispositifs de sécurité et fis une brève prière : Seigneur Dieu, faites que je retrouve mes roues à mon retour !

Dans le bar, quatre types étaient accoudés au comptoir. Tous les quatre tournèrent la tête vers moi quand je m'engageai dans l'étroit escalier conduisant au balcon en ciment le long duquel s'alignaient les chambres du « Superior Hotel ». Chaque chambre avait une porte et une fenêtre fermée par des persiennes métalliques. L'endroit était désert. Je tambourinai sur la porte du 22 qui était la dernière adresse connue de Chucho Medina. Aucune réponse. Je ne fus guère déçu, car je m'étais attendu à un tel résultat. Il ne s'agissait que d'une vérification « pour la forme ».

J'essayai d'ouvrir. La porte était fermée à clef. Une porte en contreplaqué qui n'aurait sans doute pas résisté à un bon coup d'épaule. Mais, au lieu d'essayer de l'enfoncer, je redescendis et me juchai sur l'un des hauts tabourets du bar, un peu à l'écart des autres clients.

Ils avaient tous leur pantalon. Deux d'entre eux buvaient de la bière et le troisième quelque chose qui ressemblait à du rhum blanc sur de la glace. Le patron était un gros type d'une cinquantaine d'années, sale et mal rasé. Il portait une chemise qui avait dû être blanche, mais dans des temps fort anciens. Lorsque je m'assis, il me dévisagea avec à peu près autant d'enthousiasme que si j'avais été une poubelle remplie de détritus nauséabonds.

— *Palo Viejo en las rocas*, commandai-je avec un sourire aussi innocent que possible.

Sans un mot, il mit deux glaçons dans un verre, ajouta une mesure de rhum blanc et me tendit ma consommation à travers le comptoir en zinc.

En échange, je lui donnai un billet de cinq dollars et il me rendit la monnaie à l'aide d'une caisse enregistreuse qui aurait fait le bonheur d'un marchand d'antiquités. Le tarif pratiqué était raisonnable.

L'endroit était très calme. Personne ne disait mot et tous les regards étaient tournés vers moi. Les trois autres clients étaient plutôt jeunes. La trentaine, au plus.

— Je cherche un type qui a habité dans l'une des chambres au-dessus, déclarai-je après avoir bu une gorgée de rhum. Un de mes vieux amis : Chucho Medina.

Nouveau silence. Je bus une autre gorgée. Le rhum était fort, mais d'une qualité très inférieure.

Finalement, le patron consentit à ouvrir la bouche.

— Il a déménagé.

— Ah bon ? Depuis quand ?

Il réfléchit un instant avant de me répondre.

— Un mois, environ.

Il parlait espagnol avec un accent que je ne parvins pas à identifier.

— Vous savez où il est allé ?

Il haussa les épaules et l'un des clients répondit à sa place :

— Chucho ne reste jamais très longtemps au même endroit.

— Je vois, acquiesçai-je. Savez-vous si quelqu'un pourrait m'aider à le trouver ?

— Vous n'avez qu'à demander aux « *putas* », répliqua-t-il avec un petit rire amusé, avant d'ajouter : « *camaron* » sur un ton méprisant.

— Je ne suis pas un flic, déclarai-je. Je suis un détective privé et c'est sa tante qui m'a demandé de le retrouver.

Je sortis l'une de mes cartes professionnelles et la lui tendis. Il l'examina, puis la passa à ses amis et au patron.

— Pourquoi sa tante le recherche-t-elle ?

— Je ne peux pas vous le dire. C'est confidentiel.

Je finis mon verre et le reposai sur le comptoir.

— Alors, personne ne sait où je pourrais trouver Chucho ?

Un gros type dont la chemise était ouverte jusqu'au milieu du ventre indiqua la porte d'un geste de la main.

— Tito a raison. Vous n'avez qu'à demander aux filles qui font le trottoir. Il doit bien y en avoir une qui sait où le beau Chucho a posé ses valises.

— C'est ce que je vais faire, répondis-je en me levant. Merci du renseignement.

J'avais eu très chaud à l'intérieur du bar, mais dans la rue la température était à peine plus clémente. On était début octobre, mais le thermomètre refusait de descendre en-dessous de 35°.

Je regardai à droite et à gauche, hésitai pendant une seconde ou deux. Le spectacle était exactement le même des deux côtés. Finalement, sans raison particulière, je choisis d'aller vers l'ouest.

Je n'eus pas besoin d'aller loin. Sur la longueur d'un pâté de maisons, je rencontrai trois filles. Toutes les trois connaissaient Medina, mais aucune d'entre elles ne savait où il habitait. Je leur laissai ma carte et leur demandai de m'appeler si jamais il réapparaissait ou donnait de ses nouvelles. Naturellement, je leur laissai entendre que je n'étais pas avare et que je saurais récompenser celle qui m'aiderait à retrouver le beau Chucho.

Une quatrième fille, une jeune Haïtienne aux dents très blanches, me rapporta qu'elle avait entendu dire que Chucho « opérait » maintenant à Isla Verde.

— Il opère dans quoi exactement ? lui demandai-je.

— Oh, la même chose que ce qu'il faisait ici, me répondit-elle. On m'a dit qu'il avait un réseau de prostituées de luxe. Des immigrées clandestines, pour la plupart.

Comme elle, me dis-je intérieurement.

— Vous n'auriez pas une cigarette ? me demanda-t-elle avec un sourire presque innocent.

Elle était plutôt fine et avait un visage agréable. Il n'y avait sans doute pas longtemps qu'elle exerçait le plus vieux métier du monde.

— J'ai arrêté de fumer, répondis-je en soupirant.

— J'aimerais pouvoir arrêter moi aussi, murmura-t-elle d'un air très sérieux.

Elle ne semblait pas se rendre compte que, dans son cas, le plus urgent n'était peut-être pas d'arrêter de fumer.

Je la remerciai du renseignement et lui dis que j'irais faire un tour à Isla Verde.

Elle me suivit des yeux pendant que je retournais à ma voiture. Les quatre prostituées s'étaient montrées très aimables dès qu'elles s'étaient aperçues que je n'étais pas un flic.

Il était tard et je décidai que ma journée avait été assez longue comme cela.

Une fois de retour chez moi, je sortis mon matériel de pêche et l'examinai avec soin. Certaines pièces étaient presque des objets de collection. Il y avait même des bouchons en bois que j'avais achetés quand j'étais gosse ! En les prenant dans mes mains, des souvenirs affluèrent à ma mémoire. Des souvenirs d'une époque où la vie n'était pas aussi insaisissable. Les Chinois ont un proverbe : Si tu veux être heureux une heure, va acheter une bouteille d'alcool de riz.

Si tu veux être heureux trois jours, marie-toi.

Si tu veux être heureux huit jours, tue ton cochon et mange-le.

Si tu veux être heureux toute la vie, apprends à pêcher.

Pour être franc, il n'y avait plus rien à pêcher dans les rivières de Porto Rico, l'alcool n'avait eu qu'un effet très passager et quant au mariage, j'avais déjà essayé.

Il ne me restait plus qu'à aller acheter un cochon.

*

* *

Le lendemain matin, il était près de dix heures lorsque j'ouvris les yeux. Jamais je n'avais dormis aussi tard ! Après avoir bu une tasse de café et mangé deux œufs au bacon, je téléphonai à Maria et lui dis que je ne viendrais pas au bureau de toute la matinée, car je devais me rendre à Isla Verde.

— J'ai fini de taper le compte rendu sur le divorce de la señora Martinez, me déclara-t-elle. Je le laisserai sur votre bureau.

— Bien. Aucun appel important ?

— Aucun appel du tout.

Elle mâchait du chewing-gum et j'entendis le bruit d'une bulle qui éclatait.

— Si la señora Vega appelle, dites-lui que je la contacterai en fin d'après-midi.

— Je n'y manquerai pas, acquiesça Maria. Hier soir, j'ai fait des cookies. Je vous en laisse quelques-uns à côté de la machine à café.

Je la remerciai pour sa délicate attention et raccrochai. Je n'avais pas vraiment une passion pour les cookies, mais Maria s'imaginait que j'en raffolais et je n'avais jamais osé la détromper.

Alors que j'allais chercher mon portefeuille et mes clefs de voiture dans ma chambre, le téléphone sonna.

— Carlos Bannon ? questionna une voix d'homme à l'autre bout du fil.

— C'est bien moi. Qui êtes-vous ?

— Peu importe. J'ai entendu dire que vous cherchiez Chucho Medina.

— C'est exact.

— Bien. Dans ce cas, arrêtez de le chercher.

— Pourquoi ? Êtes-vous Chucho Medina ?

— Non. Je vous demande seulement d'arrêter vos recherches, Bannon. C'est préférable pour votre santé. Et croyez-moi, je ne plaisante pas.

— J'en suis tout à fait certain, acquiesçai-je. En l'occurrence, je suppose que votre parole vaut de l'or.

— Elle ne vaut peut-être pas de l'or, mais elle vaut au moins du plomb, répliqua-t-il avec un ricanement sarcastique.

Le fils de garce ! Je grommelai un juron entre mes dents.

— Aujourd'hui, je ne suis pas d'humeur à me laisser intimider, déclarai-je. Essayez demain. Vous aurez peut-être plus de chance.

— À condition que vous soyez encore vivant...

Il y eut un déclic et la tonalité remplaça la voix de mon interlocuteur.

J'étais convaincu qu'il ne bluffait pas. Et si c'était Chucho ? En dépit du danger, j'avais de plus en plus envie de voir à quoi ressemblait ce petit barbillon qui tenait tant à garder l'incognito.

*
* *

Après l'avenue Condado, l'avenue Isla Verde est l'artère la plus touristique de San Juan. Je me souvenais encore de l'époque où elle ne comptait que deux hôtels et pas grand-chose d'autre — c'était dans les années soixante. Maintenant, c'est un alignement interminable de palaces et de résidences de luxe, face à un alignement non moins interminable de restaurants, de bars et de boîtes de nuit. Bien entendu, la circulation y est devenue démentielle et, en général, j'évite soigneusement ce secteur de la ville.

Il faut vous dire qu'à Porto Rico plus personne ne respecte les règles du code de la route. Pas plus que les autres règles d'ailleurs. Tout le monde fait ce qu'il veut et il est devenu normal de brûler les feux rouges ou de vendre du crack à la sortie des écoles. Le « Star de San Juan » a rapporté dimanche dernier qu'il y avait eu trente-sept hold-up en ville au cours de la seule journée du samedi. Une moyenne. Seize d'entre eux concernaient des attaques d'automobilistes et quatre de restaurants. Maintenant, les restaurants gardent leurs portes fermées. Si vous voulez manger, il faut être présenté par un habitué. Bien entendu, l'atmosphère est un peu plus calme dans les zones fréquentées par les touristes. La police veille, et sur Isla Verde vous ne verrez jamais une déesse de la nuit faire le tapin au bord du trottoir. Si Chucho Medina avait vraiment un réseau de filles dans ce quartier, elles devaient travailler avec des méthodes beaucoup plus sophistiquées : Le bouche à oreille, le téléphone et le racolage par l'intermédiaire des chauffeurs de taxis ou du personnel des grands hôtels. Dans ces conditions, il ne me serait pas facile de dépister le jeune souteneur.

Je me garai dans le parking de l'Hôtel Sands et entrai boire un verre au bar. Le prix des consommations était cinq fois plus élevé que dans le bouge où j'avais été la veille au soir à Santurce. La salle était presque vide. Un torchon à la main, le barman essuyait des verres. Il avait un visage sympathique et une magnifique moustache grisonnante.

— C'est bien calme, ce matin, déclarai-je avec l'accent et l'intonation de quelqu'un qui vient tout juste de débarquer de son avion.

— Les clients commencent à arriver après le déjeuner, me répondit-il. Vous venez d'où ?

— Boston, affirmai-je sans la moindre hésitation.

— Je ne suis jamais allé là-bas, commenta-t-il.

— Vous pourriez peut-être me dire où un typo comme moi peut trouver un peu d'animation à San Juan ? questionnai-je avec une feinte innocence.

— Quel genre d'animation ?

— J'ai envie de faire un peu la fête. Les boîtes, les femmes...

— San Juan est l'une des villes au monde où il y a le plus de jolies femmes.

— Je n'en doute pas, mais je ne dispose que de très peu de temps.

Son visage se ferma.

— Si j'ai bien compris, vous êtes pressé.

— Vous savez ce que c'est. Le travail, les affaires...

— Oui, concéda-t-il, je vois ce que vous cherchez. Malheureusement, je ne puis vous être d'aucune utilité.

— Vous ne connaîtriez pas quelqu'un qui pourrait m'aider ?

— Essayez les bars de l'autre côté de l'avenue, me suggéra-t-il.

— Aucun en particulier ?

— C'est vous le touriste, me répliqua-t-il avec dédain. Vous n'avez qu'à suivre votre...

Là, il m'étonna en employant un terme d'une vulgarité qui m'aurait choqué si je n'avais pas été aussi blasé.

Je me levai et laissai un pourboire sur le comptoir. Il l'ignora et me tourna le dos délibérément. Visiblement, je l'avais déçu.

Dans la rue, je fus accueilli par un horrible tintamarre. Un véritable concert d'avertisseurs, de sirènes et de haut-parleurs. Une autre caravane politique. Cette fois-ci, c'était la caravane d'un candidat au poste de gouverneur. Lui aussi avait sa rengaine musicale. Deux ou trois accords, plus ou moins harmonieux, que ses partisans répétaient à l'infini. Les voitures étaient pleines de gens qui souriaient aux anges et agitaient des petits drapeaux aux couleurs de leur héros. Le long des trottoirs, d'autres sympathisants criaient et applaudissaient alors que, çà et là, certains manifestaient leur opposition d'une manière aussi bruyante que colorée. En jouant des coudes, je réussis à traverser la foule et rejoindre le trottoir de l'autre côté de l'avenue.

Pour les bars, je n'avais que l'embarras du choix. Dans les deux premiers, le nom de Chucho n'éveilla aucun écho particulier, sauf chez un consommateur qui finit sa bière avec précipitation et s'esquiva avant que j'aie eu le temps de l'interviewer. Le troisième établissement dont je poussai la porte était une brasserie qui faisait également de la restauration rapide. Un vaste comptoir en forme de « U » trônait au milieu de la salle et une douzaine de tables s'alignaient le long des murs. Au plafond, trois ou quatre ventilateurs poussifs tentaient vainement de rafraîchir un peu l'atmosphère étouffante. C'était l'heure du déjeuner et des serveurs s'activaient autour de grands bacs rectangulaires dans lesquels mijotaient les différents plats du jour — des boîtes ouvertes quelques minutes plus tôt dans l'arrière-cuisine. Ni l'odeur, ni l'aspect n'étaient appétissants et je me dis qu'avec une pareille nourriture mon estomac se sentirait à peu près aussi bien que les côtes de la Bretagne après le naufrage de l'Amoco Cadiz.

Je me perchai sur un tabouret à l'une des extrémités du « U » et attendis patiemment. Au bout d'un moment, une serveuse daigna me remarquer et s'approcha de moi, le regard inquisiteur. Les cheveux raides et les yeux dissimulés derrière des verres très épais, elle me rappela un professeur de mathématiques que j'avais eu au collège, une femme redoutable qui ne quittait jamais la longue règle en bois dont elle usait — et abusait — pour faire entrer dans ma tête et celles de mes camarades les principes de l'algèbre et de la géométrie euclidienne. Impulsivement, je retirai mes mains du comptoir et les posai sur mes genoux.

— Vous désirez ? me demanda-t-elle en anglais.

— *Café puertoriqueño con leche.*

Elle me considéra en fronçant les sourcils, comme si, décidément, j'étais le plus borné des élèves qu'elle ait jamais eus sous sa houlette.

— Vous ne voulez rien manger ?

— Pas pour le moment.

Elle me tourna le dos aussitôt. Elle avait d'autres clients à servir.

Tandis que je la suivais des yeux, seulement encore à demi rassuré, un type se hissa sur le siège à côté du mien. Il fumait une cigarette et semblait trouver un plaisir ineffable dans la contemplation des ronds de fumée bleuâtre qu'il projetait à intervalles réguliers vers le plafond.

— Vous ne trouvez pas qu'elle a l'air d'une bonne sœur ? commenta-t-il en indiquant la serveuse d'un geste du menton.

— Si, concédai-je. Un vrai dragon.

À l'extérieur, il y eut un nouveau concert d'avertisseurs et un flot de musique électorale entra dans la brasserie. Mon voisin tourna la tête et prit un air excédé.

— *Yo estoy cansado de la politica*, marmonna-t-il — Je commence vraiment à en avoir assez de toute cette politique.

— Moi, cela fait déjà longtemps que j'en ai soupé, lui répondis-je. Vous habitez le quartier ?

Il hocha la tête et me proposa une cigarette. À cet instant, la bonne sœur apporta ma tasse de café. Avec un sourire un peu contraint, je lui demandai si elle était de Porto-Rico. Non, elle était née en Floride et cela faisait seulement quatre ans qu'elle travaillait à San Juan. Profitant de sa présence, mon voisin lui commanda une salade et une portion de poulet avec du riz. Une cuisse, si possible, précisa-t-il en me faisant un clin d'œil.

Je remarquai que la serveuse travaillait uniquement de mémoire. Un véritable ordinateur capable de jongler avec cinq ou six commandes sans jamais perdre les pédales. L'air affairé, elle se dirigea vers un autre client, tandis que mon voisin se demandait à voix haute si elle était encore vierge.

— Avec les femmes, on n'est jamais sûr de rien, répondis-je. Aussi, elle peut être une personne totalement différente quand elle n'est pas à son travail.

Un sourire suffisant éclaira le visage basané de mon voisin.

— Je connais les femmes et on ne me la fait plus depuis longtemps, affirma-t-il avant de revenir brusquement à la politique.

— Pour qui allez-vous voter ?

— Je n'ai pas l'intention d'aller voter, répliquai-je en buvant une gorgée de café.

— Ils disent que Pedro va gagner, mais depuis une semaine Victoria est en train de bien remonter.

Je haussai les épaules.

— Franchement, peu m'importe que ce soit l'un ou l'autre qui gagne. Pour parler d'autre chose, je cherche l'un de mes amis que je n'ai pas vu depuis un certain temps. J'ai entendu dire qu'il s'était installé dans ce quartier...

— Peut-être que je le connais. Comment s'appelle-t-il ?

— Orlando Medina. Chucho pour les intimes.

— Je le connais, répondit-il immédiatement.

— Vraiment ?

— Oui.

En quelques phrases, il me le décrivit d'une manière assez précise, puis il me regarda en fronçant les sourcils.

— Vous êtes sûr que vous êtes l'un de ses amis ?

— Il n'a rien à craindre de moi, au contraire, déclarai-je avec prudence.

— Je vais aller le chercher, me dit-il en descendant de son tabouret. Je sais où je peux le trouver à cette heure de la journée.

— Je vais avec vous.

Il m'arrêta d'un geste.

— Non, vous m'attendez ici. Cela vaut mieux.

— Et le poulet que vous avez commandé ?

— Vous direz à la bonne sœur de me le garder au chaud. Je reviens tout de suite.

Il n'était pas parti depuis trois minutes, lorsque la serveuse vint me demander ce qu'il était devenu. Je lui dis qu'il allait revenir. Elle fronça un peu plus les sourcils, mais elle ne fit aucun commentaire et alla s'occuper d'un autre client qui tambourinait impatiemment sur le comptoir.

Un quart d'heure plus tard, mon voisin était de retour. Seul.

— Vous n'avez pas réussi à le trouver ? questionnai-je tandis qu'il reprenait place à côté de moi.

— Si, si, ne vous inquiétez pas. Il est dehors, dans la cour.

— Que voulez-vous dire ? Pourquoi est-il resté dehors ?

Il se pencha vers moi et baissa la voix. Il avait une haleine affreusement malodorante.

— Chucho est persuadé que quelqu'un le cherche. Il préfère ne pas trop se montrer en ce moment.

— Il n'a pas peur que je sois ce quelqu'un ?

— Je lui ai fait votre portrait. Il m'a dit qu'il n'y avait pas de problème.

— Comment va-t-on dans la cour ?

— Par les toilettes, me répondit-il. Il y a un petit couloir sur la droite. C'est la porte du fond.

Je le remerciai et me dirigeai vers la porte des toilettes. Je n'eus aucune peine à trouver le couloir. Il s'agissait d'un étroit passage qui conduisait, entre autres, au local des poubelles. Le sol en ciment était couvert de détritus et il y régnait une odeur nauséabonde.

J'ouvris la porte de la cour et fus d'abord aveuglé par la lumière qui se réverbérait sur les murs blanchis à la chaux. Puis, mes yeux s'accoutumèrent et je vis un grand type qui attendait, le dos appuyé contre le mur du restaurant. Ce n'était pas Chucho Medina, mais un Noir. Une véritable montagne de muscles avec une tête de boxeur et des bras gros comme des cuisses. Dans sa main droite il tenait un pied-de-biche qui, entre ses doigts, avait presque l'air d'être un jouet. Je ne mis pas longtemps à comprendre ses intentions, mais, néanmoins, je ne fus pas assez rapide. Son premier coup m'atteignit dans les côtes et, sous le choc, je tombai en arrière. Tandis que je tentais frénétiquement de me relever, il me toucha une deuxième fois, à l'avant-bras cette fois. Il m'aurait cassé le bras si je n'avais réussi à esquiver en partie le coup. Tout cela s'était passé à une vitesse incroyable et dans un silence irréel, comme dans un rêve. Complètement affolé, je me mis à courir droit devant moi, sans même savoir dans quelle direction j'allais. Je n'avais qu'une idée : échapper à ce pied-de-biche. Finalement, sans trop savoir comment, je me retrouvais dans la rue et parcourus la longueur de deux pâtés de maisons avant de me rendre compte qu'il n'était pas derrière moi — ce qui n'était guère étonnant, car il n'est pas facile de poursuivre une victime au milieu des passants.

J'avais mal partout et je savais qu'il fallait que je me fasse soigner rapidement. Le seul problème était de retourner à ma voiture dans le parking de l'hôtel Sands. Pour cela, j'avais besoin de me raisonner et de me redonner un peu de courage. En fait, je n'avais plus qu'un seul désir : quitter Isla Verde et aller consulter un médecin à Rio Piedras. Un médecin en qui j'avais confiance.

Ah si ! Il y avait une autre chose dont j'avais envie : fumer une cigarette.

*

* *

Une envie que je parvins à réprimer. Le médecin, un ami discret dont les parents étaient venus de la Jamaïque, diagnostiqua deux côtes fracturées et une vilaine ecchymose à l'avant-bras. Il me banda le thorax et me dit que ma guérison n'était qu'une question de temps. Je lui répondis que je le savais déjà. Ce n'était pas la première fois que je me fracturais des côtes.

Je restai chez moi pendant le reste de la journée, allongé sur mon canapé, à regarder la télévision, tout en buvant deux packs de bière. Finalement, je n'appelai pas la señora Vega. La nuit tombée, je sortis sur mon balcon et contemplai pendant un long moment les lumières de Rio Piedras. Le ciel était chargé de nuages et il n'y avait pas d'étoiles au-dessus de San Juan.

Jamais je n'avais été aussi stupide ! me dis-je en songeant à la façon dont je m'étais laissé piéger.

*

* *

Au matin, la douleur avait empiré et je me sentais aussi raide que la justice. Néanmoins, je réussis à m'habiller et bravai la pluie pour me rendre à mon bureau. Il était dix heures et demie quand j'y parvins et je trouvai Maria en train de faire du café. En femme organisée, elle s'était procuré un percolateur très sophistiqué et faisait toujours une petite pause au milieu de la matinée.

— J'en prendrais bien un, moi aussi, déclarai-je après m'être perché sur le rebord de la table.

— On dirait que vous avez eu une nuit difficile, commenta-t-elle en me regardant avec la sollicitude indulgente d'une mère de famille qui voit rentrer son fils à la maison après une soirée un peu trop arrosée. Vous avez l'air aussi frais qu'un poisson qui aurait passé trois jours sur un étal en plein soleil.

— Je ne suis pas dans une forme éblouissante, concédai-je.

Il était inutile que je l'inquiète en lui racontant mes exploits de la veille.

— La señora Vega a-t-elle téléphoné ?

— Non.

— Bien.

Je pris la tasse fumante qu'elle me tendait et l'emportai dans mon bureau. Une fois assis dans mon fauteuil, j'appuyai mon dos endolori contre le dossier rembourré et poussai un soupir de soulagement. Plusieurs notes étaient posées sur mon sous-main en cuir, mais, pour le moment, je n'avais pas le courage de les lire.

Je regardai mon café depuis plusieurs minutes déjà, lorsqu'on sonna à la porte de la rue. Maria appuya sur le bouton de l'ouverture automatique et, par l'entrebâillement de ma porte, je vis entrer un homme d'une trentaine d'années. Habillé avec mauvais goût et d'une façon voyante.

Tandis qu'il parlementait avec Maria, j'entendis le nom de Medina.

— Envoyez-le moi ! ordonnai-je aussitôt.

Il n'attendit pas plus longtemps pour entrer dans mon bureau. Il était bien tel que sa tante me l'avait décrit : petit et empâté, avec une moustache noire et les cheveux soigneusement tirés en arrière. Avec sa veste caca d'oie et sa cravate couleur fraise écrasée, il faisait penser à ce qu'il était : un petit truand sans envergure. Pour compléter le tableau, il avait une bague en or à chacun de ses doigts et une énorme émeraude, fausse sans doute, en guise d'épingle de cravate.

— Vous êtes Chucho Medina, n'est-ce-pas ? déclarai-je sans prendre la peine de mc lever.

D'un geste de la main, je lui indiquai la chaise en face de moi.

— Asseyez-vous.

— On m'a transmis votre carte, déclara-t-il en tirant un paquet de cigarettes de sa poche. Il paraît que vous me cherchez.

— Espace non-fumeur, répliquai-je sur un ton sec.

Il remit avec lenteur ses cigarettes dans sa poche. Pendant ce temps là, j'ouvris le tiroir du bas de mon bureau, en tirai mon Browning et m'assurai négligemment que le chargeur était plein.

— Que diable cela signifie-t-il ? questionna Chucho d'une voix qui tremblait légèrement.

D'un geste brusque, je remis le chargeur en place.

— Simple précaution, expliquai-je d'une voix glaciale. Quand il y a des gens qui vous en veulent assez pour vous massacrer à coups de pied-de-biche, un peu de prudence est nécessaire. Mais, bien entendu, vous n'êtes pas au courant des petits désagréments que j'ai eu à subir récemment ?

— Non. Comment le saurais-je ?

Je souris. Malgré tous ses efforts, son ton avait manqué de conviction.

— Et, naturellement, vous ne connaissez pas non plus l'identité du type qui m'a téléphoné pour me dire qu'il valait mieux pour ma santé que j'arrête de vous chercher ?

— Non, affirma-t-il à nouveau. Si je vous avais appelé pour vous dire cela, pourquoi serais-je ici maintenant ?

— C'était justement ce que je me demandais.

Il haussa les épaules.

— Je suppose que c'est surtout par curiosité. Des amis m'ont dit qu'un détective privé posait des questions sur moi et j'ai voulu savoir pourquoi vous teniez tant à me voir.

— Je vous le dirai, mais, d'abord, je veux connaître le nom du type qui a tenté de me tuer à coups de pied-de-biche.

— Je n'en ai pas la moindre idée, prétendit Medina sur un ton toujours aussi peu convaincant. Quand cela s'est-il passé ?

— Hier matin, à Isla Verde. Un type à qui j'ai parlé dans un bar m'a dit qu'il vous connaissait et qu'il allait vous chercher. Au lieu de cela, je me suis retrouvé devant un Noir armé d'un pied-de-biche.

— À quoi ressemblait le premier type ?

Je lui en fis une brève description.

Chucho secoua la tête.

— Je ne le connais pas.

Cette fois-ci, je n'aurais pu affirmer qu'il mentait. Par contre, il était visible qu'il avait peur et que sa peur grandissait de minute en minute.

— Tout ceci a quelque rapport avec la mort de votre mère, dis-je en pesant chacun de mes mots. C'était pour cela que je désirais vous voir. Votre tante m'a engagé pour élucider ce meurtre.

— C'était une erreur, affirma-t-il. Cela n'a pu être qu'une erreur. On l'a prise pour quelqu'un d'autre.

Essayait-il de me convaincre ou de se convaincre lui-même ? Il sortit à nouveau son paquet de cigarettes, puis se souvint de ma réaction et le remit nerveusement dans sa poche. Je pris mon pistolet et le soupesai machinalement.

— Quelqu'un assassine votre mère, vous disparaissez de Santurce et quand j'essaie de vous retrouver, un quidam me téléphone pour me menacer et, comme je m'obstine, il m'envoie ses sbires aux trousses. Que dites-vous de tout cela ?

— Je... je ne sais rien, bredouilla-t-il.

À nouveau, il mentait.

— Si. Vous savez beaucoup de choses. Pourquoi avez-vous quitté si brusquement le quartier où vous aviez vos habitudes depuis des années ?

Il haussa les épaules.

— Oh, j'avais envie de voir d'autres horizons...

L'explication n'était pas convaincante du tout et il le savait.

— C'est vrai que le paysage n'est pas le même, commentai-je ironiquement. Quant à votre mère, je suppose que sa mort vous est indifférente et que vous n'avez même pas envie de savoir qui est son assassin.

— Ce n'est pas vrai ! se récria-t-il avec véhémence. Seulement personne ne peut rien y faire. Pas plus vous que quiconque.

Je souris. C'était le moment de le pousser à bout, de lui faire perdre les pédales.

— De toute façon, pour un petit maquereau comme vous, la vie d'une femme n'a pas beaucoup d'importance. Même la vie d'une mère. Après tout, ce n'était qu'une vieille que vous ne pouviez même pas mettre sur le trottoir.

Le visage écarlate, il se leva d'un bond. Aussitôt, je saisis mon Browning et le braquai sur sa poitrine.

— Du calme, mon petit barbillon...

En réponse, il me jeta à la figure un impressionnant chapelet de jurons en espagnol. Les mauvaises fréquentations qu'il avait eues lui avaient au moins permis d'enrichir son vocabulaire. Il était presque à bout de souffle, lorsque deux coups de feu claquèrent et firent voler en éclats les vitres de ma fenêtre. La bouche ouverte, Chucho poussa un petit cri, puis son visage se figea et, lentement, comme dans un film, il s'effondra sur le parquet, entre sa chaise et mon bureau.

Dehors, il y eut un crissement de pneus et je me précipitai à la fenêtre. Une voiture s'éloignait à toute vitesse en direction du lagon. Une voiture américaine de couleur noire, une Cadillac ou une Oldsmobile. Avant qu'elle ait tourné sur les chapeaux de roues, je parvins à déchiffrer les trois premières lettres de sa plaque d'immatriculation : CRZ. Lentement, je me retournai vers Chucho Medina. Il respirait encore et se tenait la poitrine à deux mains. Un flot de sang coulait entre ses doigts crispés. Sur le seuil de la porte, Maria le regardait, les bras ballants, les yeux exorbités.

— Bon Dieu, appelez une ambulance ! hurlai-je. Vite !

— Le salaud ! marmonna Chucho Medina avec difficulté.

— Quel salaud ? questionnai-je. Qui était-ce ?

— Paco...

Il avait parlé très bas. À peine un murmure.

— Paco qui ? insistai-je. Parle, bon sang ! Donne-moi son nom !

Il prononça un autre mot, une injure, puis son corps se raidit une dernière fois et cessa de bouger. C'était fini.

— Ce n'est plus la peine d'appeler une ambulance, Maria, déclarai-je en me relevant. Appelez plutôt la police. Il est mort.

Le visage très pâle, elle reposa le combiné, puis le souleva à nouveau et composa le numéro du commissariat le plus proche.

*
* *

Je ne connaissais aucun des flics qui passèrent les deux ou trois heures suivantes dans mon bureau. Je leur racontai tout ce que je savais. Tout bien considéré, je n'avais aucune raison de leur cacher quoi que ce soit. Pour être franc, je ne me sentais pas très à l'aise. Il n'est jamais agréable d'avoir un cadavre dans son bureau. Lorsqu'ils eurent terminé, Maria rentra chez elle et je nettoyai les taches de sang sur le parquet. Ensuite, je téléphonai à un vitrier. L'un de ses hommes était libre et il me dit qu'il me l'envoyait sur-lc-champ. Une fois ces détails matériels réglés, je me servis un café et appelai la señora Vega.

Elle fut choquée par la nouvelle de la mort de son neveu, mais, à sa voix, je compris qu'elle surmonterait sans trop de peine ce nouveau chagrin. Elle sembla presque plus touchée par ma mésaventure et la menace qui pesait encore sur moi ! Je lui dis que j'étais assez grand pour me défendre tout seul — au fond de moi-même, je n'en étais pas aussi sûr — et lui demandai si elle connaissait un certain Paco. Elle réfléchit pendant quelques instants puis me répondit que, parmi les relations de Chucho, elle ne connaissait qu'une seule personne qui portait ce prénom. Quand elle me dit à qui elle pensait, j'entrevis une vague lueur dans une affaire qui, jusqu'à présent, avait été totalement obscure. Jamais je n'aurais pu faire la liaison moi-même, mais maintenant toutes les pièces du puzzle se mettaient en place, comme par magie.

À trois heures, le carreau de ma fenêtre était changé. Je fermai mon bureau à clef et me rendis au service des immatriculations à Isla Grande. Il ne pleuvait plus, mais le ciel était toujours aussi gris.

Dans mon métier, il est indispensable d'avoir des « contacts » dans toutes les administrations. Au service des immatriculations, mon contact s'appelait Sara, une femme plantureuse et toujours souriante qui s'obstinait à vouloir teindre ses cheveux en roux, alors qu'elle avait un teint de brune. Elle aurait aimé que nos relations prennent un tour plus romantique, mais jusqu'à présent j'avais toujours réussi à résister à ses avances à peine voilées. Je la trouvai à son bureau, derrière une pile de formulaires et de papiers divers.

— Carlos, *querido* ! s'exclama-t-elle lorsque je me penchai pour l'embrasser.

— Comment vas-tu, Sarita ?

— Oh, pas trop mal, me répondit-elle en battant des cils avec coquetterie. Mais j'irais encore beaucoup mieux si j'avais un peu plus d'amour dans ma vie.

— Vraiment ? affectai-je de m'étonner. J'aurais pourtant cru que sur ce plan-là, au moins, tu n'étais pas en état de manque.

— Oh, j'ai toujours eu beaucoup de place dans mon cœur, *mio querido* ! murmura-t-elle en me décochant une œillade pleine de sous-entendus.

Je restai de marbre et elle poussa un soupir résigné.

— Enfin, je suppose que tu n'es pas venu seulement pour me faire la cour ! Tu as une question à me poser, n'est-ce-pas ?

— Oui, concédai-je. Mais l'un n'empêche pas l'autre.

Elle sourit.

— Bien. Voyons d'abord la question.

— Je voudrais savoir si une voiture dont le numéro commence par CRZ est enregistrée au nom de Paco Arana ou au nom de l'un de ses proches.

Elle émit un petit sifflement étonné.

— Aurais-tu l'intention de te lancer dans la politique ?

— Surtout pas ! D'ailleurs, je ne suis même pas inscrit sur les listes électorales.

— Alors, pourquoi désires-tu ce renseignement ?

— Je ne peux pas te le dire. Une fois de plus, il va falloir que tu me fasses confiance.

Elle fit la moue et me décocha une nouvelle œillade.

— C'est bien parce que c'est toi... Il faut que je cherche sur l'ordinateur, déclara-t-elle en se levant. Cela risque de durer un certain temps. En attendant, sers-toi un café. Il y a un distributeur, là-bas, dans le coin, m'indiqua-t-elle avec un geste de la main.

— Merci, acquiesçai-je tandis qu'elle disparaissait par une porte au fond de la salle.

Le café était très fort et je dus l'adoucir avec du sucre et du lait. Les autres femmes qui travaillaient dans le bureau faisaient semblant de m'ignorer, mais toutes m'observaient à la dérobée. L'une d'entre elles était nouvelle. J'attendis près de vingt minutes avant que Sara ne réapparaisse.

— Voici la liste de toutes les « *tabillas* » commençant par ces trois lettres, déclara-t-elle en me tendant un listing informatique sur lequel il n'y avait que neuf noms. La personne dont tu m'as parlé ne s'y trouve pas et aucun des autres propriétaires de véhicules ne semble avoir un rapport quelconque avec cette même personne.

Je parcourus la liste, mais elle ne me fournit aucune information.

— Ce n'est guère surprenant, commentai-je. Dès le départ, je me doutais que le numéro était faux. Mais tu sais ce que c'est, dans mon métier on n'a le droit de négliger aucune piste. D'ailleurs, aussi bien je fais complètement fausse route...

— Je l'espère, murmura Sara. D'après les sondages, c'est lui qui va gagner dimanche prochain.

— Vraiment ? Tu sais quelque chose sur lui ?

— Viens avec moi. Je te raccompagne jusqu'à ta voiture.

Dans le hall, nous croisâmes une foule de gens qui couraient de droite et de gauche, les mains pleines de formulaires. À Porto Rico les fonctionnaires ont beaucoup d'humour et ils adorent faire des farces aux administrés en les promenant d'un guichet à un autre.

Sur le parking, Sara s'arrêta et me regarda avec une lueur grave dans les yeux.

— Arana est considéré comme un favori parce qu'en ce moment tout le monde a envie que les choses changent. Les gens veulent quelqu'un de neuf, quelqu'un qui n'a pas encore eu l'occasion de les décevoir. Lui, il a l'avantage d'être issu d'un milieu modeste. Cela plaît à l'électeur moyen qui a de plus en plus de mal à joindre les deux bouts. D'après ce que je sais, il est né et a passé la plus grande partie de sa vie à Santiago Iglesias qui n'est pas, loin s'en faut, un quartier riche ou même simplement bourgeois. Il est allé à l'école communale, puis il a été boursier à l'université et a réussi à décrocher un diplôme de droit. Un autre bon point pour lui.

— Je vois le genre, acquiesçai-je. Un homme qui s'est fait lui-même, à l'instar d'Horatio Alger. Et, une fois qu'il aura été élu, il fera comme lui : Il oubliera complètement ses compagnons d'infortune. Appartement de fonction, voiture avec chauffeur, place réservée dans tous les bons restaurants... Quand on a tout, on n'imagine même plus que des millions de malheureux croupissent dans des quartiers insalubres.

Sara soupira.

— Tu sais, c'est autant de notre faute que de la leur. Nous votons pour eux et après nous ne faisons rien pour les obliger à tenir leurs promesses.

— Sur ce point, je suis d'accord, acquiesçai-je en me penchant pour l'embrasser sur la joue. Merci un million de fois, Sarita. Au revoir et, surtout, prends bien soin de toi.

Elle me sourit et soupira à nouveau.

— Au revoir, Carlos. Reviens me voir quand tu veux, mais, la prochaine fois, j'aimerais que ce soit seulement pour me faire la cour.

*
* *

Je retournai à mon bureau et téléphonai à la señora Vega qui, comme je l'avais supposé, se trouvait chez elle. Comme je l'avais supposé également, elle savait où se trouvait le quartier général de Paco Arana : Dans un petit immeuble de bureaux sur Paz Granela, à deux pâtés de maisons d'où elle habitait. Après avoir éludé ses questions, je lui dis que je la rappellerais et raccrochai.

Il était à peine quatre heures. Beaucoup trop tôt pour l'expédition que j'envisageais. Dans ce genre d'expédition, la nuit est un atout inappréciable. J'avais donc plusieurs heures à attendre et, après un instant d'hésitation, je composai le numéro du bureau de Roberto Burgos.

Dès la première sonnerie, il décrocha.

— Hello, Roberto, nous sommes vendredi. Tu as toujours envie de boire un verre avec moi ?

— Je n'ai pas encore fini mon service, me fit-il observer.

— À quelle heure termines-tu ?

— À six heures, mais il se trouve que je suis de garde ce week-end. Je n'ai donc pas très envie de me coucher tard ce soir.

— Moi non plus, le rassurai-je. On se retrouve à l'Auberge Bavaroise ?

— D'accord, j'y serai à six heures et demie. À propos, tu as du neuf au sujet du meurtre d'Awilda Vega ?

— Oui, mais je n'ai pas envie de t'en parler pour le moment. Demain peut-être.

— Il y a quelque chose qui doit se produire cette nuit ?

— Peut-être.

— Tu es de plus en plus méfiant, Carlos.

Je raccrochai puis ouvris le tiroir du bas de mon bureau. Mon fidèle Browning était à sa place. Cette fois-ci, je n'avais pas l'intention de me laisser mettre en pièces sans me défendre.

Après être passé prendre une douche chez moi, je me rendis à l'Auberge Bavaroise. Il n'était que cinq heures et demie, mais la brasserie était déjà pleine de clients — pour la plupart des « cadres dynamiques » qui travaillaient dans les banques et les entreprises avoisinantes. Avec mes cheveux gris, je me sentais un peu vieux et dépassé au milieu de tous ces jeunes loups de la finance et des affaires, mais j'aimais l'atmosphère de cette auberge si typiquement européenne : lambris en chêne vernissé, objets en cuivre, porcelaines anciennes et tableaux représentant des paysages de montagnes et des châteaux comme on en voit dans les contes de fées — les palais imaginés par le romantique et fantasque Louis II de Bavière —, sans oublier les serveuses aux joues roses et aux formes rebondies qui allaient et venaient entre les tables sans jamais se départir de leur sourire plein de santé. L'une d'entre elles m'apporta une bière et, pour passer le temps, je regardai les jolies femmes qui papillonnaient autour des « jeunes cadres dynamiques ». J'avais l'impression d'être un adolescent qui s'est échappé de son lycée pour faire une escapade en ville. Mais mon adolescence, hélas, n'était plus maintenant qu'un souvenir.

Roberto arriva avec dix minutes de retard. Il prit une bière lui aussi et, l'ambiance s'y prêtant, nous parlâmes de la beauté féminine. Il me dit que sa femme avait été très belle quand il l'avait épousée, mais que vingt années de mariage avaient eu raison de ses charmes et n'avaient rien fait pour améliorer son caractère. Un jour ou l'autre, il me montrerait une photo d'elle. Une photo prise pendant leur lune de miel. À demi affalé sur une table voisine de la nôtre, un type déclara d'une voix pâteuse que les jolies femmes lui donnaient envie de pleurer. Dans son état, il y avait sûrement beaucoup de choses qui lui donnaient envie de pleurer. Je lui répondis que, pour ma part, une jolie femme me faisait penser à des choses beaucoup plus agréables. Il haussa lourdement les épaules et me dit qu'un jour l'une de ces diaboliques créatures saurait me désenchanter. Je lui répliquai que c'était déjà arrivé, mais que, pour autant, je n'avais aucune envie de pleurer.

Agacé par ce dialogue qui ne nous menait à rien, Roberto me suggéra un repli vers le fond de la salle. J'accédai à son désir et, laissant l'ivrogne finir de noyer son chagrin dans la bière, nous nous réfugiâmes à une table un peu à l'écart, derrière un massif de plantes vertes.

À sept heures et demie, nous commandâmes de la choucroute. Dans la salle, le niveau sonore était devenu difficile à supporter et pendant le repas nous eûmes de la peine à échanger quelques banalités. À neuf heures, j'appelai une serveuse et payai l'addition. Quand nous rejoignîmes le parking, nous étions encore relativement sobres. Malgré tous ses efforts, Roberto n'avait pas réussi à me soutirer le moindre renseignement. Il prit sa voiture et je pris la mienne : Direction Santiago Iglesias.

Comme tous les vendredis soir, les rues n'étaient qu'un gigantesque embouteillage. Après une semaine de travail, tout le monde était pressé de rentrer chez soi ou de partir en week-end et, bien entendu, personne ne respectait les règles élémentaires du code de la route. À deux reprises, je faillis être embouti par des automobilistes énervés, mais, finalement, je parvins sans dommage dans la rue Paz Granela.

Il était impossible de ne pas trouver le quartier général de Paco Arana. L'immeuble était couvert de drapeaux et d'affiches qui, toutes, arboraient le portrait et le nom de l'heureux candidat. Les fenêtres des trois étages étaient éclairées et l'endroit avait un air de fête. De nombreuses voitures étaient garées un peu partout sur les trottoirs et les contre-allées aux alentours. Devant l'entrée principale, des gens bavardaient, un gobelet en plastique à la main.

Je ne trouvai de place nulle part et, finalement, je me résignai à aller me garer deux pâtés de maisons plus loin. Ensuite, je revins à pied et entrai dans l'immeuble sans que personne ne me pose la moindre question. Traversant le hall, j'allai jusqu'à une porte sur laquelle était inscrit à la peinture noire : *Estacionamiento.* À part le hall, tout le rez-de-chaussée n'était qu'un vaste parking avec sortie sur l'arrière. L'endroit était très bas et éclairé par quelques trop rares ampoules. Lentement, je fis le tour des voitures qui étaient garées entre les piliers de béton.

Je ne l'avais pas trouvée à l'extérieur et il n'y avait pas de raison pour que je la trouve ici non plus, mais, parfois, je suis d'un optimisme absolument incurable. Et, pour une fois, mon optimisme s'avéra payant.

Dans un recoin, je tombai en arrêt devant une voiture américaine exactement semblable à celle que j'avais vue devant mon bureau. Seule la plaque d'immatriculation était différente. Elle commençait par DXO. Il s'agissait d'une Oldsmobile, modèle Regency 98, avec des vitres aussi sombres que la peinture de la carrosserie.

Je m'accroupis et examinai la plaque de plus près. Sur les côtés, il y avait deux petits clips métalliques. Je les manœuvrai et, après quelques tâtonnements, la plaque se détacha, resta entre mes mains. Elle n'était pas fixée à la carosserie, mais à une autre plaque. Une plaque dont le numéro commençait par CRZ. Un dispositif aussi pratique qu'ingénieux. Il suffisait de quelques secondes pour changer d'immatriculation.

Plutôt satisfait de ma trouvaille, je me redressais lorsqu'une voix résonna derrière moi.

— Les mains en l'air !

J'obéis, puis me retournai lentement et me trouvai face à face avec deux hommes. L'un plutôt grand, l'autre petit et rondouillard. Tous les deux étaient armés et braquaient leur arme sur moi. Le plus grand était le type qui m'avait organisé le rendez-vous avcc le géant au pied-de-biche.

— Alors, l'ami, cette voiture vous intéresse ? questionna-t-il sur un ton affable.

— Pas du tout, répliquai-je. Je m'apprêtais seulement à aller boire un verre à la santé de notre futur sénateur.

— Fouille-le, Miguel, ordonna-t-il à son compagnon.

En effectuant un prudent détour, l'homme passa derrière moi et me délesta de mon Browning. Il devait apprécier les armes, car il le soupesa longuement dans sa main.

— Un beau joujou, commenta-t-il avant de le mettre dans sa poche. Ça va, Angelo. On peut y aller.

— C'est parfait, acquiesça Angelo. Après vous, monsieur Bannon.

Du bout de son pistolet, il m'indiqua une porte au-dessus de laquelle clignotait un panneau vert. L'accès direct aux étages de l'immeuble.

L'un après l'autre, nous gravîmes un escalier mal éclairé qui venait d'être repeint en gris. Un gris encore plus triste que du béton brut.

Au deuxième étage, Miguel ouvrit une porte, s'assura qu'il n'y avait personne dans le couloir, puis me propulsa jusqu'à une petite pièce dont il referma les battants avec précipitation.

Je regardai autour de moi et découvris un homme assis paisiblement derrière un vaste bureau.

— Tiens, monsieur Arana. Quelle surprise !

Il était en manches de chemise, le stylo à la main, et paraissait surpris par notre brusque intrusion.

— Nous l'avons trouvé en train de traficoter autour de l'Oldsmobile, expliqua Angelo. Il avait enlevé l'une des plaques.

— Ah, c'est vraiment dommage, commenta Arana d'une voix neutre.

Bien qu'il fût déjà tard, il avait l'air aussi frais que s'il venait de sortir de son bain : chemise blanche immaculée, nœud de cravate bien à sa place et menton rasé de près. D'où j'étais, je n'eus aucune peine à identifier sa lotion après-rasage, une lotion d'un grand parfumeur français.

— C'est Bannon, n'est-ce-pas ?

— En personne, confirma Angelo. Un excellent détective privé.

— Dommage, répéta le politicien en fronçant légèrement les sourcils. Ne nous sommes-nous pas déjà rencontrés ?

— Nous nous sommes serré la main il y a quelques jours, déclarai-je sans dissimuler mon mépris. D'une manière tout à fait fortuite. Et, si cela peut vous rassurer, je n'ai jamais eu l'intention de voter pour vous.

— Je n'en doute pas, acquiesça-t-il. Je crains que nous ne devions nous débarrasser de lui, ajouta-t-il en se retournant vers ses deux sbires.

— Entre-temps, questionnai-je, cela vous ennuierait-il si je baisse les bras ? Je commence à fatiguer.

— Non, pas du tout, me répondit-il avec indifférence. Miguel et Angelo, vous allez l'emmener hors de la ville. Dans un endroit désert. Du côté de Dorado, par exemple. Surtout, n'oubliez pas de lui enlever ses papiers d'identité.

En l'entendant parler de moi à la troisième personne, j'éprouvai une impression bizarre. Comme si je n'existais déjà plus.

— J'ai essayé de vous mettre en garde, monsieur Bannon, poursuivit-il en se retournant vers moi. Par deux fois. Mais, apparemment, même un pied-de-biche n'a pas réussi à vous convaincre.

— Si cela peut vous consoler, répliquai-je, mon entêtement m'a valu deux côtes froissées.

— C'est tout ? s'étonna-t-il. Ce brave Chispito commence à perdre la main.

— Vous pourriez peut-être satisfaire ma curiosité sur un point, suggérai-je. Pourquoi avez-vous tué cette pauvre femme ?

Il fallait que je gagne du temps et que je trouve au plus vite un moyen de me sortir de cette nouvelle impasse.

Il se renversa en arrière dans son fauteuil et me considéra d'un air satisfait. Comme tous les politiciens, il aimait parler et, pour rien au monde, il n'aurait renoncé au plaisir de me raconter sa petite histoire.

— C'était il y a de nombreuses années, commença-t-il. J'avais vingt et un ans. Chucho et moi faisions du trafic de drogue dans ce « barrio ». Aucun des acheteurs ne savait que nous étions dans le coup, car nous ne descendions jamais dans la rue. En dehors des membres de notre réseau, seule la mère de Chucho était au courant de nos activités. Elle avait trouvé un sac de blanche dans sa chambre et dans son affolement il lui avait tout avoué. Comme il était dans l'affaire jusqu'aux oreilles, elle n'avait pas prévenu la police et s'était contentée de l'obliger à quitter notre association.

Néanmoins, elle connaissait mon passé et ne m'aimait pas. Si elle avait parlé, elle aurait réduit à néant mes chances d'élection. Je ne pouvais pas me permettre de prendre un tel risque. Vous comprenez, il y a des politiciens dont la carrière a été brisée pour beaucoup moins que cela.

Il s'étira longuement et sourit. Un sourire froid et calculateur.

— J'ai simplement joué la sécurité. Chucho n'était pas un problème. C'était un peureux et, de toute façon, il avait lui-même trempé dans trop d'affaires pour être en mesure de me mettre des bâtons dans les roues. Cependant, quand vous avez réussi à le retrouver, il est devenu lui aussi un danger potentiel et j'ai été contraint de l'éliminer.

Négligemment, il tira de sa poche un luxueux porte-cigarettes en argent, l'ouvrit, prit une cigarette et l'alluma. Du tabac de Virginie qui répandit dans la pièce un parfum cent fois plus agréable que l'odeur sucrée et vaguement écœurante de sa lotion après-rasage.

— Maintenant, monsieur Bannon, vous êtes le seul à pouvoir encore me barrer la route.

Brusquement, il y eut un brouhaha dans le couloir et la porte s'ouvrit devant une dizaine de personnes qui brandissaient des bouteilles et des verres. Des militants qui célébraient la victoire prochaine de leur candidat. Leur liesse était peut-être un peu prématurée, mais, pour moi, ils arrivaient à point. Je me jetai au milieu d'eux, renversant au passage une jeune femme, tandis que d'autres me décochaient des épithètes choisies. En un instant, je me retrouvai dans le couloir et dans l'horrible escalier du parking. Jamais je n'avais descendu des marches aussi vite, je faillis même en rater une et achever ma course comme en toboggan.

Dans le hall du rez-de-chaussée, la foule était compacte, mais je parvins à me frayer un chemin tant bien que mal et, quelques secondes plus tard, je courais vers l'endroit où j'avais garé ma voiture. Je courais avec autant d'énergie qu'un rat qui essaie de fuir un navire en train de couler, mais, malgré cela, j'avais l'impression que ma voiture était sur une planète lointaine, quasiment inaccessible.

Enfin, je l'atteignis. Mes clefs, vite ! J'étais au volant. Je mis le contact et, l'instant d'après, j'effectuai un demi-tour sur les chapeaux de roues. Je passai devant l'immeuble juste au moment où les sbires d'Arana en sortaient. Ils avaient leur pistolet à la main, mais ne prirent même pas la peine de tirer sur moi.

*

* *

Assis de l'autre côté de son bureau, Roberto buvait du café noir. Il avait au moins une qualité : il savait écouter. Au fur et à mesure que je parlais, son visage avait exprimé la surprise, puis l'incrédulité, mais il ne m'interrompit pas avant que j'eusse complètement terminé mon histoire.

— C'est une affaire explosive, Carlos, commenta-t-il enfin. As-tu suffisamment de preuves pour le confondre devant un tribunal ?

— Non, concédai-je. Mais je suppose que l'on pourrait prouver que les balles qui ont tué Chucho et sa mère ont été tirées par les pistolets de ses sbires.

— Sans doute, murmura Roberto, mais j'imagine que ces pistolets se trouvent déjà au fond de la baie de San Juan.

— Alors, que comptes-tu faire ?

— Je ne sais pas exactement, avoua-t-il, mais je peux t'assurer que je ferai tout pour que cet Arana ne soit jamais élu au Sénat.

En fin de compte, l'affaire se dénoua beaucoup plus facilement que prévu. Quand Roberto et une escouade de ses collègues se présentèrent un peu plus tard au quartier général d'Arana, ils ne le trouvèrent ni lui, ni ses hommes et une visite à sa luxueuse résidence s'avéra tout aussi infructueuse. Roberto se dit que l'oiseau s'était envolé et ses soupçons furent bientôt confirmés. Arana avait été vu à l'aéroport. Il était monté à bord d'un vol à destination du Venezuela. Des démarches internationales furent entreprises, mais de telles démarches prennent toujours un certain temps et la police de Caracas ne parvint pas à interpeller Arana avant qu'il ne soit monté à bord d'un autre vol international.

Bref, l'assassin de Chucho et de sa mère disparut comme un caillou qu'on jette dans une mare et il ne réapparut jamais à San Juan. Ses partisans eurent beaucoup de peine à expliquer ce qu'il était advenu de leur candidat — eux-mêmes n'en sachant rien —, mais en politique, il n'est jamais difficile de trouver un remplaçant, même à un homme prétendument irremplaçable.

Philosophiquement, Roberto se dit que tout était pour le mieux, car nous n'aurions jamais eu assez de preuves pour convaincre les membres d'un grand jury.

Naturellement, dès le lendemain de ma folle course pour échapper à la mort, je me rendis chez la señora Vega et lui fis un compte rendu détaillé de mon enquête. Connaître la vérité est déjà une satisfaction, même si on ne peut rien faire pour punir le criminel. Du moins, je l'espère.

Une fois cette ultime tâche accomplie, il ne me restait plus qu'à acheter un Browning pour le tiroir de mon bureau.

There are no Stars over San Juan
Traduction de L. de Pierrefeu

UNE HISTOIRE PAS GAIE

par Jeremiah Healy

Le Q.G. de campagne de Riley Concannon se trouvait dans un magasin de la rue principale de la plus grande ville du district. Des affiches racoleuses étaient collées derrière les vitrines ornées de drapeaux froncés qui claquaient doucement sous l'effet de la brise d'octobre. Je garai ma vieille Honda Prelude le long du trottoir et me dirigeai vers la porte.

À l'intérieur, le rouge, le blanc et le bleu dominaient le décor. Des volontaires étaient assis devant des téléphones qui paraissaient avoir été installés à la va-vite. Des grappes de câbles étaient attachées à l'aide de ces fermetures dentelées que l'on trouve sur les sacs poubelles. Il y avait des cartes accrochées au mur, des taches de café par terre et des tables de bridge ployant sous le poids de tracts qu'il fallait imprimer sur du papier recyclé. Les volontaires étaient dans l'ensemble jeunes, à l'exception d'une poignée de retraités enjoués, principalement des femmes.

Une septuagénaire alerte, qui garnissait des enveloppes derrière un comptoir, se leva d'un bond. Le badge au-dessus de son sein gauche portait le nom « *Doris* ».

— Puis-je vous aider ? s'enquit-elle.

— Je suis venu voir Riley Concannon.

— Puis-je lui communiquer votre nom ?

— Vaudrait mieux pas.

Doris me regarda, puis ravala la question suivante.

— Une minute, je vous prie.

Elle gagna le fond de la salle, touchant au passage la manche du cardigan d'un vieux monsieur solidement charpenté, coiffé d'une casquette Boston Bruins, qui se servait d'une éponge pour mouiller et cacheter des enveloppes. Doris se pencha et lui chuchota probablement quelque chose, parce qu'il hocha la tête d'un air sinistre, cessa de cacheter ses enveloppes, et me surveilla jusqu'à ce qu'elle fasse sa réapparition.

La femme qui accompagnait Doris avait une quarantaine d'années, mesurait un peu plus d'un mètre soixante. Elle était d'une corpulence moyenne et portait un tailleur gris. Elle avait des traits taillés à coups de serpe et souriait de manière circonspecte. Ses cheveux épais et ondulés tiraient sur le roux. Ils étaient ramenés en arrière et légèrement gonflés sur les côtés au-dessus des oreilles.

Tout en remerciant Doris et en s'approchant seule de moi, elle garda son sourire circonspect.

— Puis-je vous aider ? me demanda-t-elle d'une voix éteinte.

— Riley Concannon m'a téléphoné pour me prier de venir ici.

Sourire plus franc, mais la voix toujours aussi éteinte.

— John Francis Cuddy ?

J'opinai.

Elle avança la main pour serrer la mienne d'un geste brusque.

— Nona Shapiro. Je suis la directrice de campagne de Riley. Nous apprécions votre discrétion.

— Nous n'allons pas ici passer inaperçus bien longtemps, dans la salle de permanence...

Ce fut à son tour d'opiner.

Tandis que nous nous dirigions vers le fond du bâtiment, je sentis rivés sur moi les regards de Doris et de son ami râblé, mais je n'y pouvais pas grand-chose. Shapiro me fit prendre un couloir et ouvrit une vieille porte à six panneaux menant à un bureau pour le moins — comment dire ? — encombré. Un type aux larges épaules, qui avait à peu près mon âge, se leva de derrière un bureau coincé dans un angle. Il avait le sourire d'un gars prêt à vous offrir un verre et le nez à l'avenant : le cartilage avait dû être fracturé par accident, mais ce n'était sans doute pas par accident que les capillaires étaient dans un triste état. Ses cheveux blonds trahissaient le coup de ciseaux du coiffeur, sa cravate était rentrée dans son pantalon et ses manches de chemise étaient roulées vingt centimètres au-dessus du coude. Il resta derrière le bureau, si bien que je ne peux guère parler du pantalon.

La main se tendit toute seule, puis il dit :

— Riley Concannon.

La poignée de main ferme d'un homme qui aimerait passer davantage de temps avec vous.

— John Cuddy.

— Je ne sais pas très bien comment travaille un détective privé, mais nous apprécions vraiment que vous soyez venu aussi vite.

Je me sentis doublement apprécié.

— Il n'y a qu'une trentaine de kilomètres, et vous avez sérieusement insisté au téléphone.

Concannon renversa la tête, comme s'il avait jaugé quelque chose.

— Si l'on coupait court aux préliminaires ?

— Vu que je suis payé à l'heure, ça me paraîtrait sensé.

De nouveau le sourire du gars qui vous invite à boire un coup au bar.

— J'aime les gens qui vont droit au but. Asseyez-vous. Nona ?

Concannon se rassit dans son fauteuil. Shapiro m'indiqua une chaise en tapotant dessus et prit un siège à ma droite.

— Que savez-vous sur Riley, monsieur Cuddy ?

— Si nous devons appeler M. Concannon par son prénom, autant que vous m'appeliez John, dis-je.

Shapiro n'eut pas de mouvement de tête pour me jauger comme l'avait fait Concannon. Elle se contenta de vriller son regard sur moi.

— C'est-à-dire ?

— C'est-à-dire que si c'est son problème, pourquoi ne m'en parle-t-il pas lui-même ?

— Nona défend seulement son candidat, John...

Mes yeux la quittèrent pour se poser sur lui.

— Je ne sais rien.

Le visage de Concannon se rembrunit un brin.

— Comment ?

— Je réponds à sa question initiale. Je ne sais rien sur vous.

— Riley a été le meilleur conseiller municipal démocrate que Beacon Harbour ait jamais eu. Lorsque le sénateur sortant de ce district a décidé de se retirer pour accepter un poste de juge, notre parti a aussitôt choisi Riley pour se présenter contre le candidat républicain, Thomas Whiting.

Sa dernière phrase donnait l'impression d'avoir été bien rôdée, comme si elle l'eût peaufinée en vue d'une conférence de presse.

— Whiting n'est-il pas actuellement député de l'État ?

— C'est exact, John, répondit Concannon. Je le connais assez bien. Bon sang, nous habitons tous deux Beacon Harbour, nos gosses fréquentent la même école. Cela fait près de dix ans qu'il est député de ce secteur à la Chambre des Représentants de l'État.

— Apparemment il a une longueur d'avance sur vous.

— À plus d'un titre, intervint Shapiro. Ce district très cossu est habité par des familles qui ont de l'argent depuis des générations, celle de Whiting notamment. Le district vote républicain depuis l'investiture de Lincoln.

— Jusque-là votre problème ne me paraît pas de mon ressort.

Concannon soupira et se servit d'une clef pour ouvrir un tiroir de son bureau. Il fouilla sous quelque chose, puis sortit une enveloppe qui était trop petite pour émaner d'une entreprise et trop étroite pour contenir une carte de vœux.

— Nous devons avoir l'assurance que ce dont nous allons vous faire part ne sera pas ébruité hors de cette pièce.

— Dans le Massachusetts il y a une clause statutaire garantissant le secret professionnel, laquelle m'interdit de révéler quoi que ce soit à quiconque sauf à un juge en cas de force majeure. N'étant pas avocat, je ne sais pas très bien ce qu'on entend par « cas de force majeure », mais à ma connaissance il n'y a encore eu aucun cas semblable.

Concannon s'éventa avec l'enveloppe d'un air distrait.

— Je croyais vous avoir entendu dire que vous n'étiez pas avocat.

Je m'agitai sur ma chaise.

— Écoutez, si vous voulez un détective privé, vous avez le choix. Il se trouve que je sais qui vous a adressé à moi, parce que l'avocat en question m'a appelé environ deux minutes avant vous ce matin. Vous lui avez demandé s'il pouvait me recommander et il vous a répondu par l'affirmative vu que je l'ai bouclée après qu'une très sale affaire eut mal tourné pour lui. Vous pouvez me faire confiance ou bien alors vous en remettre à la clause sur le secret professionnel et vous adresser ailleurs. À vous de choisir.

— Nona ? fit Concannon. (Elle le regarda.) Pour moi, c'est tout vu.

Shapiro reporta son regard sur moi.

— Moi aussi. Montre-lui.

D'une chiquenaude, Concannon fit glisser l'enveloppe d'un bord à l'autre du bureau comme s'il eût distribué les cartes au poker.

— Lisez ça tout seul, voulez-vous ? Moi, j'en suis dégoûté.

L'adresse de l'expéditeur était gravée en caractères bruns en relief. Juste trois initiales, E.O.P., séparées par des points, mais une adresse à Beacon Harbour, sans numéro de rue : « Olde Marsh Lane ». Je décachetai l'enveloppe et en sortis une feuille de papier parchemin portant en en-tête le nom complet gravé pareillement : Evelyn Otis Poole. Il ne me fallut pas longtemps pour lire la lettre.

« Cher Monsieur Concannon,

Peut-être vous rappelez-vous notre rencontre au cours du petit déjeuner des Amis de la Bibliothèque le mois dernier ? J'ai été heureuse d'être présentée à votre fils à cette occasion, mais j'ai malheureusement une information plutôt pénible à vous communiquer à son sujet.

Mercredi dernier, alors que je faisais des courses à Boston, j'ai éprouvé un choc en voyant votre fils en compagnie d'un garçon de mauvaise réputation. Je ne les ai observés que quelques instants, mais de toute évidence l'autre garçon était ce que l'on appelle, à ma connaissance, un tapineur. Ils se sont tous deux engagés dans une ruelle donnant dans Boylston Street.

Bien entendu je n'ai pas attendu qu'ils en ressortent. Toutefois, j'estime vraiment qu'il est de mon devoir d'at-

tirer votre attention sur cet état de fait alarmant afin que vous puissiez éventuellement y remédier.

Bien à vous,

Evelyn Otis Poole »

Je relus la lettre. C'était une écriture en pattes de mouche, mais avec quelques fioritures. Je repliai la lettre, la remis dans l'enveloppe, et rendis le tout à Concannon.

— Ma foi, vous vous trouvez devant un problème.

Il glissa l'enveloppe dans un tiroir qu'il ferma à clef.

— C'est Kevin qui a un problème.

— C'est le nom de votre fils ?

— Oui.

— Le problème, ce n'est pas qu'il soit homo. Mais si Kevin traîne avec les oiseaux qu'on croise à Boylston, il prend un sacré risque avec sa santé.

Concannon fut sur le point de dire quelque chose, puis se ravisa et secoua la tête.

Shapiro intervint.

— Tom Whiting, voyez-vous, John, est le genre de candidat bien comme il faut, qui défend les valeurs familiales.

— Et moi, ce n'est pas le cas ? objecta Concannon.

Elle le regarda.

— Riley, je t'en prie...

Il secoua la tête derechef, mais garda le silence.

Shapiro se tourna de nouveau vers moi.

— Si cette bonne femme va raconter son histoire à Whiting ou à quelqu'un de son équipe, je n'arriverai jamais à rattraper la chose.

— Comment ça ?

— Eh bien, je ne parviendrai jamais à présenter l'histoire sous un jour favorable.

— Pourrait-il s'agir d'un coup monté de la part du camp adverse ?

— Je ne crois pas. Cette réunion des Amis de la Bibliothèque n'avait rien de louche.

— Une réunion familiale, au cours de laquelle tout le monde peut faire la connaissance des candidats, de leurs épouses, etc., ajouta Concannon.

Shapiro donna l'impression de retenir son souffle comme si elle eût été soulagée qu'il s'en tînt là.

— À réception de la lettre, j'ai téléphoné à Poole.

— Pour une affaire pareille, vous n'êtes pas allée la voir personnellement ?

— Je me souvenais d'elle au petit déjeuner, répondit Shapiro. Le genre qui ne plaisante pas, la bonne femme capable de renvoyer ses œufs pour peu qu'ils soient baveux. D'autre part, je..., nous ne savions pas trop jusqu'à quel point il fallait prendre la chose au sérieux.

— Et ?

— Et Mademoiselle Poole — elle a bien insisté là-dessus, soit dit en passant, Mademoiselle, pas M'zelle Poole — était certaine de ne pas s'être trompée.

Je me tournai vers Concannon.

— Avez-vous interrogé votre fils ?

— Ce n'est pas le genre de chose dont je discute ordinairement avec lui, non.

— Je voulais dire, peut-être y a-t-il une explication raisonnable.

— On a retourné la question dans tous les sens, Riley et moi, dit Shapiro. Ce que nous souhaiterions, c'est que vous tentiez de trouver une explication raisonnable.

— Je ne vous comprends pas.

— Nous voulons que vous suiviez Kevin, précisa Concannon. Pas pendant une semaine, je ne vous demande pas de l'espionner ou je ne sais quoi. Essayez simplement de découvrir si ce que dit Poole est vrai.

— Et si c'est vrai ?

— En ce cas, intervint Shapiro, il nous faudra quelques photos, des preuves, afin que Riley sache qu'il abandonne une course perdue d'avance, et non qu'il renonce trop tôt à une compétition trop serrée.

— Des photos ? Pourquoi ne pas vous contenter de ma parole ?

La voix de Concannon trembla sous le coup de l'émotion.

— Parce que je veux avoir quelque chose en poche si je dois parler à mon fils, John. Je veux qu'il sache que nous — sa mère et moi — nous préoccupons de sa santé, tant médicale que mentale. Si vous découvrez que Poole a raison et si Kevin nie la chose, je veux pouvoir attaquer le sujet avec lui en ayant des preuves, sans que vous ayez besoin d'être là. Je veux le forcer à chercher de l'aide.

— À mon avis ce n'est pas la bonne manière de s'y prendre.

— C'est ma façon de voir, et je suis son père.

— Êtes-vous prêt à nous aider ? demanda Shapiro.

Je réfléchis. Si je refusais, il y aurait toujours quelqu'un pour faire le boulot, peut-être quelqu'un qui tenterait de vendre les résultats des deux côtés. Ou bien quelqu'un qui dirait à Concannon « Hé, pas de problème », puis qui essaierait de faire chanter le môme pour le restant de ses jours.

— Qu'envisagez-vous ? questionnai-je.

Elle jeta un coup d'œil à Concannon.

— Riley, tu m'arrêtes si je me trompe. Je crois que le mieux, John, ce serait que vous suiviez Kevin ce vendredi.

— Kevin quitte l'école à une heure le vendredi, précisa Concannon.

— Filer quelqu'un en voiture n'est pas aussi facile que ça en a l'air à la télé.

Shapiro secoua la tête.

— Non, non. Kevin ne conduit pas encore. S'il allait à Boston, ce serait par le train.

— Pas beaucoup de voyageurs à cette heure-là. Je peux sans doute attendre l'arrivée du train à la North Station à Boston, et le prendre en filature dès le moment où il quittera le quai.

— Ça me paraît sensé, approuva Concannon.

— Vous avez une photo de lui ?

Le candidat n'eut pas besoin de plonger la main dans le tiroir. Il retourna une photo vers moi. Elle représentait une douzaine d'adolescents qui posaient debout et agenouillés sous une bannière où l'on lisait « Club municipal ». Deux des garçons avaient des cheveux blond roux, des épaules rappelant vaguement celles de Concannon, mais il n'y avait pas de légende.

— Lequel est-ce ?

— Kevin est à l'extrême droite, répondit Concannon. Je me suis dit que ce cliché vous le ferait voir parmi d'autres garçons de son âge.

J'examinai la photo. Le garçon avait un sourire inquiet, comme s'il eût craint que le flash ne se déclenchât avant qu'il ne fût prêt.

— Je peux la prendre ?

— Non, je préfère que non. Il a fallu que je l'emprunte à un professeur de l'école de Kevin.

Je la lui rendis.

— Quand voulez-vous de mes nouvelles ?

— Dès que possible, répondit Shapiro.

*
* *

— Hé, John Cuddy ! Je pensais que tu serais passé l'été dernier.

— Pour la plage, c'est ça ?

— Oui, je te l'ai dit, Beacon Harbour a le plus beau sable de la côte septentrionale, et ça ne coûte que cinq dollars pour se garer, même...

— ... Pendant le week-end. Je m'en souviens, sergent.

— Tu te rappelles aussi que je n'aime pas le coup du « sergent ». Je n'ai pas l'intention de reprendre l'uniforme.

Je m'assis à côté du bureau de Joe Patrizzi, au deuxième étage du commissariat. Par la fenêtre on avait une belle vue sur un coteau aux couleurs d'automne. Une amphétamine que l'on a tendance à ne pas trouver en ville.

Patrizzi but à grand bruit du café dans un gobelet portant sur le côté l'inscription PAPA EST LE PLUS GRAND.

— Alors, que puis-je pour toi ?

— Rien cette fois-ci. Il s'agit seulement d'une visite de politesse, juste pour t'avertir que je fouine un peu ici et là.

Il se passa la langue à l'intérieur du palais.

— La tuerie du printemps dernier ?

— Non, j'ai terminé de ce côté-là, pour autant que je sache.

— Tes petites investigations, tu crois que ça va faire couler le sang ?

— Pour le moment, non, je ne pense pas.

Patrizzi hocha la tête d'un air sagace.

— Tu veux me faire plaisir, hein ? Si ça devait changer, tu décroches ton téléphone et tu me préviens.

— Si je peux.

— Si ? Tu trouves ça poli, Cuddy ?

L'étroite route de macadam faisait le tour du port et d'un promontoire rocheux avant de se transformer en chemin campagnard rectiligne. Je finis par apercevoir une chaumière retapée, qui donnait sur quelque trois hectares de marais salants. Si tant est qu'on puisse qualifier de chaumière un amoncellement de douze à quinze pièces. Mais c'est ce qu'indiquait le panneau d'Olde

Marsh Lane : « The Poole Cottage ». C'était d'ailleurs la seule bâtisse visible d'Olde Marsh Lane. Ce qui était probablement du goût de Mademoiselle Poole.

J'empruntai l'allée dallée qui menait à la véranda de bardeaux patinés par les intempéries, puis à la porte vert foncé. On entendait les grillons dans l'herbe de la prairie. Riley Concannon n'aurait pas été ravi que j'aille rendre visite à sa correspondante, mais je voulais savoir à quoi elle ressemblait pour me faire une opinion avant de poireauter près d'une heure dans une gare vendredi prochain.

La femme qui m'ouvrit la porte après que j'eus frappé allait sur les soixante ans. Elle portait une tenue paysanne ; on aurait dit une pub pour L.L. Bean avant que la mode ne s'en empare. Ses cheveux poivre et sel étaient coupés court uniformément, touchant à peine son col à l'arrière.

— Oui ?

— Mademoiselle Poole ?

— Oui.

— Je m'appelle John Francis. J'enquête sur les faits que vous avez communiqués à M. Concannon dans votre lettre.

— Vous enquêtez ? Oh, bonté divine, entrez.

Peut-être que quand on a beaucoup d'argent, les gens cessent d'essayer de vous le piquer et qu'on en arrive à leur faire confiance. Elle me conduisit dans une salle de séjour confortable garnie de meubles anciens si beaux qu'ils n'auraient sans doute jamais l'air vieux. Elle me demanda si je voulais du thé, et je refusai parce qu'il était évident que cette femme avait vraiment envie de me parler.

Une fois que nous fûmes assis, elle attaqua :

— J'espérais bien que quelqu'un prendrait ma lettre au sérieux.

— Nous la prenons au sérieux, mademoiselle. Mais en raison du caractère délicat de cette affaire, je me vois contraint de vous demander de promettre de ne rien révéler à personne de notre conversation.

— Oh, naturellement.

— Pourriez-vous me parler plus amplement de ce que vous écrivez dans votre lettre ?

— Ma foi, un peu, du moins. J'avais pris le train de 13 h 04 pour Boston afin de faire quelques courses. J'ai pris un taxi de North Station à Copley Place, mais c'est tellement touristique que j'ai tendance à ne jamais rester longtemps.

— Entièrement d'accord.

— Je suis également allée chez « Lord & Taylor's », puis j'ai fait un déjeuner succulent au « DuBarry's » dans Newbury. Il nous reste si peu de bons restaurants français, avec toutes ces sottises pour jeunes cadres branchés.

— Vous rappelez-vous à quelle heure vous avez fini de déjeuner ?

— Oh, je n'avais pas besoin de regarder ma montre, mais je suis ensuite allée directement chez « Shreve, Crump & Low » dans Boylston. Il faut toujours faire une halte chez « Shreve », malgré leurs récents... embarras financiers.

— Quand avez-vous vu le fils de M. Concannon ?

— En sortant de chez « Shreve ». Je me souviens parfaitement d'avoir regardé ma montre, parce que je voulais être sûre d'attraper le 14 h 42 à North Station. Après, il devient quasiment impossible de trouver une place convenable pour lire.

— Et quelle heure était-il ?

— Quelle... ? Oh, quand j'ai regardé ma montre ? 14 h 23 très exactement. J'ai aperçu le jeune Concannon à égale distance de deux rues. Il s'est approché de cet adolescent — c'est le mot poli, je suppose, bien que j'aie été un peu plus directe dans ma lettre. Je n'ai pas vu d'échange d'argent, mais d'après la façon dont l'autre garçon était habillé, le but de la transaction était évident.

— Vous êtes sûre qu'il s'agissait bien de Kevin ?

— Kevin ? C'est son nom ? Je ne l'ai rencontré qu'une seule fois au petit déjeuner des Amis, mais je suis certaine que c'était lui.

— Mademoiselle Poole, vous avez dit que vous étiez à un demi-pâté de maisons de là...

— Oui, mais on le remarque facilement, vous savez.

— On le remarque facilement ?

— Oui. Son... tic, si l'on peut appeler ça comme ça. Ou peut-être vaudrait-il mieux parler d'un... mouvement nerveux.

Poole pencha brusquement la tête vers la droite, imitant un boxeur soûlé par les coups. Je repensai au sourire anxieux de Kevin Concannon devant l'objectif du photographe, le garçon craignant peut-être de bouger involontairement au mauvais moment.

— Autre chose ? demandai-je.

— Ma foi, je les ai vus se rapprocher de moi. Puis ils ont contourné le pâté de maisons et ont pris une ruelle. Une ruelle « commode », si l'on peut dire. Évidemment, je ne suis pas restée plus longtemps.

— Eh bien, je vous remercie de m'avoir consacré un moment, mademoiselle Poole.

— J'espère seulement que Concannon assumera ses responsabilités.

— Je vous demande pardon ?

— Qu'il se retirera de la course avant qu'un scandale pareil ne ternisse à jamais sa réputation.

La vue que l'on a du cimetière ne ressemble pas à celle de Patrizzi ou de Poole. On ne voit que la pelouse verte brunie par le gel nocturne, on n'entend que le bruit des moteurs des bateaux de marchandises entrant dans le port de Boston. Les roses que je disposai en diagonale sur sa pierre tombale frémirent sous la brise venant de la mer.

Des roses. En quel honneur ?

— Une affaire, Beth. Une affaire que je culpabilise un peu d'avoir acceptée.

Pourquoi ?

Je le lui expliquai.

C'est triste que le père ne puisse pas parler franchement à son fils.

Beth et moi n'avons jamais eu d'enfant. Nous n'en avons jamais voulu, à la vérité, mais je comprenais ce qu'elle voulait dire.

— Ma foi, ce sera peut-être un pas dans la bonne voie.

Je l'espère, mais ne te laisse pas abattre s'il n'en est rien.

Je hochai la tête. Au même instant le vent souffla un brin plus fort, et je dus redisposer les fleurs afin d'éviter que les têtes ne fussent arrachées des tiges.

North Station est un drôle d'endroit. La gare se situe dans la partie postérieure du Boston Garden, là où Orr* faisait du patin et Bird* des paniers. Le soir où il y a un match, c'est un zoo, quatorze mille personnes bloquant les rampes pour accéder à leur place. Mais par un vendredi après-midi d'octobre, la gare est un lieu calme où les banlieusards revenant des magasins attendent des trains irréguliers et où les SDF attendent d'être chassés. Quant aux touristes, ils viennent de pays où le voyage ferroviaire est une forme de tourisme mieux acceptée.

Assis sur un banc en bois tailladé, je vérifiai l'horaire que je tenais dans la main droite. Le train qui quittait Boston Harbour une demi-heure après la fin des cours de Kevin Concannon entrerait en gare dans environ dix minutes. Je portais un chandail de ski ainsi qu'un pantalon kaki,

---

* Bobby Orr, joueur canadien de hockey sur glace, et Larry Bird, joueur américain de basket-ball *(NDT)*.

et j'avais des chaussures de course. J'étais également équipé d'un appareil photo de 35 mm, d'un plan déplié de Boston, et de la casquette la plus ridicule que j'avais pu trouver : une casquette de base-ball qui exhibait au-dessus de la visière un homard de BD portant un bavoir.

Vu qu'il me fallait un appareil photo autour du cou, j'avais estimé que la casquette m'aiderait à passer pour un touriste, car personne à Boston n'a jamais vu de Bostonien arborant un homard.

Le train de Beacon Harbour arriva, et je repérai aussitôt Kevin Concannon. Il avait une démarche gauche, déhanchée, et sa tête se pencha brusquement vers la droite comme Mlle Poole m'en avait fait la démonstration. Il portait un pantalon de laine bien repassé et, lui aussi, un chandail de lambswool mais sans casquette idiote.

Concannon passa devant mon banc. J'attendis qu'il eût fait dix pas avant de me lever et de le suivre. Une fois sorti de la gare, il traversa Causeway Street et sauta dans un trolley de la Green Line comme s'il eût fait cela toute sa vie.

Je montai dans le suivant et me faufilai jusqu'à l'avant, observant Kevin à travers le pare-brise, tandis que les deux trolleys suivaient les rails en tressautant. Nous passâmes devant la gare de Park Street, et il ne descendit pas avant Arlington. Je gravis à sa suite l'escalier montant jusqu'au premier pâté de maisons de Boylston Street.

Ce ne fut pas long.

Concannon accrocha le regard d'un gosse décharné qui avait peut-être dans les vingt ans, mais faisait tout pour en paraître seize. Il portait un foulard autour du cou, ainsi qu'un short de jogging moulant qui ne convenait nullement en cette journée bien trop fraîche. Le gosse sourit à Kevin, bavarda et plaisanta un peu avec lui, puis inclina la tête vers le coin de la rue. Je pris trois clichés des garçons avant qu'ils ne tournent et ne s'éloignent. Je gagnai l'entrée de la ruelle juste à l'instant où ils décidaient de se dissimuler derrière une benne à ordures. Je repris deux autres clichés avant de passer mon chemin.

Vingt minutes plus tard le gosse au foulard reparut, et Concannon le suivit un moment après. Kevin regagna Boylston, traversa la rue, et s'assit à une table en terrasse d'« Au Bon Pain ». Il prit une pâtisserie et but dans un gobelet en plastique quelque chose qui fumait.

Au bout d'environ un quart d'heure, un garçon passa devant les tables, s'attardant un peu. Celui-ci portait une chemise moulante turquoise, un jean clouté noir et des bottes de cow-boy. Il s'arrêta pour remonter l'une de ses bottes.

Concannon quitta sa table, le rejoignit, et tous deux se dirigèrent vers la même ruelle. Je pris à peu près les mêmes clichés en guise de preuves.

Cette fois-ci cela dura vingt-cinq minutes, mais Kevin ressortit le premier, consulta sa montre et se mit à marcher un peu. Il héla un taxi, lequel descendit Boylston, puis tourna à Charles en direction de North Station. Kevin rentrait sans doute à la maison.

Le jeudi matin, Riley Concannon et Nona Shapiro me donnèrent l'impression que j'étais leur rendez-vous prioritaire de la journée. Je l'espérais bien.

Je posai l'enveloppe kraft sur le bureau encombré. Les mains de Concannon tressaillirent, comme si elles avaient répugné à l'ouvrir.

— Mauvais ? demanda Shapiro.

— En ce qui concerne les faits rapportés par Mlle Poole. Deux tapineurs en une heure.

— Doux Jésus..., émit Concannon.

Les yeux de Shapiro se rivèrent sur moi.

— Vous faites confiance au magasin qui a développé ces photos ?

— Une confiance absolue.

Elle hocha la tête.

— Écoutez, John, je sais que cela n'a pas été facile pour vous non plus. Je vous remercie de nous faciliter un peu les choses.

— Je peux vous voir dehors un moment ?

Shapiro jeta un coup d'œil à Concannon, qui avait toujours les yeux rivés sur l'enveloppe kraft.

— Entendu, mais seulement une minute.

Le corridor derrière la porte aux six panneaux était vide, les volontaires, même Doris, n'étant pas encore à leur poste. Shapiro referma doucement la porte derrière elle.

— Si c'est une question d'honoraires...

— Ce dont nous sommes convenus est parfait, et je ne reviendrai pas là-dessus. Ce n'est pas du chantage, simplement une suggestion.

— De quoi s'agit-il ?

— Avant que Riley ne retire sa candidature, veillez à ce qu'il parle à Kevin.

— Vous ne croyez pas que c'est son affaire, vu que c'est le père du garçon ?

— Je crois que si Kevin apprend que son père s'est retiré avant que lui et Riley ne règlent cette histoire, les dégâts seront bien plus graves que la perte d'un siège sénatorial du Massachusetts.

Shapiro pinça les lèvres.

— Merci, John. Merci de votre sollicitude.

Je ne suis pas spécialement intéressé par la politique, mais je me surpris à parcourir attentivement les nouvelles locales du « Globe » tous les jours, tentant d'apprendre ce qu'il allait advenir de la campagne de Concannon. Il me fallut pratiquement attendre une semaine, jusqu'au lundi suivant, mais l'article était à la une. J'eus la nausée en lisant la manchette :

SOUS LE CHOC DE LA MORT DE SON FILS
UN CANDIDAT RETIRE SA CANDIDATURE.

L'article expliquait que le garçon était tombé d'un

promontoire rocheux près d'Olde Marsh Lane à Beacon Harbour. Je visualisais l'endroit grâce à ma visite chez Mlle Poole. Le dernier paragraphe précisait que le candidat se retirait de la course en signe de deuil et que la famille resterait sans doute dans l'intimité pendant plusieurs jours.

Tout cela était compréhensible. Ce qui l'était moins, c'étaient les photos et les légendes qui les accompagnaient.

On voyait sur l'une un homme à l'allure sévère dont les tempes étaient ornées de touffes de cheveux gris. « Thomas Whiting », disait la légende. Sur l'autre cliché je reconnus le garçon que j'avais suivi et photographié. Il ne s'agissait pas de la photo du club, mais il était impossible de se méprendre sur le sourire anxieux.

« David Whiting », disait la légende.

J'essayai ma voix pour être sûr qu'on l'entendait encore, puis je décrochai le téléphone.

— Police. Patrizzi.

— John Cuddy à l'appareil.

— Cuddy ! Écoute, en temps ordinaire, je serais heureux de bavarder un peu, mais on a sur les bras une... tragédie depuis hier, tu vois à quoi je fais allusion ?

— J'ai vu ça dans le journal. Le fils du politicien ?

— Oui.

— Sale histoire.

— Peut-être encore plus que tu ne penses.

— Qu'est-ce que tu veux dire ?

— Ma foi, je ne sais pas si ça sera divulgué, mais si c'est le cas, ce n'est pas moi qui t'aurai mis au courant, entendu ?

— D'accord.

— OK. (Patrizzi baissa un peu la voix.) On a peut-être un témoin oculaire.

— Peut-être ?

— Oui. Une femme qui conduisait son gosse chez la

baby-sitter. Elle a emprunté la partie de la route du port qui fait le tour du promontoire. Elle dit qu'elle a seulement entrevu le jeune Whiting, mais elle est pratiquement sûre qu'il n'est pas tombé.

— Non ?

— Parole d'honneur. Elle dit qu'il a sauté.

*
* *

— Mademoiselle Poole ?

— Oui ?

— Mademoiselle Poole, John Cuddy à l'appareil. Nous avons bavardé chez vous la semaine dernière.

— Ah oui, mon Dieu. Je dois dire que je suis bouleversée par cette affaire.

— Comme nous tous.

— J'espère seulement que le fait que j'aie confondu les garçons au petit déjeuner des Amis n'a pas eu d'incidence..., eh bien, sur ce qui est arrivé.

— Je suis persuadé que non, mademoiselle Poole.

— Ma foi, je suis vraiment soulagée de vous l'entendre dire.

— Mais j'ai une question que j'ai oublié de vous poser.

— Une autre question ?

— Oui. Pour boucler mon rapport.

— De quoi s'agit-il ?

Je posai ma question, et elle me répondit.

Je me retrouvai au Q.G. de campagne, et j'assistai à la fin de la conférence de presse, en compagnie de quelques douzaines de badauds massés juste derrière la porte. Les projecteurs de la télé contribuaient à rendre l'atmosphère électrique, étouffante. Riley Concannon, la cravate rentrée dans le pantalon, les manches retroussées

— sa marque de fabrique, me dis-je — se tenait derrière le podium improvisé. Nona Shapiro, juste hors du champ de la caméra sur la droite, observait la foule, mais elle ne me vit pas. Doris et son ami baraqué se trouvaient parmi un groupe de volontaires de l'autre côté du podium. Le candidat interpréta la dernière question de telle manière que sa réponse toute faite donna l'impression d'y répondre parfaitement, et tout le monde dans la salle se mit à opiner.

Après que Concannon et Shapiro eurent gagné le corridor de derrière, j'attendis que les équipes de télé eussent rangé leur matériel et les journalistes de la presse écrite, rembobiné leurs bandes pour les écouter. Puis je me faufilai à travers la foule qui se clairsemait, sans que Doris et son ami ne me voient.

Lorsque j'arrivai devant la porte aux six panneaux, je ne pris pas la peine de frapper. Shapiro et Concannon étaient juste en train de s'écarter l'un de l'autre. Je n'avais rien dénoté de passionnel dans leur étreinte, c'était plus le mouvement spontané auquel on s'abandonne quand l'équipe locale marque un but.

— Un peu tôt pour fêter ça, vous ne croyez pas ?

Shapiro reprit ses esprits tandis que Concannon avait encore la bouche ouverte.

— John ! J'espérais que vous passeriez nous voir.

— J'en doute, Nona, j'en doute vraiment.

Concannon s'apprêtait à dire quelque chose, mais Shapiro lui posa la main sur la poitrine, et il se ravisa.

— Sage conseil, Nona. Vous écoutez d'abord ce que j'ai à vous dire, d'accord ?

— Voulez-vous vous asseoir ? proposa Shapiro.

— Non merci. Je crois que même les meubles de cette pièce ne m'inspirent pas confiance.

— Écoutez, qu'est-ce..., commença Concannon.

— Bouclez-la, espèce de faux cul. Vous me faites

venir ici, vous me montrez la lettre de Mlle Poole, la photo du club...

— Nous avons compris ce qui s'était passé, interrompit Shapiro. Quand vous regardiez la photo, voyez-vous, Riley vous a dit que Kevin était le garçon à l'extrême droite, mais il entendait par là à droite pour lui, pas pour vous.

— Bien trouvé, mais malheureusement ça ne prend pas.

— Mon erreur est compréhensible, intervint Concannon. J'étais dans tous mes états, je m'inquiétais pour Kevin.

— Quand vous avez reçu la lettre de Poole, d'accord. Mais une fois que Nona eut passé son coup de fil à la bonne femme en jouant les imbéciles, vous avez parfaitement compris que cette histoire était une véritable aubaine.

— Je ne sais pas de quoi vous..., dit Shapiro.

— Au téléphone, Nona, Mlle Poole m'a dit qu'elle vous avait parlé du « tic ou du mouvement nerveux — comment appeler ça ? —, dont était affligé le jeune Whiting, pauvre garçon ».

— On ne vous avait pas demandé d'aller voir Poole, intervint Concannon. On vous avait dit...

— Du coup, après cet entretien téléphonique, Riley, vous et Nona avez compris que c'était le fils de Whiting que Mlle Poole avait vu à Boston, et il vous fallait absolument trouver un moyen d'exploiter la chose. Seulement ça devait avoir l'air innocent, comme le coup de fil de Nona. Un coup monté qui permette de tout nier, ce que vous êtes en train de faire en ce moment. Et c'est là que j'intervenais. C'est ça, Nona ?

Shapiro croisa les bras et posa son postérieur sur le bureau.

— Des élucubrations, John. Mais poursuivez.

— Il ne s'agit pas d'élucubrations, Nona. Vous

m'avez demandé de vous confirmer que j'étais bien tenu au secret professionnel, ce qui m'empêchait de parler à qui que ce soit une fois que Riley, — ou plus probablement un intermédiaire, — aurait remis à Thomas Whiting les photos prises par mes soins. Comment avez-vous formulé ça ? « Par amitié » ? Quelle était la teneur de votre mot ? « Tom, malgré nos divergences de vues, je crois que tout parent a le droit de savoir ce que j'ai à vous révéler » ?

Concannon s'apprêtait à rouvrir la bouche, mais Shapiro prit les devants :

— Il ne peut rien faire contre nous, tu ne comprends pas, Riley ? C'est pour ça qu'il est là et qu'il essaie de nous bluffer. Si Cuddy parle de cela à qui que ce soit, s'il fait même simplement part de ses impressions sur la question, il peut dire adieu à sa licence, pour viol du secret professionnel.

— Avez-vous seulement pensé à ce que ferait un candidat aussi à cheval que Whiting sur les valeurs familiales ? À la façon dont il aborderait la question avec son fils ? À ce que pouvait faire le fils après ça ?

Concannon afficha un air résolu.

— Je crois que nous avons fait le tour de la question, Cuddy.

— Pas tout à fait, Riley.

Il me dévisagea, mais je m'adressai à Shapiro.

— Voici le nouveau programme, Nona. J'éprouve tant de chagrin que je ne peux plus dormir. Je vais trouver Whiting, lui présente mes excuses et...

— On vous ferait sauter votre licence en..., coupa Shapiro.

— Tu m'interromps encore une fois, et je te colle une beigne. (Ce qui parut porter.) Je pense que la commission qui accorde les licences se montrerait compréhensive. La culpabilité et le chagrin sont des émotions puissantes, Nona. Elles vous poussent à agir impulsivement. Par exemple à retirer votre candidature.

Ni l'un ni l'autre ne pipa.

Je levai la main, index et majeur tendus.

— Vous avez deux possibilités. Un, vous vous retirez maintenant. Je ne parle à personne, et personne ne me fait sauter ma licence. La famille de Whiting ne vous colle pas de procès sur le dos, ce qui ruinerait votre image à tel point que vous ne pourriez plus dorénavant vous présenter à quoi que ce soit. Deux, vous restez dans le vague, je vais trouver Whiting, et vous essayez de me faire sauter ma licence. Ses avocats vous harcèlent, et Whiting, ou je ne sais quel cadavre fumant déterré par les Républicains, pulvérise toutes vos chances de succès aux urnes. Bref, dans un cas comme dans l'autre, vous avez perdu la course.

— Du temps. Il faut que vous nous donniez...

— Demain matin, crétin.

— Dem..., commença Shapiro.

— Demain matin, Nona. Si demain je n'ai pas appris par un communiqué que Riley a retiré sa candidature, mon chagrin et ma culpabilité me contraindront à opter pour la seconde solution.

— Mais cela ne nous laisse pas la possibilité de...

— De quoi ? De rendre présentable un nouveau programme ? Vous avez raison, mes pauvres vieux, c'est impossible.

Je réussis à éviter de claquer la porte aux six panneaux mais l'optimisme qui régnait dans la salle de permanence était si suffocant que j'en eus des haut-le-cœur jusqu'à ma voiture.

Spin-a-rama
Traduction de Jean-Bernard Piat

LE SIXIÈME HOMME

par Edward D. Hoch

Bradford Dillon ne s'était jamais vu en chevalier, errant ou autre. Il était cadre dans une banque de Londres, venait de fêter son trente et unième anniversaire, et trouvait fort monotone la vie qu'il menait. Et c'est pour cela que ses vacances d'été consistaient en une randonnée dans les Costwolds à bord d'une petite Audi rouge, sans même un chien pour lui tenir compagnie.

Le troisième jour de ce voyage en solitaire, il se trouvait sur un étroit chemin de campagne, lorsqu'il vit la jeune femme qui allait causer un brusque changement dans son plan de vacances. Il la vit tout d'abord au milieu du chemin, telle une jeune biche figée sur place par l'éclat des phares, mais il s'en fallait encore d'une bonne heure avant que le soleil ne se couche. Elle riva un regard effrayé sur la voiture roulant vers elle puis se précipita vers un muret sur le côté de la route. Elle l'enjambait quand Brad se rendit compte qu'il s'agissait d'un pont et il était déjà hors de sa voiture lorsqu'il entendit le bruit de l'éclaboussement.

— Au secours ! cria-t-elle.

Il gagna en courant la berge d'un profond ruisseau, où il plongea à son tour quand il vit que la jeune femme était trop loin pour saisir sa main.

— Là, restez calme ! Je vous tiens bien ! lui dit-il quand il l'eut saisie sous les bras.

Une fois hors de danger, elle cracha de l'eau et balbutia :

— Les pluies l'ont grossi... Je ne pouvais pas vous atteindre.

— C'est fini maintenant.

Elle frissonna dans les vêtements trempés qui collaient à son jeune corps :

— J'ai cru que vous étiez... commença-t-elle, mais elle n'acheva pas.

— Je vais vous reconduire chez vous, décida Brad.

Il ne pouvait l'abandonner ainsi, mouillée jusqu'aux os.

— Où habitez-vous ?

— La... la première maison en bas du chemin... Brook.

Il estima qu'elle devait avoir dans les vingt-cinq ans, peut-être un petit peu plus. Ses cheveux blonds détrempés seyaient à ses yeux bleus et son teint clair.

— Il faut absolument que vous vous changiez... sinon vous risquez de...

— Mais vous-même ? fit-elle comme il la menait à sa voiture. Vous êtes aussi trempé que moi !

Ce fut seulement alors qu'il en prit conscience. Ses vêtements étaient à tordre et il avait encore de l'eau dans ses chaussures.

— Oui... J'aurais dû au moins enlever ma veste... Mais je n'y ai même pas pensé, tant vous sembliez en train de vous noyer.

— Cela aurait bien pu être le cas si vous n'étiez intervenu... Vous m'avez sauvé la vie... et j'ignore même votre nom !

— Brad... Bradford Dillon.

— Vous habitez par ici ?

— Non, à Londres. Je suis ici en vacances.

Il l'aida à monter dans la voiture, en s'efforçant de ne pas penser à toute cette eau sur les sièges, puis prit place au volant.

— Je suis désolée d'avoir ainsi perturbé vos vacances...

— Mais pas du tout ! Vous sauver est la meilleure chose que j'aie faite depuis des mois. Mais pourquoi donc avez-vous sauté du pont ? Je n'allais pas vous écraser.

Il démarra, poursuivant son chemin puisque c'était la direction qu'elle lui avait indiquée.

— Je vous avais pris pour quelqu'un d'autre, expliqua-t-elle en s'essuyant les cheveux avec le sweater qu'il avait pris sur la banquette arrière.

— Serait-ce que vous étiez poursuivie ?

— Oh ! c'est une longue histoire... Tournez ici.

Dans une haie, une double-porte en bois s'ouvrait sur une allée de gravier menant à une maison de campagne de moyenne importance. Une aile semblait y avoir été ajoutée au cours des dernières années, détruisant la symétrie d'une architecture typique des Costwolds.

— Belle propriété, dit-il.

— Oui, nous nous y plaisons... Oh ! au fait, je m'appelle Barbara... Barbara Stafford. Vous pouvez vous arrêter devant le perron... Il faut que vous entriez faire sécher vos vêtements.

— C'est que... (À la vérité, il se sentait très mal ainsi.) Bon, mais alors juste quelques minutes !

Au même instant, surgit au coin de la maison un grand bel homme à l'allure martiale avec une moustache soigneusement taillée.

— Barbara ! Je te cherchais partout ! Qu'est-il arrivé à tes cheveux ? Mais tu es trempée, ma parole !

— Je suis tombée dans le ruisseau, Hugh. Ce monsieur m'a repêchée... Monsieur Dillon, mon frère Hugh.

— Hugh Gatewood, précisa l'arrivant en tendant la

main. Vous aussi vous êtes trempé ! Entrez, entrez, je vous en prie !

Brad franchit derrière eux la double porte et les suivit dans une belle pièce avec une cheminée où, en cet instant, il eût aimé voir un bon feu.

— Je vais vous donner une robe de chambre de mon mari et vous allez vous déshabiller pour que nous mettions vos vêtements dans le séchoir.

— Merci... Ce n'est vraiment pas de refus.

Tandis que sa sœur allait chercher la robe de chambre, Hugh Gatewood s'assit près de la fenêtre :

— Racontez-moi donc comment tout cela s'est produit, monsieur Dillon.

— Eh bien, je pense que l'arrivée de ma voiture a dû la saisir au point qu'elle n'a vu d'autre salut que dans le ruisseau. Mais celui-ci est en crue actuellement...

— Oui, nous n'avons cessé d'avoir de fortes pluies. Ah ! ces bon-sang d'étés anglais... Ils ne vont pas en s'améliorant !

Mais il semblait parler à la façon d'un automate, le regard rivé sur la porte comme guettant le retour de sa sœur.

Celle-ci survint avec une robe de chambre en soie rouge qu'elle tendit à Brad. Pour son compte, elle avait troqué ses vêtements trempés contre un peignoir de bain blanc orné d'un dragon chinois sur le sein gauche.

— Vous pouvez disposer de la chambre qui est en haut de l'escalier, dit-elle. C'est celle des invités.

Brad gravit les marches et entra dans la pièce indiquée. Elle comportait un très grand lit à deux places, ses murs étaient décorés avec des gravures de chasse, et par la fenêtre, Brad vit les collines des Costwolds qui se fondaient au loin dans le crépuscule.

Réconforté par le contact de la robe de chambre, Brad s'apprêtait à redescendre lorsqu'il perçut une nouvelle voix au rez-de-chaussée :

— ... tu fiches dans ce peignoir ?

— Je suis tombée dans le ruisseau et un automobiliste est venu à mon secours. Il est monté dans la chambre d'amis... Je lui ai dit que nous allions faire sécher ses vêtements.

— Tombée dans le ruisseau ?

La voix grave exprimait la stupeur.

Brad n'entendit pas la réponse de Barbara Stafford et il se mit à descendre l'escalier avec ses vêtements roulés en boule.

Un homme corpulent, au crâne dégarni, se tourna vers lui avec un froncement de sourcils :

— Vous êtes le gentleman qui a repêché ma femme ?

— Oui... Mon nom est Bradford Dillon.

— Major George Stafford, cadre de réserve. Merci infiniment.

L'homme parut à Brad être un pompeux imbécile toutefois mais cela n'avait guère d'importance puisqu'il l'aurait quitté dans moins d'une heure. Mais comme il se détournait, il surprit une expression d'effroi sur le visage de Barbara. Elle avait peur de son mari. Il comprit alors que c'était lui qu'elle fuyait lorsqu'elle avait sauté du pont.

*

* *

— Vos affaires vont être vite sèches, dit Barbara en revenant dans la pièce. Elle avait — probablement à l'instigation de son mari — troqué le peignoir contre des jeans et un corsage.

Presque aussitôt, ils furent interrompus par un petit homme au teint blafard :

— Major Stafford, on vous demande au téléphone.

— Est-ce votre maître d'hôtel ? demanda Brad à Barbara.

— Non, nous n'avons pas de domestiques à demeure. C'est Walter Harp qui aide mon mari pour son livre.

— Ses mémoires ?

Elle rit :

— Ça, c'est déjà fait ! Non, c'est l'histoire d'un crime célèbre commis à Glasgow...

Sur ces entrefaites, le major revint en compagnie de Walter et le frère de Barbara apporta un carafon de xérès.

— Ah ! le rituel du soir ! s'exclama Walter Harp.

Brad et Barbara déclinèrent l'offre, mais les trois autres eurent raison du carafon.

— Demain, il faudra que je pense à en déboucher une autre bouteille, commenta Hugh Gatewood.

Brad chercha à nouer conversation avec le major Stafford :

— J'ai décidé de passer mes vacances à circuler dans la région et je ne le regrette pas : les paysages sont ravissants.

— Oui, c'est assez plaisant, acquiesça le major.

— Faites-vous de la voiture, votre femme et vous ? Ou chassez-vous ?

— Nous tirons quelques oiseaux. Elle vise beaucoup mieux que moi. (Il but une gorgée de xérès.) Où est-ce que vous l'avez trouvée ?

— Sur ce pont de pierre qui enjambe le ruisseau. Je débouchais de la route et ma brusque arrivée a dû l'effrayer, au point de la faire sauter dans l'eau.

— Curieux... Ce pont est pourtant assez large...

Barbara vint se joindre à conversation :

— J'ai eu terriblement peur d'être renversée, expliqua-t-elle simplement.

Son mari se borna à émettre un grognement avant d'orienter l'entretien sur le travail de Brad à Londres :

— Ça doit être la foire d'empoigne, non ? J'aime bien mieux rester ici à écrire.

— Effectivement, il y a des jours où c'est claquant, convint Brad.

Un moment plus tard, comme les autres étaient hors de portée de voix, il demanda à Barbara :

— Pourquoi avez-vous peur de votre mari ?

— Cela se voit ?

— À mes yeux, oui. Vous avez sauté dans l'eau parce que vous avez cru que c'était lui, hein ?

Elle se mit à fixer le sol, comme pour éviter le regard de Brad.

— C'est très personnel. Je ne peux pas en parler.

— Vous frappe-t-il ? questionna Brad, se rappelant certains militaires qu'il avait connus.

Elle regarda Harp et son mari quitter la pièce :

— Je ne peux vraiment pas parler de ça. Ne me posez plus de questions.

Ayant fini de boire le xérès, son frère partit en quête de quelque chose d'un peu plus corsé en disant :

— Je reviens !

Walter Harp avait regagné la pièce de façon tellement silencieuse que Brad eut à peine conscience de son approche. Jeune, mince et pâle, il paraissait presque anémique :

— Le major regrette, mais il va être occupé le restant de la soirée. Il prie qu'on l'excuse et serait très heureux que M. Dillon veuille bien passer la nuit dans la chambre d'amis.

— Oh ! je crains de ne...

— Si, je vous en prie ! le pressa Barbara Stafford. C'est si rare qu'il invite ainsi quelqu'un... Vous devez lui être sympathique.

— J'avais projeté de passer la nuit dans un endroit plus proche de Cheltenham...

— Profitez donc de notre hospitalité !

Comme elle semblait ne pas dire cela par simple politesse, il opina :

— Ma foi, vu qu'il se fait tard...

— Parfait ! Je vais monter vos vêtements dans la chambre d'amis,

Et, comme son frère revenait, elle dit :

— Brad a accepté de passer la nuit sous notre toit.

Les yeux gris de Hugh Gatewood se tournèrent vers Brad :

— J'espère que vous y dormirez bien.

*

* *

Le lit de la chambre d'amis était plus mou que celui dont Brad avait l'habitude et il ne cessa de s'y retourner jusqu'aux petites heures. Il se leva même une fois et alla regarder par la fenêtre qui donnait sur le devant de la maison. Il distingua une clarté sur sa gauche. Apparemment, les lumières étaient allumées dans l'aile nouvelle qu'il avait remarquée en arrivant. Peut-être le major et Walter Harp travaillaient-ils encore à ce fameux bouquin...

De nouveau étendu dans le lit, il commençait à regretter sa décision de rester coucher là, lorsqu'il entendit toquer discrètement à sa porte. Il alla l'entrouvrir et vit Barbara en déshabillé, mais toute idée d'aventure galante fut aussitôt dissipée car ses premières paroles furent :

— J'ai besoin de votre aide !

— Qu'y a-t-il ?

— George n'est pas encore monté se coucher ! Jamais il ne travaille aussi tard ! J'ai peur qu'il ait eu un malaise... Voulez-vous descendre avec moi ?

— Est-ce que votre frère...

— Oh ! Hugh est probablement ivre mort dans sa chambre, comme chaque nuit.

Brad enfila la robe de chambre par-dessus ses sous-vêtements et suivit la jeune femme vers l'escalier.

— A-t-il un cabinet de travail ?

Barbara acquiesça, très pâle dans la pénombre :

— Oui, dans l'aile nord...

Connaissant les lieux, elle se déplaçait rapidement. Brad la suivait d'un pas moins assuré, craignant de trébucher contre quelque obstacle. Une fois au rez-de-chaussée, il aperçut, au bout du corridor, une porte ouverte sur une pièce éclairée.

— C'est là qu'il travaille... dit Barbara dans un murmure.

Apercevant un pied d'homme qui dépassait l'encadrement de la porte, Brad obligea Barbara à se détourner :

— Il vaut mieux que vous ne regardiez pas !

— Qu'y a-t-il ?

— Je ne sais trop, mais...

Arrivé au seuil, il vit un homme gisant sur le parquet. Un homme jeune et blond, vêtu d'un sweat-shirt et de jeans noirs. La plaie profonde que présentait sa gorge avait certainement été causée par la baïonnette abandonnée près de lui.

— Parlez-moi ! implora Barbara derrière Brad. Est-ce... George ?

— Je ne l'ai encore jamais vu. Il est jeune et blond.

Un cri étouffé et Brad eut juste le temps de retenir dans ses bras Barbara évanouie.

*

* *

Après quoi, Brad téléphona à la police et entreprit de réveiller tout le monde dans la maison. Toujours d'aspect très martial, même dans son sommeil, Hugh Gatewood dormait au creux d'un confortable fauteuil près d'un verre encore à demi plein de whisky. Et c'est dans une posture semblable que Brad découvrit le major Stafford dans une petite pièce adjacente au cabinet de travail. En revanche, aucune trace de Walter Harp qui, apparemment, avait dû partir plus tôt.

— Vous connaissez la victime, n'est-ce pas ? dit Brad à Barbara pendant qu'ils attendaient la police.

— C'est quelqu'un de Londres... Un nommé Ross Tager. C'est mon frère qui me l'a présenté.

— Que pouvait-il faire ici au milieu de la nuit ?

Elle détourna les yeux :

— Je n'en ai aucune idée.

Sur quoi l'arrivée de la police mit fin à l'entretien.

Melrose, le constable local, avait une grosse voix, des joues rouges et des cheveux gris :

— Pensez-vous, madame, qu'il aurait pu s'introduire clandestinement dans votre maison ?

— Oh ! j'en doute... Nous le connaissions et il savait être toujours le bienvenu ici...

— Même au milieu de la nuit ?

— Ma foi, oui... répondit-elle avec une nuance d'incertitude.

Le constable Melrose se tourna vers Brad :

— Et vous, monsieur, vous vous trouviez simplement passer la nuit ici ?

Brad raconta de nouveau comment les choses s'étaient passées.

— Je compte repartir dans la matinée, conclut-il.

— Je crains de devoir vous prier de rester un peu plus longtemps, monsieur Dillon. Dans une pareille occurrence, nous devrons peut-être demander à Scotland Yard d'envoyer quelqu'un. Auquel cas, cet inspecteur voudra sûrement vous interroger

— Je suis en vacances...

— Oh ! cela ne devrait pas demander plus d'une journée avant que vous puissiez vous remettre en route. En attendant, j'aimerais recueillir le témoignage de toutes les personnes se trouvant ici.

Brad comprit qu'il ne lui fallait pas compter dormir beaucoup cette nuit-là. Melrose l'envoya dans le salon attendre d'être interrogé. Il n'avait pas eu l'occasion de pénétrer dans cette pièce et il y passa un moment à regarder des photos de la famille Gatewood : Barbara et son frère dans leur adolescence — elle avec des trophées de natation et de tennis, Hugh avec des décorations militaires — en sus d'une grande peinture à l'huile les représentant assis à une table avec leurs parents. Pour la première fois, Brad eut alors conscience qu'il était dans la maison familiale des Gatewood et que l'intrus, c'était le major Stafford.

— Monsieur Dillon ? Que s'est-il passé ?

Ainsi interpellé, Brad se retourna, s'attendant à voir un des policiers en uniforme. Au lieu de quoi, il se trouva face à Walter Harp, pâle, son costume froissé comme s'il avait dormi tout habillé.

— Où étiez-vous ? Ils pensaient que vous étiez rentré chez vous.

— J'étais reparti, mais j'ai dû m'arrêter en route pour dormir un peu. Cela m'arrive quand j'ai un peu trop bu. M'ayant trouvé ainsi garé, un des agents m'a dit de revenir ici.

— Un homme a été tué. Un nommé Ross Tager...

— Tager ! Comment est-ce arrivé ?

— On l'ignore. Il a été découvert dans le cabinet de travail avec une profonde blessure à la gorge. On se demande comment il était entré.

— Et quelle a été la réaction de Barbara ?

— Elle s'est évanouie quand nous avons découvert le corps, mais à présent elle semble s'être ressaisie. J'attends pour faire ma déposition.

— Je suppose que c'est aussi pour cela qu'ils ont

voulu que je revienne ici, alors que j'aurais préféré aller enfin me mettre au lit.

— Vous êtes écrivain ? questionna Brad, qui n'avait encore pas bien compris la position de Harp dans la maisonnée.

— Journaliste, en fait. Jusqu'à l'année dernière, j'appartenais à la rédaction du *Telegraph*. Depuis, j'ai fait le « nègre » comme on dit. En ce moment, j'aide le major pour un livre. Depuis qu'il est à la retraite, il lui est venu le goût d'écrire, et les affaires criminelles célèbres sont en vogue actuellement.

— Quelle est l'affaire dont traite son livre ?

— Oh ! il tient à ce que cela ne s'ébruite pas...

À l'intonation de Walter Harp, Brad eut le sentiment qu'il n'aurait pas eu besoin d'insister beaucoup pour le faire parler mais la chose ne l'intéressait pas assez pour qu'il se donne cette peine.

Un des policiers en uniforme vint l'appeler et il le suivit dans le cabinet de travail aux panoplies d'armes.

— Vu l'heure, je m'efforcerai d'être bref, lui dit le constable Melrose. Vous vous nommez Bradford Dillon ?

— Oui, confirma Brad, soulagé de constater qu'on avait emporté le cadavre.

— Vous habitez et travaillez à Londres ?

— Oui. Dans la banque : Chase Lionheart Ltd.

— Êtes-vous marié ?

— Non.

— Veuillez, je vous prie, me redire comment vous avez secouru Mrs Stafford.

— Je passais par ici vers l'heure du dîner quand, au virage précédant le pont, j'ai aperçu Mrs Stafford au milieu de la route. La vue de ma voiture a paru la terroriser et elle a sauté par-dessus le muret du pont. Mais les pluies avaient gonflé le ruisseau et elle n'arrivait pas à regagner la rive. Alors j'ai couru à son aide.

— Vous l'avez sauvée ?

— Façon de parler ! Bien entendu, nous étions trempés tous les deux et, quand je l'ai ramenée ici, elle m'a invité à entrer faire sécher mes vêtements. Puis, comme le soir tombait, son mari m'a proposé de rester coucher.

— À ce que j'ai compris, c'est vous qui avez découvert le corps ? dit Melrose en notant quelque chose sur son bloc.

— C'est exact. Constatant que son mari n'était pas monté se coucher, Mrs Stafford en a conçu de l'inquiétude et elle est venue frapper à ma porte pour me demander de descendre avec elle. C'est ensemble que nous avons découvert le corps.

— Et elle s'est évanouie.

— Je suppose qu'elle a dû tout de suite penser que c'était son mari, et puis il y avait ce sang...

— Pourquoi le major Stafford était-il resté en bas au lieu de monter se coucher ?

— Apparemment, il travaillait à un livre qu'il prépare avec le concours de Walter Harp.

Melrose eut un hochement de tête :

— C'est exact, nous avons trouvé un certain nombre de feuilles dactylographiées. Connaissez-vous le sujet de ce livre ?

— Une affaire criminelle célèbre, je crois.

— En effet, oui.

Melrose posa la main sur des feuilles dactylographiées.

— Vous pouvez vous retirer pour l'instant, monsieur Dillon. J'aurai certainement d'autres questions à vous poser dans le courant de la matinée.

En s'en allant, Brad passa devant Stafford qui attendait son tour. Le major était très pâle et regarda Brad comme s'il ne se rappelait plus de lui.

Le frère de Barbara, Hugh Gatewood, était seul dans la cuisine où Brad entra pour boire un verre d'eau avant de retourner se coucher. Gatewood semblait avoir surmonté les effets de l'ivresse.

— Vous avez été interrogé ? s'enquit Brad.

L'autre acquiesça :

— Oui, en premier.

En se retournant, il démasqua une bouteille de stout posée sur le buffet derrière lui.

— Juste une gorgée avant de me coucher, dit-il en voyant le regard de Brad. Vous en voulez ?

— Non, merci.

— Ce pauvre Tager... c'est vraiment navrant. Peut-être l'a-t-on pris pour un cambrioleur, tout de noir vêtu comme il l'était.

— Et qui aurait commis cette méprise ?

Gatewood eut un sourire en coin :

— Mon beau-frère. Le major. C'était une des baïonnettes de sa collection.

— Je n'y avais pas pris garde.

— Les murs de son bureau sont couverts d'armes : du sabre de cavalerie au poignard de commando.

— Pourquoi le Major Stafford aurait-il voulu tuer ce Tager ?

— Oui, pourquoi, hein ?

Ayant fini de boire son stout, Gatewood enchaîna :

— Et maintenant, au lit ! À demain matin, monsieur Dillon.

Quand Brad s'étendit de nouveau dans son lit, il était près de cinq heures du matin. Mais cette fois, il s'endormit aussitôt.

*

* *

Une cuisinière venait chaque matin préparer le petit déjeuner et elle se présenta à Brad quand celui-ci descendit aux alentours de neuf heures :

— Bonjour, monsieur. Je suis Sadie.

C'était une quadragénaire très avenante.

— Les autres sont-ils levés ? s'enquit Brad.

— Non, monsieur. Mrs Stafford m'avait laissé un mot pour m'avertir qu'ils dormiraient tard. J'ai appris au village ce qui s'était passé cette nuit. Vous êtes de la famille ?

— Non : juste un invité pour la nuit. Connaissiez-vous la victime, Sadie ?

— M. Tager ? Oh ! tout le monde le connaissait... et surtout les dames !

— Ah ? Il était célibataire ?

— Oui, monsieur. Il gérait les propriétés de plusieurs familles de la région. Les femmes avaient un faible pour lui.

— Y compris vous ?

Elle rosit :

— Oh ! pas moi, monsieur : les jeunes. Dans quelques mois, je vais être grand-mère.

— À vous voir, on ne le croirait pas.

Elle lui apporta un verre de jus d'orange avec des œufs au bacon.

— Voulez-vous aussi un toast ?

— Volontiers, oui. Et du café.

Regardant par la fenêtre, Sadie annonça :

— Voici le chief-constable.

— Encore ? Il a passé ici la moitié de la nuit !

— Le constable Melrose est un homme extrêmement actif.

Elle ouvrit la porte de la cuisine pour saluer le policier qui sourit en la voyant :

— Hello, Sadie ! Comment ça va chez vous ?

— Oh ! très bien. Ma fille attend un bébé pour novembre.

— Bonne nouvelle, ça !

Puis, portant son attention vers Brad :

— Vous avez bien dormi, monsieur Dillon ?

— Lorsque j'ai enfin pu me mettre au lit, oui. Quand pensez-vous que je serai libre de repartir ?

— Oh ! ça ne devrait plus tarder. J'espère arriver à conclure cette affaire sans l'aide du Yard.

— Vraiment ? Croyez-vous qu'il ait été surpris alors qu'il tentait de cambrioler la maison ?

— Rien n'indique qu'il soit entré ici clandestinement, et nul n'a suggéré cette possibilité. Mais certains détails me paraissent fort intéressants.

Survint alors le major Stafford, en costume de ville, une serviette en cuir à la main.

— Juste du café, Sadie, je vous prie. Eh bien, je vois que la police est de bonne heure au travail. Ou serait-ce que vous n'avez pas quitté la maison, constable ?

— Je suis retourné chez moi durant quelques heures. (Melrose eut un geste en direction de l'attaché-case.) J'ignorais que vous alliez au bureau, major.

— J'ai ce matin un important rendez-vous d'affaire, qui n'a pu être reporté.

Il but son café debout et d'un trait.

— Walter Harp m'a dit que vous aviez pris le manuscrit du livre auquel nous travaillons. Pour quelle raison ?

— Juste pour lire un peu avant de m'endormir. Je vous le rendrai dès que possible.

— Pour lire au lit, il y a...

— Il s'agit d'une affaire criminelle. Ça m'intéresse de voir comment l'on enquête ailleurs qu'ici.

— L'affaire Earlings qui s'est passée à Glasgow ne me paraît guère pouvoir vous intéresser.

— Un mari abat l'amant de sa femme et déclare qu'il l'avait pris pour un cambrioleur... C'est une de ces affaires typiques comme il s'en produit partout dans le monde.

— Il faut que je file ! dit Stafford avec un geste de la

main. Si je peux vous être utile en quoi que ce soit dans votre enquête, ne craignez surtout pas de me déranger !

Brad le regarda sortir par la porte de la cuisine et gagner d'un pas rapide sa Mercedes noire garée dans l'allée.

Comme la voiture démarrait, Melrose dit :

— Drôle de bonhomme... Retraité de l'armée, il a écrit quelques trucs militaires, et le voilà maintenant qui se consacre aux affaires criminelles célèbres.

— En quoi a-t-il besoin de Walter Harp ?

— J'ai le sentiment que c'est Harp qui doit finalement tout mettre d'aplomb, bien qu'il soit censé effectuer seulement des recherches. Leurs bouquins se vendent gentiment, sans plus.

— Le major a une jeune épouse.

— Oui... Et Barbara Stafford doit se trouver bien seule quand son mari passe une partie de la nuit à écrire.

— Vous semblez sous-entendre qu'il existait quelque chose entre elle et la victime ?

— Il n'est pas fait secret qu'ils se connaissaient et s'appréciaient. Ross Tager avait beaucoup de charme.

— Pensez-vous que le major l'ait tué ?

— En tout cas, l'assassin est quelqu'un de la maison : le major, sa femme, le frère de celle-ci... Ou vous, monsieur Dillon.

— Moi !

Le policier esquissa un haussement d'épaules :

— Une simple possibilité. Walter Harp en constitue une autre, bien sûr, encore que je ne puisse lui attribuer un mobile, non plus qu'à vous.

Une deuxième voiture de police survint et Brad en vit descendre des hommes devant appartenir aux services techniques, à en juger par les appareils dont ils étaient chargés. Melrose alla au devant d'eux et ils s'en furent tous dans le cabinet de travail. Brad acheva son petit déjeuner, puis décida de faire un tour dans le jardin.

Il y trouva Barbara Stafford, coiffée d'un grand chapeau de paille, qui élaguait les rosiers.

— Bonjour, lui dit-il. Vous ne prenez donc pas de petit déjeuner ?

— Ayant vu que mon mari était avec vous dans la cuisine, j'ai préféré m'en passer.

— Serait-ce que vous ne vous parlez plus ?

— J'ignore ce qu'il en est, car la nuit dernière il a couché dans une autre chambre.

Elle tourna vers lui un regard implorant :

— À la vérité, je crains pour ma vie.

— Hier, lorsque je vous ai rencontrée...

— George m'avait frappée. Je me suis enfuie de la maison et j'ai couru à travers champs, de peur qu'il ne me tue. Lorsque j'ai aperçu votre voiture, j'ai cru que c'était lui. Oh ! mon Dieu... J'ai préféré mourir en sautant du haut du pont.

— Mais vous avez appelé au secours.

— Je suppose que c'est une réaction instinctive... Ma bouche s'est emplie d'eau et je me suis sentie couler...

— Votre mari vous a-t-il dit quelque chose ensuite ?

— Il m'a traitée d'idiote, c'est tout. Je m'étais enfuie parce qu'il m'avait frappée et il m'a simplement traitée d'idiote !

Brad laissa s'écouler quelques instants avant de demander :

— Savez-vous ce que Ross Tager fabriquait ici cette nuit ?

— Je lui avais téléphoné, lui demandant de venir... J'avais besoin de quelqu'un près de moi...

— Vous êtes des amis intimes ?

Elle détourna les yeux, comme gênée :

— Très intimes, oui.

— Pensez-vous que ce soit votre mari qui l'a tué ?

— Qui d'autre ?

— Votre mari et Harp travaillent sur une affaire semblable : un mari de Glasgow qui avait pris l'amant de sa femme pour un cambrioleur.

— Ross n'était pas un cambrioleur...

— Comment était-il entré dans la maison ?

— Je ne sais pas... Par une des portes-fenêtres du cabinet de travail, je suppose, puisque c'est là qu'il a été tué.

— Quand vous êtes venu me chercher cette nuit, vous n'étiez pas inquiète de votre mari, n'est-ce pas ? Il lui arrivait souvent de dormir dans une autre chambre.

Elle lui fit face, le touchant presque :

— Environ un quart d'heure plus tôt, j'avais entendu arriver la voiture de Ross. Quand il n'est pas monté, j'ai craint pour lui... C'est ce qui m'a fait aller vous trouver...

— Le chief-constable soupçonne votre mari, lui dit Brad. Mais votre frère ? En veut-il au major de vous avoir épousée et de s'être installé dans la maison de famille des Gatewood ?

— Je suppose que oui... Il eût mieux valu qu'il aille habiter ailleurs, mais il est resté. Cela dit, la maison est grande. On peut y vivre à trois.

Brad vit le constable traverser la pelouse pour les rejoindre.

— Madame Stafford ! appela le policier. Pourriez-vous nous aider un instant ?

— Bien sûr. De quoi s'agit-il ?

— La victime semble être entrée par une des portes-fenêtres. Ne les ferme-t-on pas le soir ?

— D'ordinaire, si... Mais je crains que mon mari ne soit assez distrait en la matière. Il a pu aussi bien s'assoupir en les laissant simplement à l'espagnolette.

Melrose hocha la tête :

— Bon... Je pense que nous n'allons plus vous déranger bien longtemps, madame Stafford. Nous devrions en avoir terminé cet après-midi.

— Et je pourrai alors repartir ? s'enquit Brad.

— Je le suppose, oui, monsieur Dillon.

Brad devina qu'il se proposait d'arrêter Stafford pour avoir assassiné l'amant de sa femme. Une heure plus tard, lorsqu'il vit le major revenir en voiture, il s'avisa de quelque chose à quoi il n'avait pas prêté attention auparavant.

*
* *

Walter Harp avait regagné la maison après déjeuner, prêt à se remettre au travail avec le major Stafford. Hugh Gatewood était dans le salon, commençant sa cure de xérès. Bien que les techniciens de la police fussent repartis après avoir terminé leur tâche, le chief-constable Melrose, lui, était toujours sur les lieux. Brad s'était entretenu avec lui, et maintenant qu'il était dans le cabinet de travail à admirer la collection d'armes du major, il se demandait où était passé Melrose.

Il caressait machinalement d'un doigt le feutre sur lequel avait reposé la baïonnette, lorsque Barbara survint dans la pièce

— Le chief-constable vous fait dire que vous pouvez partir quand vous voudrez, mais qu'il aura sans doute besoin de votre témoignage si un procès a lieu.

— Oui, bien sûr. Va-t-il arrêter votre mari ?

— Je le pense...

S'approchant de la collection d'armes, elle effleura du bout des doigts quelques lames.

— La perspective de tout ce qu'il va falloir endurer m'est odieuse.

Brad eut un hochement de tête :

— Soyez assurée que je saurai garder le secret.

Elle se retourna vivement :

— Quel secret ? Voulez-vous parler de mon amitié pour Ross Tager ?

— Non : du fait que vous l'avez assassiné.

— Vous plaisantez ou quoi ?

Mais il constata qu'elle avait intensément pâli.

— Non, je suis sérieux. Voyez-vous, quand j'ai admiré aujourd'hui la Mercedes noire que conduisait votre mari, je me suis rendu compte que vous n'aviez pu la confondre avec ma petite Austin rouge. Prétendre que vous fuyiez votre mari était un mensonge, tout comme votre noyade. Dans la pièce voisine, j'ai vu vos trophées de natation.

— Peut-être n'étais-je en quête que d'un compagnon viril.

— Sans aucun doute. Vous aviez besoin d'un homme qui serait contraint de rester ici le temps que sèchent ses vêtements. Et quand vous avez suggéré à votre mari que je pourrais rester coucher, il ne pouvait qu'acquiescer. Pourquoi teniez-vous à ce que je passe la nuit ici ? Certainement pas pour une aventure amoureuse. Ce qui vous fallait, c'était un témoin impartial, quelqu'un qui puisse descendre au rez-de-chaussée avec vous pour y découvrir le cadavre.

— Vous oubliez que Ross Tager était pour moi un ami très cher... Peut-être même mon amant.

— Tout comme il était l'ami et l'amant de plusieurs autres, à ce que j'ai entendu raconter. Je pense que la jalousie a fini par l'emporter en vous et que vous avez conçu un plan pour le tuer d'une façon qui tendrait à accuser votre mari. Cette dernière partie n'était pas d'une importance cruciale, mais si ça marchait ainsi, cela n'en serait que mieux.

— Et quel était au juste mon prétendu plan ?

— Vous avez téléphoné à Tager, disant avoir besoin de lui pour vous protéger de votre mari. Il a rappliqué en voiture et est entré par la porte-fenêtre du bureau laissée entrouverte... et là, vous l'attendiez avec cette baïonnette. Vous l'avez tué, puis vous êtes montée me chercher. Comme je l'ai dit, vous aviez besoin d'un témoin, lequel ne pouvait être votre frère, toujours plus ou moins ivre. Or les domestiques ne couchent pas ici et, à cette heure-là, Walter Harp serait rentré chez lui. Votre mari, vous le vouliez comme suspect, non comme témoin. Il vous fallait donc quelqu'un n'appartenant pas à la maisonnée... Moi, en l'occurrence.

— Et que faisait donc mon mari pendant tout ce temps ?

Brad eut un demi-sourire :

— Il dormait dans son coin, tout comme Frère Hugh, et Walter Harp qui avait dû s'arrêter sur le côté de la route tant il avait sommeil. C'était vraiment une trop grande coïncidence que ces trois hommes aient eu tellement envie de dormir en même temps. Moi, au contraire, j'arpentais ma chambre de long en large, incapable de trouver le sommeil, et vous aussi vous étiez bien éveillée. Je me suis alors rappelé ce xérès d'Hugh, dont vous et moi avions décliné l'offre, alors que les trois autres en buvaient. Bien entendu, vous l'aviez drogué, afin que le major dorme quand vous tueriez Ross Tager. L'idéal eût été qu'il s'assoupisse en travaillant dans son bureau, où il aurait découvert lui-même le cadavre à son réveil. Les choses ne s'étant pas passées ainsi, vous m'avez fait descendre pour jouer, comme prévu, mon rôle de témoin impartial. Walter Harp a qualifié le xérès de « rituel du soir ». Vous saviez qu'ils en boiraient tous. Mais qu'auriez-vous fait si je les avais imités ?

Elle se détourna en disant :

— Dans le carafon, il n'y en avait que de quoi remplir trois verres. Cela m'aurait fourni le prétexte pour ouvrir une autre bouteille et je vous aurais, comme il se doit, servi en premier, avant de recourir au carafon pour les autres.

Elle lui fit de nouveau face en lançant :

— N'importe quoi, pourvu que Ross meure !

Brad vit alors le poignard de commando qu'elle tenait à la main et sut ce que Ross Tager avait dû éprouver juste avant de mourir.

— Empoignez-la ! cria Melrose en surgissant par la porte du salon. L'autre policier tordit violemment le poignet de Barbara à l'instant même où elle frappait Brad.

— Je me demande ce que vous attendiez ! grommela ce dernier à l'adresse de Melrose.

— Je ne pouvais me fonder sur votre seule hypothèse, répondit le chief-constable en exhibant une paire de menottes. Il me fallait un aveu.

Brad se laissa tomber sur un siège, afin de calmer les tremblements dont il était saisi. Puis, comme on emmenait Barbara Stafford, il se remit debout pour lui demander :

— Qu'auriez-vous fait si je ne m'étais pas arrêté pour vous sortir de l'eau ?

Elle leva les yeux vers lui et il y vit le désespoir fou d'une femme trahie par son amant.

— J'avais des vêtements secs cachés dans les buissons, répondit-elle calmement. Vous étiez le sixième homme sur qui je tentais le coup. Les cinq autres ne s'étaient pas arrêtés.

The sixth Man
Traduction de Maurice B. Endrèbe

TABLEAU !

par NEIL JILLET

Beryl et moi nous lions très facilement, que ce soit avec un couple nouvellement installé dans Tulip Avenue ou un autre enthousiaste de Mozart avec qui nous avons engagé la conversation durant un entracte au concert. Et si nous trouvons ces nouvelles relations à notre goût, nous les invitons à dîner.

Nous prenons grand plaisir à présider une table où de bons vins accompagnent une cuisine raffinée, et à discuter de quantités de choses avec nos invités. Mais le meilleur moment se situe après le repas, quand nous passons au salon pour le café et les alcools et que l'un de nos nouveaux amis s'exclame : « Oh ! quelle beauté... C'est un Canaletto, n'est-ce pas ? »

Les mots varient légèrement d'un invité à l'autre, mais la substance reste la même. Si bien que lorsque quelqu'un ayant un peu trop bu du Chianti servi avec les pâtes s'extasie en disant « Oh ! un Cannelloni ! », tout le monde comprend.

Mais quelle que soit la façon dont elle a identifié la toile, cette personne continue par « Ce doit être... » puis s'interrompt, se rendant compte qu'une petite villa de la banlieue de Melbourne n'est guère l'endroit où peut se trouver une œuvre authentique du maître vénitien.

On suivrait presque le déroulement des pensées. Ils se

disent que ce serait discourtois de suggérer que ce doit être une copie... Mais il s'agit peut-être d'un héritage ? Ne voulant point paraître offensants, ni incompétents en la matière, ils finissent par être l'un et l'autre.

Nous les laissons quelques instants aux prises avec cette remarque qu'ils regrettent amèrement d'avoir commencé à formuler, puis je mets un terme à leur embarras en expliquant avec un petit geste :

— Nous l'avons volée voici quelques années, à Borcester Castle, lors d'un voyage que nous avons fait en Angleterre.

Je vous garantis que ça leur en bouche un coin. Alors, tandis qu'ils restent stupéfaits, Beryl se blottit tendrement contre moi et nous gardons un instant la pose avant qu'elle ne précise avec un petit rire :

— J'ai aidé Bill à le voler, mais je dois reconnaître que c'est lui qui a tout organisé.

— Ç'a été un travail d'équipe, dis-je en la gratifiant d'un baiser sur la joue pour lui rendre son dû. Moi, je me suis borné à être, l'espace de quelques heures, un défunt homme d'état.

— Et moi un acteur du cinéma muet, complète Beryl. Mort aussi, bien sûr.

Cette conversation a lieu dans la bibliothèque que nous avons aménagée dès notre retour en Australie. À Borcester Castle, le tableau se trouvait dans la bibliothèque et nous ne voulions pas qu'il se sente dépaysé, encore que, bien sûr, l'environnement ne soit pas aussi aristocratique. Néanmoins, si la plupart des étagères sont garnies de vieux livres de poche au lieu de volumes anciens aux reliures de cuir, et si le sol est recouvert de nattes à la place de tapis persans mangés aux mites, c'est une pièce d'où l'on a une belle vue et, en sortant de table, nous y conduisons nos invités sous prétexte de regarder clignoter à l'horizon les lumières des gratte-ciel de Melbourne. Nous n'attirons pas leur attention sur le tableau, sûrs que quelqu'un finira par le remarquer derrière le bureau.

Même si les gens avec qui nous nous lions ainsi sont généralement capables de distinguer un Canaletto d'un Guardi ou un Magritte d'un Dali, cela ne les prépare pas pour autant à réagir comme il sied en nous entendant avouer avoir volé une toile qu'ils savent valoir au moins un million de dollars.

Je m'enquiers alors :

— Voulez-vous que nous vous racontions l'histoire ?

Ils acquiescent et tandis que je me lance dans mon récit, Beryl sert posément le café et emplit de nouveau les verres qui ont été brusquement vidés sous l'effet du choc causé par notre confession.

En 1989 (dis-je alors à nos nouveaux amis) peu après avoir pris notre retraite de professeurs à l'École des Beaux-Arts, Beryl et moi effectuâmes notre premier voyage en Europe.

Canaletto est notre peintre préféré, bien que nous ne puissions nous expliquer pourquoi ses œuvres, d'une extrême minutie dans les détails, nous procurent un tel plaisir. N'ayant jamais vu aucun des tableaux peints par lui, nous nous proposions de visiter des endroits comme Harewood House, dans le Yorkshire, qui possède une collection de ses œuvres. Mais avant tout notre intention était de passer plusieurs mois à Borcester, avec notre fille unique Erica.

Elle était allée à Oxford pour y faire des études poussées sur quelque point peu connu de l'histoire médiévale, mais elle y était tombée amoureuse et avait épousé Nigel Storford, étudiant lui aussi. Ils renoncèrent à faire une carrière universitaire lorsque le père veuf de Nigel mourut, lui laissant un hebdomadaire et une imprimerie à Borcester, ville des Midlands. Bien que ces affaires fussent gérées par un personnel aussi dévoué que compétent, Nigel et Erica décidèrent de « prendre les choses en main » et, pour ce faire, élurent domicile à Borcester — qui, comme vous le savez sans doute, se prononce Booster ainsi qu'il est fait pour Worcester.

Située dans une région doucement vallonnée, c'est une ville de quelque trente-cinq mille âmes, et assez plaisante à habiter si l'on aime mener une existence paisible. Vers la fin du Moyen-Âge et plusieurs siècles durant, Borcester prospéra dans le commerce de la laine ; puis, vers la fin du XVIIIe siècle, l'exploitation de sources — dont les eaux s'avérèrent sans grand effet médical, — en fit une ville d'eaux très à la mode.

Selon les guides d'avant-guerre, l'architecture de Borcester alliait l'originalité désuète du style Tudor, qui caractérise Chester, à l'élégance « géorgienne » de Bath, et cette ambiance attirait beaucoup de touristes étrangers. En 1942, la Luftwaffe mit fin à cette vogue. Dans le but de démoraliser les Anglais autant que d'anéantir une de leurs principales industries, plusieurs raids de bombardiers allemands détruisirent la plupart des beaux édifices de la ville, dont la cathédrale du XIIIe siècle, l'hôtel de ville du XVe et le ravissant théâtre Regency. De ce qui en réchappa, Borcester Castle est certainement une des plus belles choses.

« Pauvre Borcester Castle ! » nous dit Erica peu après notre arrivée. Dans son journal, la reine Victoria n'en parle que pour se plaindre de la sauce grumeleuse qu'on lui avait servie avec le poisson lors du déjeuner qu'elle prit sur la terrasse sud !

« Notre château n'a même pas de fantôme, enchérit le mari d'Erica, et son histoire ne relate aucun de ces terribles épisodes qui, avec le concours de Richard III, Edward II et lady Jane Grey, contribuèrent tant à la célébrité de Warwick Castle !

« Ses habitants se flattent toutefois que Borcester ait

été le siège d'un duché, intervint Erica, alors que Warwick n'a jamais eu que des comtes !

« Le dernier duc a été tué par l'alcool, voici une quarantaine d'années, et le premier était un benêt qui dut son titre au fait d'avoir reconnu pour sien le fils que sa femme avait eu de Charles II. »

Nigel émit un soupir à la pensée qu'on pût témoigner d'autant de cynisme opportun, puis expliqua que, outre son intérêt historique, Warwick Castle se trouvait avoir l'avantage d'être une étape sur les circuits touristiques menant à Stratford-sur-Avon. Aussi, face à la ville natale de Shakespeare et au passé sanglant de Warwick Castle, Borcester perdait-il toute chance.

— Vous devriez commencer par aller à Warwick (c'est tout près) et vous comprendriez alors ce que nous voulons dire, conseilla Erica. Borcester possède toutefois une chose qui devrait vous ravir. Mais je préfère vous laisser découvrir cela par vous-mêmes après que vous serez allés à Warwick.

Quelques jours plus tard, Beryl et moi empruntâmes la petite voiture d'Erica pour gagner Warwick, à une heure de route. Mais là, en dépit de la longue histoire du château, nous eûmes surtout droit à la reconstitution d'un événement datant de moins d'un siècle.

Cela était dû au fait que depuis 1978 Warwick Castle est géré par les gens du Musée de cire de Mme Tussaud à Londres. Dans une enfilade de salons, ils ont reconstitué la réception donnée par le comte et la comtesse de Warwick au cours de l'été 1898. On y voit l'effigie en cire de gens célèbres jouant aux cartes, écoutant un récital donné par la cantatrice Clara Butt, bavardant dans la bibliothèque, etc. Il s'agit notamment du prince de Galles, des ducs d'York et de Malborough ainsi que de Winston Churchill, alors âgé de vingt-quatre ans seulement, mais déjà célèbre pour ses exploits militaires dont il avait lui-même publié le récit.

— On pourrait presque croire que c'est toi, déclara Beryl comme nous regardions ce Churchill qui lisait, assis dans un grand fauteuil. Et pourtant il avait alors à peine le tiers de ton âge.

Quelques jours plus tard, nous allâmes à Borcester Castle, aussi admirablement situé que Warwick Castle, mais recevant bien moins de visiteurs. Un mince dépliant nous apprit que, durant les années 20, le château était le lieu de rendez-vous de maintes célébrités internationales. Le tableau qui se trouve dans la Grande Bibliothèque montre une scène typique de cet âge du Jazz.

Visiblement on s'était inspiré de ce qui avait été réalisé à Warwick Castle, mais il y manquait le savoir-faire des gens de chez Mme Tussaud. Les rideaux cramoisis de la Grande Bibliothèque étaient tirés et la pièce, faiblement éclairée, tant par économie que pour tenter de masquer le fait que les mannequins étaient loin de paraître aussi vivants que ceux de Warwick Castle.

Au milieu de la vaste pièce, Anna Pavlova était effondrée dans les ultimes palpitations de *La Mort du cygne*, spectacle auquel ne prêtaient aucune attention les autres invités présents, à l'exception de Charlie Chaplin qui, dans son accoutrement de Charlot, semblait sur le point de décocher un coup de canne à la ballerine. D.H. Lawrence, avec cheveux et barbe assortis aux rideaux, était assis devant un secrétaire à l'abattant ouvert et travaillait à un manuscrit dont de grosses lettres clamaient le titre : *L'Amant de Lady Chatterley* ; Guglielmo Marconi, penché sur ce qui ressemblait beaucoup à un Sony Walkman des premiers temps, était en train d'inventer la T.S.F., cependant que Nancy Astor et un Lloyd George en haut-de-forme avaient une discussion politique ou une querelle d'amoureux. La pièce devait bien compter encore une dizaine d'autres mannequins, mais je ne me rappelle pas qui ils étaient censés représenter.

Sauf deux.

— Te voilà encore, avec Rudolf Valentino ! dit Beryl en pointant l'index vers un angle de la pièce où le buste émergeant d'un canapé qui nous tournait le dos, la vedette du muet était vêtue comme dans son célèbre film *Le Cheik*. Et ce Churchill-là te ressemble davantage, si tu vois ce que je veux dire...

— Oui, il est plus chauve et plus gras que celui de Warwick Castle, opinai-je avec impatience.

Mais soudain ma voix ne fut plus qu'un murmure extasié :

— Regarde donc plutôt sur le mur... En face d'eux !

— Canaletto ! fit Beryl sur le même ton. Ce doit être cela qu'Erica savait devoir nous enchanter.

Le tableau représentait Borcester Castle comme on ne pouvait plus le voir, fièrement isolé sur une petite hauteur et non ceinturé par les horribles maisons construites après le bombardement allemand. Des messieurs coiffés de tricornes et des dames en crinolines se promenaient sur les pentes herbeuses au-dessous du mur d'enceinte, cependant que des enfants se pressaient devant un théâtre de Guignol.

Cinq minutes s'écoulèrent en un silence pensif avant que je ne dise :

— J'aimerais le voir de plus près.

Beryl me montra la grosse cordelière tendue devant le seuil, à laquelle était suspendu un écriteau « *Défense d'entrer* ». Mais je l'enjambai et passai une trentaine de secondes en admiration avant de m'en revenir près de ma femme.

« Cette “évocation historique” est vraiment faite à l'économie, dis-je. Les mannequins sur le canapé n'ont même pas de jambes, ce sont juste des torses avec des têtes.

Ce soir-là, après le dîner, Erica déclara :

— C'est scandaleux. Même si le Canaletto est la

seule chose de grande valeur que contienne le château, la surveillance y est on ne peut plus mal assurée.

— C'est censé être un secret, ma chérie.

— Ne sommes-nous pas avec mes parents ?

— Excuse-moi, mon petit.

Balançant un instant, Nigel finit par estimer que se montrer poli avec ses beaux-parents importait plus que la discrétion.

— Un garçon que je connais fait partie du comité ayant pour mission de veiller sur le château, depuis que celui-ci a été légué à la ville par le défunt duc éthylique. Selon lui, le système d'alarme est sans cesse en dérangement et le comité n'a pas les moyens d'assurer des rondes après minuit.

— Pourquoi ? questionnai-je.

— Le duc n'a pas laissé un sou pour l'entretien et ce que rapportent les visites est loin de pouvoir y suffire, comme vous avez pu le constater. Quelques objets d'art de second ordre ont bien été vendus pour remédier à cet état de choses, mais il y a des années de cela.

— Et le Canaletto ?

— Ils voudraient bien le vendre aussi, mais personne en Angleterre ne s'est porté acquéreur et le vendre à l'étranger serait porter atteinte au patrimoine national.

Lorsque Beryl fit remarquer à son gendre qu'il aurait pu lancer par voie de presse une campagne pour collecter des fonds, Nigel lui objecta :

— En tant que journaliste, mon devoir serait de clamer qu'il faut absolument faire quelque chose, mais en tant que citoyen de Borcester, c'est une autre paire de manches. Publier que la sécurité est mal assurée au château pourrait attirer des vandales. Ou... (Il eut un sourire pour Beryl et moi) des gens désireux de s'approprier le Canaletto.

Trois heures plus tard, dans notre lit, je m'enquis :

— Es-tu en train de penser la même chose que moi ?

— Oui, me répondit Beryl, et je ne crois pas que cela devrait présenter beaucoup de difficulté.

— La nuit porte conseil, nous en reparlerons demain.

Ce bref échange de vues montre bien pour quelles raisons nous formons un heureux ménage. Oh ! certes, nous avons nos bisbilles, mais lorsqu'il s'agit de choses importantes, comme d'entrer dans la voie du crime après avoir toujours été respectueux des lois, nous tombons aussitôt d'accord, même en dormant. Cela doit relever de la télépathie.

En m'éveillant, le lendemain matin, mes premières paroles furent :

— Tu pourrais être Valentino.

— Et toi Churchill, répliqua Beryl en ébouriffant les rares cheveux qu'il me reste.

Lors du petit déjeuner, nous annonçâmes à Nigel et Erica que nous allions passer quelques jours à Londres, pour faire du shopping et voir quelques spectacles.

Mais arrivés dans la capitale, au lieu de nous comporter en touristes, nous commençâmes par acheter un ouvrage sur Canaletto qui contenait une excellente reproduction du tableau de Borcester Castle, tableau commandé par le troisième duc lors du séjour que le peintre fit en Angleterre vers 1752. Ce livre précisait qu'il s'agissait là d'un des plus petits Canaletto : cinquante centimètres sur trente-cinq. Nous nous procurâmes tout un attirail de peintre, pour que puissent enfin être employés au mieux mes talents d'artiste dénué de toute inspiration.

Tandis que je m'attelais à la tâche dans notre chambre d'hôtel, Beryl achetait les autres choses dont nous avions besoin, telles que perruques, fausse moustache et vêtements usagés.

Notre plus gros souci était que le château, le froid venu — nous étions à la fin de l'automne — attirait trop peu de visiteurs pour que nous puissions nous noyer au milieu d'eux. Mais nous apprîmes que les mercredi et jeudi, l'accès en était gratuit pour les personnes du troisième âge, dans l'espoir — qui s'avéra vain — que, pour exprimer leur gratitude, elles consommeraient dans ce qui passait pour un bar, et achèteraient des souvenirs tels que signets, mouchoirs ou chopes arborant le blason des Borcesters. De ce fait, tous les mercredi et samedi arrivaient au château des cars bondés en provenance de maisons de retraite.

Au cours des quatre semaines qui suivirent, nous fîmes plusieurs opérations de reconnaissance. Chaque fois, arborant des perruques et des vêtements différents, nous nous mêlions aux retraités. Notre plan était de voler le tableau en entrant au château avec un arrivage du mercredi après-midi pour en ressortir avec un du jeudi matin. Afin d'expliquer notre absence, nous dirions à Erica et Nigel que nous allions à Stratford voir une pièce de Shakespeare et coucherions à l'hôtel pour ne pas devoir rentrer au milieu de la nuit.

— Tu es sûr que nous devons nous en tenir à ce truc de Churchill-Valentino ? me demanda Beryl le dimanche précédant notre cambriolage. Peut-être vaudrait-il mieux nous cacher dans un placard ou sous un lit ?

— Tu as peur des souris et il doit y en avoir des quantités là-bas ; moi, je souffre de claustrophobie...

— Ou bien derrière une porte ?

— Nos jambes ne supporteraient pas que nous restions debout pendant des heures.

— Tu as raison, dit Beryl. C'était juste pour te donner la possibilité de faire marche arrière si tu te dégonflais.

J'éclatai de rire tant cette hypothèse était ridicule.

— Parfait ! approuva Beryl en me gratifiant d'une tape dans le dos. Se cacher sous un lit ou derrière une porte relève du cambriolage banal, tandis que le nôtre se doit d'être exceptionnel.

Tard dans la matinée du mercredi, après que mon faux

Canaletto eut pris place dans notre valise, nous partîmes à bord de la voiture d'Erica.

— J'espère que cette représentation d'*Othello* vous procurera un grand plaisir... Encore que ce ne soit pas l'expression qui convienne s'agissant d'un homme qui étouffe sa femme ! plaisanta notre fille en refermant la portière.

Derrière un arbre, dans un chemin à l'écart, nous endossâmes nos autres vêtements, puis continuâmes jusqu'à la ville voisine de Colversham, où nous laissâmes la voiture dans un parking, avant de regagner Borcester par le train. Nous n'eûmes guère à attendre avant qu'arrive un car plein de retraités. Après avoir fait usage des commodités — bien que nous ayons une vessie en parfait état pour notre âge et rien bu depuis le matin — nous nous mêlâmes à la queue du groupe et fûmes ainsi les derniers à contempler l'intérieur de la Grande Bibliothèque.

Mon imperméable et une écharpe dissimulaient le fait que je portais une veste grise, une chemise avec un col à coins cassés et une cravate bleue semblables à celles de Churchill, et il ne fallut pas plus d'une minute à Beryl pour mettre le turban et le voile qui dissimulaient presque totalement tant le visage que les épaules de Valentino. À quatre heure et demie, nous primes notre faction après avoir empilé autour de nous les torses et les têtes ainsi que nos vêtements. Nous espérions de tout notre cœur que l'atmosphère poussiéreuse de la pièce ne nous ferait pas éternuer et que nous n'aurions pas de crampes ou envie de pouffer en nous regardant les yeux dans les yeux comme le faisaient à longueur d'année Valentino et Churchill.

La maigre clarté dispensée par les lampes disparut à cinq heures et demie, lorsque le personnel quitta les lieux. Nous avions supposé que, en dépit des faibles crédits, il y aurait deux ou trois gardes, mais les rondes furent faites toujours par le même homme à cheveux blancs. Il se pointait toutes les heures et nous demeurions les yeux fixes quand nous balayait le rayon de sa torche électrique. Comme il ne reparut pas, après vingt-deux heures, nous supposâmes qu'il s'était retiré pour la nuit ; mais afin de ne courir aucun risque, nous restâmes encore trois heures sans broncher.

Puis, tandis que Beryl allumait la torche électrique qu'elle avait dans son sac, je décrochai le tableau et libérai délicatement la toile de son cadre. La remplacer par ma copie — que nous fixâmes avec des punaises — s'avéra beaucoup plus facile que nous ne l'avions pensé.

À neuf heures du matin — sachant que les premiers éléments du personnel arrivaient au quart — je modifiai mon apparence avec une moustache broussailleuse tandis que Beryl se coiffait d'une perruque d'un blanc bleuté. Nous installâmes de nouveau les bustes sur le canapé, et j'attachai la toile volée autour de ma taille sous l'imperméable, comme j'avais fait de la copie. Puis nous nous cachâmes derrière la porte d'accès. L'espace y était si mesuré que nous fûmes heureux d'avoir passé la nuit dans une position relativement plus confortable.

Le premier car de visiteurs n'arriva qu'à onze heures moins le quart, retard qui mit nos nerfs à rude épreuve et nous laissa juste le temps d'être de retour pour déjeuner, comme nous l'avions promis à Erica.

Ce soir-là, Nigel dit :

— Vous serez heureux d'apprendre que le château est désormais en mesure d'avoir des signaux d'alarme fonctionnant bien et des gardes à plein temps.

— Alors le Canaletto ne court plus aucun risque ? s'enquit effrontément Beryl.

Nigel la regarda d'un air qui, à la réflexion, me parut plutôt bizarre :

— Je le suppose.

— Et d'où est venu l'argent qui permet de prendre ces mesures de sécurité ? m'informai-je.

— D'un bienfaiteur anonyme, je suppose, se borna à répondre Nigel.

Et c'est là que nous concluons notre récit, avant que nos invités ne nous assaillent de questions, telles que : « Comment avez-vous fait pour transporter la toile en Australie ?

Et moi d'expliquer :

— J'ai exécuté quelques autres copies d'œuvres que nous avions eu l'occasion d'admirer au cours de notre voyage, et j'ai roulé le tout dans un tube que je transportais avec moi. Les douaniers ne nous ont pas demandé de l'ouvrir.

— Et l'eussent-ils fait, ajoute Beryl, qu'il ne leur serait certainement pas venu à l'idée qu'il pût y avoir parmi ces toiles une qui soit authentique.

Une autre question qui nous est couramment posée : ne craignons-nous pas que quelqu'un répète à la police ce que nous venons de raconter ?

— Ça, rétorque alors Beryl avec soudain un air plus sévère qu'il ne sied à une maîtresse de maison, ce serait manquer gravement aux règles de l'hospitalité et nous n'imaginons pas qu'un de nos amis puisse jamais agir ainsi.

Mais, bien entendu, quelqu'un le fit.

L'inspecteur Thomas, de la police de Melbourne, s'est présenté chez nous voici quelques mois, nous déclarant, d'un ton d'excuse qui n'en était pas moins ferme :

— Nous avons reçu certaines informations qui nous paraissent peu probables, mais qui m'obligent néanmoins à vous poser quelques questions...

J'admirai beaucoup l'art avec lequel Beryl l'interrompit :

— Quelques questions, inspecteur, à propos d'une

peinture volée à Borcester Castle, en Angleterre ? Il y a des gens qui sont vraiment d'une crédulité ! Venez avec moi, inspecteur, je vais vous montrer la chose...

— Très joli, commenta-t-il un moment plus tard. Et assez ancien, n'est-ce pas ?

— Trois ans environ.

Voyez-vous, de retour à Melbourne, Beryl a exécuté une copie du Canaletto. Je doute qu'elle s'offense si je dis être quand même un peu plus habile qu'elle, et que sa copie n'est pas aussi convaincante que celle que j'avais faite pour Borcester Castle. Sauf lorsque nous avons du monde à dîner, c'est toujours la copie de Beryl qui est accrochée dans le salon, pour nous prémunir contre toute visite inopinée de la police. Si, le vol venant à être découvert, on se trouvait en présence de deux « Canaletto » de la même main, — la mienne — l'un à Borcester, l'autre à Melbourne, cela nécessiterait tout un tas d'explications compliquées.

Ayant admiré l'œuvre de Beryl, l'inspecteur Thomas dit :

— Moi-même, je ne suis pas ennemi de la plaisanterie, et vous deux me semblez en avoir mijoté une de premier ordre pour abuser vos amis.

— Histoire de nous divertir, inspecteur, glissa Beryl.

— Il se peut néanmoins que mes supérieurs veuillent en informer Scotland Yard.

Nous avions toujours su courir ce risque, mais fini par nous persuader que pareille chose avait peu de chances de se produire. Plusieurs semaines soucieuses s'ensuivirent, nous amenant à croire que les choses en resteraient là, que la police dc Melbourne avait enterré l'affaire sans juger utile de contacter Scotland Yard.

Sur quoi, nous reçûmes un coup de fil de l'inspecteur Thomas.

— J'ai pensé qu'il vous intéresserait de savoir que

Scotland Yard s'est mis en rapport avec Borcester Castle au sujet de ce tableau.

Je crus que mon cœur s'arrêtait de battre.

— Cela me paraissait probable, en effet, inspecteur.

— Et, bien entendu, les gens du château ont confirmé que ce... je ne sais plus quoi...

— Ce Canaletto, dis-je, la gorge serrée.

— Oui, Canaletto, c'est bien ça. Ils ont confirmé que le tableau est toujours accroché dans... Excusez-moi, je n'arrive pas à déchiffrer mes notes.

— La Grande Bibliothèque.

— Oui, c'est ça... J'ai pensé qu'il vous serait agréable d'être mis au courant, bien que vous n'ayez aucune raison de vous faire du souci à cet égard.

— Non, en effet, répliquai-je avec ce que j'espérai être l'accent de dignité qui convenait. Mais je ne vous en remercie pas moins d'avoir pris la peine de nous téléphoner. Au revoir !

J'eus juste le temps de raccrocher avant de m'évanouir.

Beryl, occupée à soigner ses rosiers, entendit le bruit de ma chute et me trouva étendu par terre. Mais je m'en tirai avec juste une légère entorse du poignet.

Une quinzaine de jours plus tard, nous reçûmes une lettre d'Erica, dont le principal objet était de nous tenir au courant de sa première grossesse. Mais elle terminait en changeant de sujet :

« *J'ai quand même fini par soutirer des précisions à Nigel concernant ces subsides mystérieux que les gens du château avaient reçus pour en améliorer les systèmes de sécurité*, écrivait-elle en dernière page. *Ils ont vendu le Canaletto ! C'est un grand secret : la toile a été achetée par un de ces collectionneurs japonais qui acquièrent des œuvres d'art pour les cacher dans une chambre forte où eux seuls peuvent les contempler. Pour autant que je sache, vous devez avoir été parmi les derniers visiteurs à voir ce Canaletto, car il a été vendu une semaine environ après votre première visite au château. Il a été remplacé par une copie que, si je n'avais pas été avertie, j'aurais cru être l'original.*

« Voici quelques semaines, le bruit a couru que le Canaletto avait été volé. Les gens du château ont eu une peur bleue que la vérité soit découverte, bien qu'ils estiment avoir agi pour le mieux en vendant secrètement la toile. Quoi qu'il en soit, ils ont su convaincre Scotland Yard que cette histoire de vol était dénuée de tout fondement, et n'ont pas dû soumettre le tableau à une expertise. Ne dites surtout pas à Nigel que je vous ai mis au courant, car il serait capable de me tuer, toute enceinte que je suis ! »

Alors, quand nous racontons à de nouvelles relations comment nous avons volé un tableau à Borcester Castle, nous terminons toujours sur notre retour à Melbourne avec la toile.

Peut-être l'histoire aurait-elle plus de saveur si nous disions toute la vérité. Mais Beryl et moi sommes professeurs à l'École des Beaux-Arts, et il nous serait pénible de devoir avouer que nous avons pris la copie d'un chef-d'œuvre pour l'original.

Off the Wall
Traduction de Maurice B. Endrèbe

L'HOMME AU CHIEN

par WILLIAM T. LOWE

Le trafic routier descendant du Canada pour pénétrer dans l'État de New York était généralement fluide le vendredi après-midi. Par conséquent, seuls quatre des sept guichets du poste de douane étaient ouverts à la frontière. Pour l'inspecteur Cass Gilbert, c'était la routine ; elle avait vu passer des Canadiens qui partaient pour un week-end de shopping à Plattsburgh, et plusieurs New-yorkais qui rentraient chez eux après une petite virée d'une journée à Montréal.

Des citoyens en règle se déplaçant en toute légalité. Mais Cass, âgée de vingt-huit ans, travaillaient aux douanes depuis deux ans maintenant, et elle savait qu'il y avait toujours certaines personnes qui cherchaient à se soustraire à la loi.

De sa cabine vitrée, elle avait vue sur plusieurs kilomètres de route, de tous les côtés. Le poste frontière de Champlain était installé au centre d'une vaste plaine sans arbres ; l'ensemble des bâtiments austères et fonctionnels abritait les services des douanes, de l'immigration, la patrouille des frontières, et diverses autres agences gouvernementales. Un peu plus loin sur l'autoroute se trouvaient leurs homologues canadiens, un poste frontière chargé de surveiller les véhicules pénétrant au

Canada. L'un et l'autre flanquaient l'« Intersate 87 », la grande autoroute qui reliait Albany à Montréal.

Cass regarda une grosse Cadillac s'arrêter en douceur à la hauteur de son guichet. Par pur automatisme, elle examina les passagers : un couple assis à l'avant, la cinquantaine tous les deux, bien habillés, l'homme conduisait. Une enfant sur la banquette arrière, sanglée dans un siège auto, et entourée de jouets en peluche. La voiture était immatriculée dans le Vermont.

Cass débita les questions habituelles :

— Quelle est votre nationalité ? Où vivez-vous ?

La première tâche d'un agent des douanes consistait à établir ces deux critères. Et ensuite :

— Combien de temps êtes-vous restés au Canada ?

Satisfaite des réponses, Cass demanda alors :

— Avez-vous quelque chose à déclarer ? Avez-vous fait des achats au Canada ?

La femme se pencha vers la vitre, souriante, désireuse de se montrer coopérative. Elle désigna la fillette assise à l'arrière.

— Uniquement un nouveau Barney pour notre petite-fille, dit-elle. Tu l'aimes ton Barney, hein, ma chérie ?

La fillette serra dans ses bras le dinosaure mauve, en hochant la tête.

— Et Barney t'aime lui aussi, pas vrai ?

L'enfant acquiesça de nouveau.

— Barney m'aime, murmura-t-elle.

La femme leva vers Cass un visage rayonnant.

— Elle est adorable, n'est-ce pas ?

Cass esquissa un sourire. Elle reporta son attention sur le mari : bedonnant, visage débonnaire, jovialité de représentant de commerce.

— Rien d'autre ? demanda-t-elle.

L'homme secoua la tête, avec un sourire jusqu'aux oreilles.

— Si. Quelques kilos en plus ; nous avons visité pas

mal de bons restaurants, dit-il en riant. J'ai dû acheter deux chemises. Rien d'autre à déclarer.

« Ça m'étonnerait », se dit Cass. Trois jours passés à Montréal et rien à déclarer ? Les touristes américains se rendaient au Canada pour profiter du taux de change favorable qui leur conférait un plus grand pouvoir d'achat. De toute évidence, ces gens avaient de l'argent, et ils aimaient le dépenser. Cass devait prendre une décision.

— Très bien, dit-elle, allez vous ranger sur le côté là-bas, je vous prie.

Elle désigna un parking situé un peu à l'écart et servant de zone d'inspection des véhicules.

— Pour quoi faire ?

Les sourires s'effacèrent sur les deux visages.

— Oui, pour quoi faire ?

Cass nota rapidement quelques indications sur un formulaire qu'elle coinça ensuite sous le balai de l'essuie-glace.

— Allez vous garer là-bas, monsieur. Simple contrôle.

Cette fois, l'homme perdit son calme.

— Écoutez, mademoiselle, ce sont nos impôts qui paient votre salaire...

— Je vous prie d'avancer, monsieur, vous bloquez le passage, répondit Cass.

Première règle pour les agents en contact avec le public : la politesse.

Elle recula. L'homme grommela quelques paroles incompréhensibles, et démarra. Au poste de contrôle des véhicules, conformément à la demande rédigée par Cass, la voiture serait entièrement fouillée, le coffre et l'intérieur ; sans oublier les bagages évidemment.

Le front plissé, Cass regarda s'éloigner la Cadillac. La femme en avait fait un peu trop, l'homme s'était montré condescendant, mais à part cela, leur comportement n'avait rien de louche. En fait, elle avait agi sur un pressentiment. Voilà un peu plus d'une semaine qu'on l'avait affectée au « Trafic touristique » ; peut-être avait-elle fait preuve d'un excès de zèle.

« Dans ce métier, il faut savoir juger d'un simple coup d'œil », avait expliqué à Cass son ami et supérieur Sam Barry.

« Sur quoi peut-on se baser en réalité ? L'instinct, le bon sens, l'attitude des gens, les pressentiments ? »

Sam avait souri. « Sur tout ça à la fois, lui avait-il répondu. Appelle ça l'intuition, si tu veux. »

Le regard de Cass dériva au-delà des voies réservées aux véhicules de tourisme, vers la zone de fret à l'ouest. C'était là-bas que les gros camions, semi-remorques et autres, devaient s'arrêter pour le contrôle. Pendant un an elle avait travaillé dans ce service. C'est là que tout se passe, songea-t-elle.

Les douanes sont rattachées aux services du fisc et chargées de collecter l'argent qui revient à l'Oncle Sam. Cette tâche met les agents en contact direct avec les contrebandiers qui organisent le trafic de toutes les marchandises susceptibles d'être revendues : armes, stupéfiants, devises, et même des êtres humains.

Pour Cass, ce travail à la section fret était riche en surprises et en satisfactions. Les fiches de transport et les déclarations de chargement étaient contrôlées, le contenu des camions soigneusement vérifié. Ainsi, un chargement de bois annoncé comme étant du pin était en réalité du noyer, d'une valeur bien supérieure. Une autre fois, l'utilisation d'un scanner avait permis de découvrir cinquante machines à sous dissimulées par un tas de matelas. Et si un chargement de meubles pesait plus lourd qu'il n'aurait dû, c'était à cause des caisses de mitrailleuses cachées dans de faux socles.

Une voix résonna dans l'interphone de sa cabine. C'était Carter Kelso, un des inspecteurs de garde à la zone d'inspection cet après-midi. Carter était un camarade de classe ; Cass avait fait sa connaissance lors du stage de onze semaines au Centre de formation de Glynco en Géorgie. Il l'appelait au sujet de la Cadillac qu'elle lui avait adressée.

— Bien vu ! s'exclama-t-il. La femme avait un manteau de fourrure tout neuf dans le coffre, il était encore dans la boîte.

— Et les peluches sur la banquette arrière ? demanda-t-elle.

— Un pauvre lapin rose avait une bague en diamant à l'intérieur de l'estomac, répondit Carter.

Un spécialiste chargé d'évaluer la valeur des marchandises présenterait aux propriétaires de la Cadillac le montant des taxes à acquitter.

— Merci, Carter, dit Cass.

— À ton service.

L'interphone se tut.

Sam, son supérieur, s'était approché sans bruit ; il se tenait à la porte de la cabine.

— Hé, Carter m'a appris que tu avais décroché le gros lot, dit-il. Alors, tu commences à apprécier ce nouveau poste ?

Sam était la seule personne ici à savoir que son prénom était en réalité Cassandra, et il avait toujours gardé le secret. Cass savait qu'elle pouvait lui faire confiance.

— Oui, je suis contente de les avoir épinglés, évidemment, dit-elle. Mais lors de mon dernier jour à la section fret, nous avons intercepté trois lance-missiles décrits comme des machines agricoles sur le bon de chargement. Ici, une bonne femme riche tente de passer en fraude un manteau de fourrure, et un type planque une montre dans sa chaussure... On ne joue pas dans la même catégorie, conclut-elle avec un haussement d'épaules.

— Et l'enjeu te semble ridicule, hein ? demanda Sam.

Elle lui sourit.

— Quelquefois.

— Tu changeras peut-être d'avis.

Vers dix-huit heures, le flot de véhicules devint plus important. Bien qu'on fût au début du printemps, le crépuscule approchait déjà. La petite ville de Champlain, située à environ trois kilomètres du poste frontière, projetait une lueur rougeoyante dans le ciel. Trois voitures faisaient la queue au guichet, mais Cass se concentrait uniquement sur celle arrêtée à sa hauteur.

En effet, elle soupçonnait qu'il s'agissait d'un véhicule volé. C'était une Chevrolet quatre portes presque neuve, couleur pastel, un modèle très apprécié, elle le savait, des voleurs de voitures professionnels. Fréquemment, des voitures volées au Canada étaient conduites dans le Delaware ou en Pennsylvanie pour être ensuite expédiées outremer par bateau.

Les réponses du conducteur semblaient un peu trop automatiques. C'était un Canadien francophone, jeune, rasé de près, vêtu de l'inévitable blouson de cuir noir. D'après son permis de conduire, il se nommait Pascal Favreau et vivait à Brossard au Québec. Deux autres hommes étaient assis à l'arrière. Habituellement, les voitures volées ne transportaient pas de passagers, mais peut-être s'agissait-il d'un subterfuge habile pour détourner les soupçons.

Une lumière se mit à clignoter sur l'écran de l'ordinateur à l'intérieur de la cabine, qui confirma le pressentiment de Cass : c'était effectivement une voiture volée. Le chauffeur souriait à la jeune femme, sans se douter que sa plaque d'immatriculation avait été lue électroniquement, et la police d'État prévenue.

— Ce sont mes oncles, dit-il en montrant les deux hommes assis à l'arrière. Ils sont venus voir ma mère. Ils habitent à Pittsburgh ; je les reconduis au train à

Albany. (Il tendit la main vers la clé de contact.) Bon, je peux y aller, madame ?

— Un instant.

Cass observa les deux hommes. Âgés d'une cinquantaine d'années, ils portaient l'un et l'autre un costume élimé avec une chemise et une cravate. Au plus proche, Cass demanda :

— Où êtes-vous né, monsieur ?

— Ils sont nés au Canada, déclara le conducteur, et maintenant ils vivent...

Cass le fit taire d'un geste de la main.

— Laissez-les répondre eux-mêmes.

Elle reposa sa question :

— Où êtes-vous nés ?

Les deux hommes lui souriaient, en hochant la tête.

— Oui, oui, Pitchborg, dirent-ils en chœur. Pitchborg.

Il existe des ressortissants étrangers qui travaillent aux États-Unis, songea Cass, et certains parlent très mal l'anglais. Mais la plupart, généralement, ne voyagent pas dans des voitures volées. Sans doute deux immigrants clandestins, conclut-elle. Probablement avaient-ils donné à ce jeune type tout ce qu'ils possédaient pour qu'il leur fasse franchir la frontière.

Elle alerta une équipe des services d'immigration. À eux de prendre la décision, de vérifier les papiers, les contrats de travail, les casiers judiciaires, d'établir la nationalité de ces hommes. Elle enfonça le bouton qui fit passer du vert au rouge le feu placé au-dessus de sa cabine.

— Mes oncles ne parlent pas très bien anglais, expliqua le conducteur.

Voyant approcher les hommes des services d'immigration, il jeta un regard paniqué à Cass.

— Bon, on peut y aller maintenant ? Je les conduis à Albany...

Les deux agents du service d'immigration et de naturalisation vinrent se placer devant la voiture. L'un et l'autre portaient une arme à la ceinture.

— Descendez de voiture, je vous prie.

Le conducteur se tourna de nouveau vers la jeune femme, désespéré.

— Et si je les laissais là et que je revienne les chercher plus tard, hein ?

— Non, répondit poliment Cass. Vous devez accompagner ces hommes.

Le conducteur jeta derrière lui un regard dépité, tandis qu'on l'emmenait en compagnie des deux clandestins. Un autre inspecteur monta à bord de la Chevrolet afin de la conduire jusqu'à un garage où elle serait examinée par des membres de la brigade des vols de voitures de l'État de New York.

Cass se souvint de la fois où, avec un autre agent de la section fret, ils avaient inspecté un camion-citerne. Au lieu des deux cent mille litres de mazout annoncés, le véhicule contenait une quarantaine de Turcs à moitié morts d'étouffement. Nul doute que ces deux clandestins seraient refoulés après quelques jours de garde à vue.

— Exact, confirma Sam un peu plus tard, et le dénommé Favreau a été arrêté. La police urbaine de Montréal le recherche.

— Mais pourquoi essayer de faire entrer des clandestins à bord d'une voiture volée ? demanda Cass.

— D'après moi, répondit Sam, il a voulu se faire quelques dollars de plus. Au noir, en quelque sorte. On l'engage pour convoyer la voiture volée, sans doute jusqu'à un point d'expédition comme Glen Falls ; de là il prend le train pour rentrer à Montréal. Mais entre-temps, il passe un accord avec d'autres personnes pour faire franchir la frontière à deux clandestins. Résultat, il se fait pincer.

Cass secoua la tête.

— C'est vraiment idiot.

Sam sourit.

— Remercie les imbéciles, dit-il. Ils nous facilitent la tâche.

La nuit était tombée quand le propriétaire du chien de concours se présenta au guichet de la douane, rentrant chez lui après s'être rendu quelque part dans l'Ontario. Cass l'avait fait passer deux jours plus tôt, en sens inverse, et, depuis, elle espérait le revoir. C'était un homme corpulent, obèse même, proche de la calvitie, qui conduisait un break Mercury.

Tout l'arrière du véhicule était occupé par une grande cage pour chien. Le siège arrière était abaissé pour permettre d'entasser les sacs de nourriture, les couvertures, les bidons d'eau et autre matériel. Une bannière en velours brodée de lettres d'or proclamant CHENIL DU SOLEIL était drapée sur la cage. Plusieurs rubans bleus y étaient épinglés.

— Bonsoir, officier, lança l'homme.

Il était descendu de voiture, et Cass remarqua une fois encore qu'il portait une culotte de cheval avec des bottes parfaitement lustrées, une veste à carreaux, et un foulard. Elle se souvenait de son nom.

— Bonsoir, M. Atkins. Comment va Queenie ?

— À merveille, merci.

Queenie était un « golden retriever » femelle. En entendant la voix de Cass, la chienne se redressa dans sa cage et émit de petits gémissements. La jeune femme s'approcha de la vitre arrière ouverte du break et tendit la main vers la cage. Queenie la renifla en agitant la queue.

— Bonjour, ma jolie, murmura Cass.

Elle gratta la chienne sous la mâchoire, en évitant les petits poils drus de la truffe, et remontant jusqu'aux oreilles hérissées.

Pour faciliter la tâche des inspecteurs des douanes

canadiens, les certificats de vaccination antirabiques de l'animal étaient glissés dans une pochette en plastique scotchée à l'intérieur de la vitre. Le véritable nom de la chienne était Élisabeth Tudor III.

— Alors, comment s'est passé le concours ? demanda Cass.

— Queenie a gagné une fois de plus, déclara l'homme avec fierté. Elle a décroché le premier prix ! (Il exhiba devant Cass un ruban multicolore.) Il y a un autre petit concours à Pointe Claire demain, dit-il. Peut-être allons-nous réussir un doublé cette semaine.

Cass savait qu'il emmenait sa chienne dans un concours presque chaque semaine. « Petits ou grands, on les fait tous, lui avait expliqué le propriétaire de Queenie. Je suis à la retraite, je n'ai rien d'autre à faire. Mais on s'amuse bien, vous savez. Pas vrai, Queenie chérie ? »

Cass lui fit signe de passer. Les yeux marron de la chienne, si attendrissants, la regardèrent fixement, tandis que le break s'éloignait.

— Pauvre bête, dit Cass.

Elle appuya sur un bouton de l'interphone.

— Sam, vous vous souvenez de l'homme au chien dont je vous ai parlé ? Il vient de repasser, et je suis certaine désormais qu'il trafique quelque chose.

Sam répondit avec son calme habituel.

— J'espère que tu as raison, Cass. Nous laisserons Smith prendre la décision.

Deux minutes plus tard, il rappela :

— Rendez-vous à dix-neuf heures dans le bureau de Smith.

Le bureau du directeur était exigu et occupé par une grande table sur laquelle trônaient un ordinateur et divers écrans de contrôle. Les cheveux blancs, l'air digne, Courtland Smith ressemblait davantage à un ministre qu'au chef d'un des postes de douanes les plus fréquentés du pays.

— Possédons-nous la moindre preuve matérielle indiquant que cet homme transporte des stupéfiants ou autre chose ? demanda le chef Smith.

— Non, monsieur.

Cass était debout devant le bureau ; Sam se tenait légèrement en retrait. Assistaient également à cette réunion Dale Handford, un officier des douanes en civil, et un agent de la brigade des stupéfiants nommé Matt Riley. Cass devinait aisément les pensées du directeur : voilà un jeune inspecteur, tout juste transféré de la section fret, et qui croit voir un contrebandier tous les jours. Ce n'est pas la première fois que ça se produit.

— Circonstances suspectes, ajouta Sam.

Dale Handford intervint :

— L'inspecteur Gilbert m'a fait part de ses soupçons il y a deux jours. Un homme qui transporte un chien au Canada pour des concours, c'est une couverture parfaite pour le trafic de stupéfiants.

Smith acquiesça.

— Vous dites qu'il effectue l'aller retour chaque semaine ?

— Parfois même deux fois par semaine, répondit Sam.

— Bon sang, combien peut-il y avoir de concours canins au Canada ? demanda Riley, l'homme de la brigade anti-drogue.

— Il ne s'agit pas nécessairement de concours officiels, expliqua Cass. On trouve toujours un petit concours local, ou une fête de charité, dans les journaux. Mais je reste convaincue qu'il s'agit d'une couverture, ajouta-t-elle avec obstination. Il lui suffit de se tenir au courant pour donner l'illusion de savoir de quoi il parle. Il n'est même pas obligé d'assister aux concours.

Smith acquiesça une fois encore.

— Inspecteur Gilbert, qu'est-ce qui vous laisse supposer que cet homme ne fait pas participer son chien à des concours ici et là ?

Cass prit une profonde inspiration. Sam et l'agent Handford avaient déjà entendu sa théorie, mais pour le chef Smith c'était une nouveauté. Elle le regarda droit dans les yeux et se jeta à l'eau :

— Les oreilles de la chienne sont mal entretenues.

Dans son dos, elle crut entendre un petit rire étouffé jaillir de la bouche de Matt Riley ; elle enchaîna malgré tout.

— Chez ce genre de chien, les poils au-dessus des oreilles doivent être taillées. L'animal ne souffre pas, et les oreilles paraissent ainsi moins hautes. Ça plaît aux juges. Les poils de la truffe doivent être coupés eux aussi. Cela non plus n'a pas été fait.

Elle s'interrompit. Tout le monde dans le bureau avait les yeux fixés sur elle. D'un geste, Cass désigna Sam et l'officier Handford.

— Nous avons évoqué cette question avant-hier, et finalement nous avons décidé qu'il s'agissait sans doute d'un oubli, que le propriétaire pouvait aisément réparer avant le concours.

Elle reprit encore une fois son souffle, avant de poursuivre :

— Mais le propriétaire, cet Atkins, est repassé ce soir, en me disant qu'il venait de remporter un concours. (Elle marqua une nouvelle pause.) Il est absolument impossible que cette chienne ait obtenu un premier prix, même dans un concours mineur. Pas avec ces oreilles mal taillées.

Elle se tut. Tous les autres restèrent muets ; les regards étaient tournés vers le chef Smith.

Ce dernier adressa un bref sourire à la jeune femme, avant de balayer l'assemblée du regard.

— O.K., vous m'avez convaincu, déclara-t-il sans enthousiasme. La question maintenant est de savoir ce qu'on fait. (Il se tourna vers Riley.) Matt, de combien d'hommes disposez-vous ?

Cass comprenait le sens de la question. Ils pouvaient appréhender le dénommé Atkins au poste frontière et démonter entièrement son véhicule. Mais s'ils découvraient de la drogue, comme le pensait Cass, ils renonçaient également à la possibilité de localiser les contacts du passeur au Canada. En revanche, si Riley pouvait détacher une équipe de la brigade des stupéfiants pour travailler avec les Canadiens et faire suivre Atkins, peut-être parviendraient-ils à démanteler le réseau tout entier.

— On peut intervenir sur-le-champ, répondit Riley. Sam, demandez à vos agents de désigner le bonhomme, nous prendrons l'affaire en main avec nos amis de l'autre côté de la frontière. Pas de problème.

Cass intervint :

— Atkins m'a parlé d'un autre concours demain. Peut-être va-t-il repasser demain matin.

Dale Handford eut soudain une idée.

— Si nous sommes en présence d'une filière venue de Floride, peut-être que ces types utilisent la même combine ailleurs. Dans la région de Buffalo, par exemple ?

— Bien vu, dit le chef Smith. Nous allons vérifier. Rien d'autre ?

— Si, une chose, dit Cass, d'un ton hésitant, allez y doucement avec la pauvre chienne. On peut parier qu'il lui donne des tranquillisants.

— Comptez sur nous, déclara Riley.

La réunion était terminée ; les hommes sortirent les premiers, en file indienne. Le chef Smith tendit la main à Cass.

— Merci, inspecteur, dit-il. Au fait, ma belle-fille présente des chiens dans des concours elle aussi, des cockers. Elle est très pointilleuse au sujet de leurs oreilles.

Son travail terminé, Cass rentra chez elle pour y retrouver sa jeune chienne beagle nommée Kelly et un devoir inachevé pour son cursus de sociologie à l'université. En jouant avec l'animal, elle repensa aux yeux tristes de Queenie.

— Tu as de la chance de ne pas être dans le showbiz, ma belle Kelly, dit-elle.

Le lendemain matin, un samedi, Cass fut chargée, avec toute une équipe d'inspecteurs, de contrôler les véhicules roulant en direction du nord, vers le Canada. Le briefing matinal portait sur le trafic de drogue, une fois de plus.

— Comme vous le savez, leur annonça un agent du service des douanes, nous sommes actuellement confrontés à une invasion de cocaïne venue de Floride et qui remonte jusqu'au Canada. La marchandise effectue ensuite le trajet inverse sous forme de dollars américains. D'après la brigade des stupéfiants, l'héroïne devient une drogue très répandue dans certaine grandes villes... Le Niger a emprunté les ficelles du métier aux Colombiens.

... Nos informateurs nous signalent également un raz de marée de l'alcool de contrebande qui envahit le Canada, par le biais de nos postes frontières les moins importants. Bonne chance pour ce week-end...

Il en faudra, songea Cass en regagnant sa cabine. Avec de la chance, nous épinglerons Atkins ; impossible qu'il nous échappe avec tout le monde qui le surveille. Elle repensa à Queenie une fois de plus.

— Pauvre bête, murmura-t-elle.

— Hé, vise un peu ça, mec !

Un homme accoudé à la vitre de son van lui adressait un grand sourire. Un autre type était assis à côté de lui.

— Une charmante jeune fille habillée en uni... forme !

Le conducteur du van la lorgnait avec insistance, dans l'espoir de déclencher une réaction de la part de Cass. Celle-ci vit le passager tirer son compagnon par la manche.

— Arrête ton cinéma, Jerry, grogna-t-il. On est à la bourre.

Cass serra les dents. Encore une relique de l'âge de pierre, se dit-elle, un des derniers mâles qui ne pouvaient accepter l'idée qu'une femme exerce un quelconque pouvoir. Règle numéro un : rester poli.

— Quelle est votre nationalité ? Où habitez-vous ? demanda-t-elle d'un ton agréable.

— New York, répondit le passager.

— Ça vous intéresse, ma jolie ? demanda le conducteur.

C'était un vieux van à la peinture délavée, avec des traces de rouille le long des pare-chocs. Sur le côté figurait le nom d'une entreprise de peinture installée à Syracuse. Les deux hommes portaient des bleus de travail.

Cass soutint le regard du conducteur.

— Où allez-vous au Canada ?

— On a plusieurs cuisines à repeindre à Chateauguay, répondit le conducteur. Hé, faites gaffe de pas vous blesser avec ce joli petit pistolet que vous trimbalez à la ceinture, ajouta-t-il en mimant une inquiétude exagérée.

Cass ignora cette dernière remarque. Elle frappa sur le côté de la camionnette.

— Voyons voir ce qu'il y a là-dedans.

— Pas de problème, madame.

Le conducteur descendit et fit le tour du véhicule. C'était un grand type avec des cheveux châtains clairsemés et d'épais biceps mis en valeur par un T-shirt moulant... Il ouvrit l'unique porte arrière.

— Faites comme chez vous.

S'approchant de l'ouverture, Cass jeta un œil à l'intérieur. Une forte odeur de diluant assaillit ses narines. Elle distingua un bric-à-brac de matériel de peinture : des bâches, une échelle, une grande boîte contenant des pinceaux et des brosses. Sur le plancher était posé un gros pot de peinture d'apprêt blanche à base d'essence, et trois autres cartons contenant des pots neufs étaient alignés contre la paroi. Elle remarqua également deux vieilles valises éraflées posées par terre, à l'avant de la camionnette.

Cass s'empara du pot d'apprêt pour lire l'étiquette. Il s'agissait d'une marque très connue. Les trois autres cartons contre la paroi étaient identiques.

— Ça fait beaucoup d'apprêt pour peindre une cuisine, constata-t-elle.

— C'est juste, dit le conducteur en s'approchant d'elle. Mais il était en solde, alors j'en ai profité. J'utilise toujours de l'apprêt quand je peins une cuisine, et ensuite je mets la couleur qu'a choisie la cliente.

Avec un sourire obscène, il ajouta :

— Moi, je donne toujours aux femmes ce qu'elles désirent.

Écœurée, Cass recula. L'autre homme avait dit qu'ils étaient pressés ? Tant mieux.

— Ça vous dirait de décharger tout ce matériel, demanda-t-elle, pour qu'on puisse l'examiner d'un peu plus près en prenant notre temps ?

Voilà qui devrait lui rabattre le caquet, songea-t-elle.

— Hé, écoutez, madame, c'est juste du matériel de peinture. (Il avait abandonné son air concupiscent.) J'ai un planning à respecter, moi !

Il regarda autour de lui ; ils étaient seuls. Alors il glissa sa main dans sa poche.

— Bon. Je vous file un petit quelque chose et vous me laissez partir, O.K. ?

Il lui tendit un billet de cent dollars plié en quatre.

Cass n'était pas surprise par cette tentative de corruption ; en revanche, elle était étonnée par la somme proposée ; elle s'attendait à vingt dollars au maximum.

— Non merci, répondit-elle. Allez donc vous garer là-bas, ordonna-t-elle en désignant le parking. Immédiatement.

— Hé, je voulais pas vous... je vous jure

— Immédiatement !

Cass plaqua le formulaire sur le pare-brise, remarquant au passage que le deuxième type s'était installé au volant. Il roula jusqu'à la zone de contrôle, sa grande gueule de collègue, désormais muet, assis à son côté.

Cass joignit Carter par l'interphone.

— Le grand connard dans la camionnette a essayé de m'acheter avec un billet de cent dollars. Ça pourrait être un faux.

— Je vérifie.

Des pinceaux et de la peinture ne font pas nécessairement un peintre, se dit Cass. Ce van avait quelque chose de louche. Peut-être Carter découvrira-t-il le pot-aux-roses.

Une demi-heure plus tard, Carter la rappela :

— Ton Mister Macho a douze autres billets de cent dollars sur lui. Et son collègue six. Mais ce ne sont pas des faux billets. Tout le reste m'a l'air réglo. Tu veux porter plainte pour tentative de corruption ?

— Non, ça ne tiendrait pas devant un juge, répondit Cass. Ce salopard nierait tout. Mais attends une minute, Carter. J'ai envie de jeter encore un coup d'œil.

Elle contacta Sam.

— Je peux fermer cinq minutes ? On a un petit problème au garage.

— Vas-y.

Elle alluma le feu rouge, ferma sa cabine et se dirigea d'un pas vif vers la zone de contrôle. Du coin de l'œil, elle vit un break Mercury redémarrer au niveau du dernier guichet de la rangée. C'était l'homme au chien, en vadrouille une fois de plus.

Elle ne pouvait plus rien faire désormais ; les hommes de Riley et la police canadienne allaient lui filer le train. Dans une heure il serait peut-être à Montréal. Ou bien il assisterait à un concours canin, et alors Cass aurait fait perdre un temps précieux à beaucoup de monde.

La camionnette de l'entreprise de peinture était garée sur un des emplacements de parking, flanquée de chaque côté de deux longues tables. Tout le contenu du véhicule avait été disposé sur les tables afin d'être examiné. Le conducteur et son compagnon étaient appuyés contre un mur un peu plus loin, sous l'œil attentif d'un agent des douanes.

— Nous avons inspecté la roue de secours et toutes les autres planques habituelles, lui annonça Carter, et nous avons fait monter un de nos chiens à bord, mais ça n'a rien donné, à cause des odeurs de peinture évidemment. Tu crois qu'on devrait démonter le plancher ?

Cass secoua la tête.

— Non, c'est quelque chose qui a attiré mon regard... (Soudain, ses yeux se posèrent sur l'échelle à coulisse, maintenant appuyée contre une des tables.)

— Voilà, c'est ça ! s'exclama-t-elle. Il n'y a pas d'escabeau. On ne peut pas peindre une cuisine sans escabeau. Et ces brosses, elles devraient être rangées. De plus, il n'y a pas de pinceau fin pour les finitions.

— Bon, d'accord, ces types font du travail bâclé, dit Carter, perplexe. Et après ? Tu n'as rien d'autre ?

Le gros pot d'apprêt était posé sur la table. Cass le souleva pour l'examiner. Le couvercle était propre et intact ; le pot n'avait pas été ouvert de toute évidence. Elle se retourna, en fronçant les sourcils.

Les trois cartons de peinture d'apprêt étaient posés par terre. Ils avaient été ouverts, et les lumières au-dessus se reflétaient sur les couvercles des quatre pots neufs que contenait chacun d'eux.

Carter vit sa collègue observer fixement les cartons de peinture. Il sortit un des pots et le lui tendit :

— Tiens, regarde, dit-il. Même marque « Five stars », comme le pot sur la table.

Cass tenait un pot dans chaque main. Soudain, elle tourna la tête vers Carter, le regard pétillant.

— Oui, à une différence près, dit-elle. Le poids !

Elle tendit les pots à son collègue. Ce dernier les soupesa lentement.

— En effet, dit-il, ce pot paraît légèrement plus léger. C'était celui qui se trouvait sur le plancher de la camionnette.

— Exact, dit Cass. Et qu'est-ce que ça signifie ?

— Que ce bidon est moins rempli que l'autre.

— Possible... (Un soupçon grandissait dans son esprit.) Il n'y a qu'un seul moyen de le savoir. Ouvre-le.

Carter hésita.

— Vas-y, bon sang ! Ouvre-le !

Il étendit une toile sur la table et déposa dessus les deux pots. Avec prudence, il ôta le couvercle du plus léger. Cass et Carter se penchèrent pour examiner son contenu. Le pot était rempli de peinture blanche lisse et onctueuse.

Ce fut au tour de Carter d'avoir des doutes. Il ouvrit alors le deuxième pot. Celui-ci aussi était rempli à ras bord de peinture blanche. Il leva les yeux vers Cass.

— Nous nous sommes peut-être trompés, dit-il.

Elle secoua la tête.

— Pas si vite, vieux !

S'emparant d'un long tournevis dans une boîte à outils, elle le plongea dans la peinture. Sous le regard hébété de Carter, elle se mit à brasser, et soudain, le tournevis sembla buter contre quelque chose au fond du pot, un objet solide.

Cass regarda Carter, les yeux brillant d'excitation.

— Bingo, dit-elle.

— Bingo, répéta-t-il.

Il prit sous la table une poubelle en fer. Tenant le pot de peinture à deux mains, il vida lentement l'épais liquide blanc. C'est alors qu'apparurent sous la peinture deux objets de forme rectangulaire, de la taille d'une brique.

Cass en pêcha aussitôt une, que Carter nettoya à l'aide de papier essuie-tout. Il s'agissait d'un pavé de cocaïne, hermétiquement scellée dans du plastique. Carter l'examina de près.

— Tu vois cette petite marque rouge ? dit-il. Ça signifie que cette drogue provient directement de Colombie. Elle est certainement pure à cent pour cent.

Il adressa un signe à l'officier qui surveillait les deux hommes.

— On les coffre pour possession de stupéfiants.

Au moment où l'agent des douanes emmenait les deux hommes, le conducteur de la camionnette libéra son bras d'un mouvement brusque, et se tourna vers Cass.

— Dites, inspecteur, je suppose que j'ai eu tort de vous aborder de cette façon, hein ?

Cass crut percevoir une note d'excuse dans sa voix. Elle ravala ses répliques cinglantes.

— Tu l'as dit, bouffi.

Carter et son équipe eurent de quoi s'occuper avec les cartons d'apprêt. Chacun des douze pots de peinture contenait aussi deux briques de deux kilos de cocaïne.

Cass secoua la tête.

— Malheureusement, dit-elle, on peut seulement les condamner pour possession de substance prohibée.

Aucune chance de les inculper de tentative de revente. Ce grand connard n'était qu'un petit passeur.

— Ne t'en fais pas, répondit Carter. Aux yeux des barons de la drogue, en Floride ou ailleurs, il a foiré la livraison. Et s'ils ont perdu plusieurs millions de dollars de marchandise, c'est à cause de lui. Ils sauront s'en souvenir le jour où il sortira de prison.

La circulation était fluide quand Cass regagna sa cabine. Elle brancha son interphone pour joindre le poste de Sam.

— Alors, des nouvelles de Riley et de la police montée ?

— Pas encore. Patience, petite.

— À vos ordres, patron.

Une heure s'écoula, pendant laquelle elle fit passer un certain nombre de vacanciers précoces qui se rendaient dans l'Ontario ou au Québec. Poliment, elle leur expliqua qu'elle ne distribuait pas de cartes routières, et elle ne pouvait pas non plus leur recommander quelques bons hôtels. Et surtout, elle se rongeait les sangs. Atkins avait eu largement le temps d'atteindre Montréal. Peut-être s'était-il rendu effectivement à un concours canin. Dans ce cas, Riley pourrait raconter à ses collègues une nouvelle histoire sans queue ni tête.

Un pick-up freina brutalement à hauteur de la cabine, et une voix s'écria :

— Hé, réveillez-vous, ma petite. J'ai pas que ça à faire, moi !

Le conducteur était un homme vêtu d'une chemise à carreaux et d'un jean, coiffé d'une casquette en toile portant le logo d'une marque de camions. Un deuxième homme était assis à la place du passager. Le véhicule était un pick-up récent surchargé de chromes, avec une rangée de phares sur le toit. Aucun nom sur la portière. Immatriculé dans l'État de New York.

Un fusil de chasse était fixé au-dessus de la vitre arrière de la cabine. Un fusil accroché dans une cabine de pick-up est une marque de prestige fort répandue dans le nord de l'État de New York ; on ne peut pas pour autant lui faire franchir la frontière en toute liberté.

Cass se pencha vers le conducteur.

— Avez-vous l'intention d'emporter cette arme avec vous au Canada, monsieur ?

— À votre avis ? C'est mon camion, et c'est mon fusil. Un peu que je l'emporte !

— Je regrette, monsieur, mais c'est illégal...

— Écoutez, poulette, répliqua le chauffeur d'un ton arrogant, c'est pas une arme planquée, et j'ai certains droits !

« Décidément, c'est la journée des enquiquineurs », songea Cass. Sans se laisser démonter, elle poursuivit :

— Si vous partez chasser, vous devez présenter un formulaire CF 4455.

Le conducteur secoua la tête, en ricanant.

— Non, je pars pas chasser, sauf dans les bars... (Son passager pouffa.) Et j'ai aucun formulaire.

— Je suis désolée, mais vous n'avez pas le droit de transporter cette arme à feu...

Le conducteur l'interrompit brutalement :

— Hé, c'est pas une gonzesse qui va me donner des ordres ! (Son compagnon pouffa de nouveau.) Vous pouvez me croire !

Cass sortit de sa cabine pour se diriger vers l'arrière du pick-up. Règle numéro un, rester poli, même face à des culs-terreux bornés. Le plateau du camion était vide ; pas de bagages, donc pas de partie de chasse. Elle remarqua l'autocollant qui affirmait : « CE VÉHICULE EST ASSURÉ PAR SMITH & WESSON. » Elle revint vers le conducteur.

— Je regrette, monsieur, mais je ne peux pas vous

laisser poursuivre votre route avec cette arme en votre possession. Vous allez devoir...

— Bon sang, je commence à en avoir marre de vous, espèce de...

Il débita un chapelet d'injures que Cass avait rarement et même jamais entendues. C'était plus qu'elle ne pouvait en tolérer. D'un poing rageur, elle frappa sur la portière du véhicule ; le bruit violent réduisit l'homme au silence.

— Maintenant, écoutez-moi bien, espèce de sale con prétentieux et borné ! Vous faites demi-tour avec votre tas de ferraille et vous foutez le camp d'ici avant que je ne vous envoie en tôle, c'est bien compris ?

L'homme demeura bouche bée. Il déglutit. Son compagnon le tirait par la manche.

— Viens ! Viens ! Laisse tomber ! murmura-t-il.

— Vous m'avez comprise ? hurla Cass.

— Oui.

— Oui qui ?

— Oui, madame.

— Alors, barrez-vous !

Le conducteur enclencha la marche arrière, effectua prudemment un demi-tour, et repartit.

« Zut, l'interphone, songea soudain Cass. L'avais-je laissé branché ? Quelqu'un m'a-t-il entendue ? »

Au moment où elle se retournait brusquement pour vérifier, elle faillit percuter le chef Smith. Sam et lui se tenaient à l'entrée de la cabine.

Effondrée, Cass se laissa aller contre le montant de la porte.

— Désolée, dit-elle, j'aurais préféré que vous n'entendiez pas ça.

Les deux hommes échangèrent un regard complice.

— Entendre quoi ? demanda Smith d'un ton léger. Je crois n'avoir rien entendu.

Sam lui souriait.

— Nous venons vous annoncer qu'Atkins, l'homme au chien, a été arrêté. Son break était rempli de drogue. Vous aviez vu juste, Cass.

La jeune femme sentit ses jambes vaciller. Quel soulagement !

— Oh, merci, dit-elle. Merci.

Le chef lui fournit de plus amples détails :

— L'équipe de surveillance a suivi le sujet jusqu'à une zone résidentielle près de l'aéroport de Mirabel. Plusieurs personnes l'attendaient dans un grand garage. Tout ce beau monde est maintenant sous les verrous. Atkins est assez malin malgré tout pour échapper à l'extradition ; il a fourni à la brigade des stups des renseignements sur l'opération.

Smith lui tendit la main.

— Félicitations, inspecteur Gilbert.

— Merci, monsieur.

— Une dernière chose. Le véhicule d'Atkins, ainsi que tout son contenu, ont été confisqués, cela va sans dire. Il semblerait que la chienne ait été volée quelque part dans le sud de l'État de New York. Naturellement, nous allons essayer de localiser son propriétaire, mais entre-temps, nous devons lui trouver un foyer. Pourriez-vous nous dépanner ?

Queenie était saine et sauve ; c'était ce que voulait entendre Cass.

— Certainement, monsieur. Aucun problème. Avec plaisir.

Smith hocha la tête d'un air solennel, puis, il pivota sur ses talons et regagna le bâtiment administratif. Cass était aux anges. Queenie s'entendrait à merveille avec Kelly. Peut-être son propriétaire légitime l'attendait-il quelque part, peut-être pas, mais, pour l'instant, la pauvre bête aurait un nouveau foyer.

Sam posa sa main sur son bras.

— La chienne t'attend au garage. Va donc lui dire bonjour, je te remplace pendant ce temps.

— Merci, Sam.

Elle se retourna et s'éloigna.

— Hé, une minute, Cass ! lui lança Sam. Si tu veux retourner à la section fret, je peux te pistonner.

— Vous plaisantez, patron ? Je commence à m'amuser ici.

A Feeling for the Truth
Traduction de Jean Esch

ENQUÊTE À L'ORPHELINAT

par JANET O'DANIEL

Sœur Maureen n'avait pas arrêté de la journée, filant dans les couloirs tout voile dehors, compulsant les listes qui lui tenaient lieu de pense-bête, vérifiant la disposition des chaises des personnalités sur la scène de l'auditorium. On attendait en effet la grande foule pour l'inauguration du nouveau bâtiment du pensionnat Sainte-Marguerite. Monseigneur Griffin, le Père Dunne, Mr Hewitt, directeur de la banque qui s'était portée caution pour le prêt, sans oublier, bien entendu, Mrs Frazer et Mr Allen de l'*Altar Guild* qui s'étaient dépensés sans compter pour aider à réunir les fonds nécessaires à la construction. De nombreux anciens élèves devaient également venir, garçons et filles — devenus hommes et femmes bien sûr — qui, orphelins ou abandonnés, avaient été recueillis à Sainte-Marguerite. Journée folle, mais ô combien merveilleuse, se dit Sœur Maureen.

Sœur Brigitte, en lui apportant une assiette de soupe à son bureau en cette fin de sombre journée d'automne, l'avait grondée, lui reprochant d'en faire trop.

— Vous vous surmenez, ma sœur. Tenez, je suis persuadée que vous n'avez même pas déjeuné. Allons, faites-moi le plaisir de retirer vos chaussures et de fermer les yeux quelques instants, histoire de sentir la superbe moquette que vous avez sous les pieds. Seigneur, que cette pièce est belle !

— Bien trop luxueuse ! avait répliqué Sœur Maureen. De la moquette, je vous demande un peu !

— Jamais de la vie ! La directrice se doit d'avoir un bureau en rapport avec sa fonction.

Sœur Maureen jugea inutile de répondre.

— Et les fleurs ? reprit-elle. Roger a-t-il bien apporté les chrysanthèmes de la serre ? J'en veux douze pots sur la scène.

— Tout est en place, ma sœur. Maintenant, mangez votre soupe, je vous prie.

— Il a été correct, au moins ? s'inquiéta Sœur Maureen en s'emparant de la cuiller.

— Oh, vous connaissez Roger. Dès que quelqu'un d'autre que vous lui demande quelque chose, il ronchonne. Mais comme j'ai pris soin de dire que c'était *pour* vous, il n'a pas bronché.

Sœur Maureen hocha la tête et avala une cuillerée de soupe. Roger Mulligan, un pauvre simple d'esprit, vivait à l'orphelinat depuis si longtemps que plus personne ne savait ni d'où il venait ni dans quelles circonstances il était arrivé. Ce qui était certain, en revanche, c'est que son talent de jardinier dépassait celui de l'amateur doté d'une main verte. On eût dit qu'il vivait en osmose avec ses plantes, que, d'une certaine façon, il les comprenait, phénomène qui ne laissait pas d'intriguer Sœur Maureen. Don divin, se dit cette dernière. Porte qui s'ouvre lorsque toutes les autres sont closes.

Relevant les yeux, elle constata que Sœur Brigitte, toujours fermement plantée en face d'elle, bras croisés tel un garde-chiourme, n'avait visiblement aucune intention de la laisser en paix avant qu'elle n'en eût fini avec sa soupe. Manifestant son agacement par un soupir excédé, Sœur Maureen s'exécuta néanmoins.

— Très bien, dit Sœur Brigitte sur le ton d'une mère

s'adressant à un enfant difficile. Je peux maintenant faire entrer votre visiteur.

— Oh non, supplia Sœur Maureen. Je suis bien trop occupée pour recevoir avant la cérémonie.

— Eh bien, vous ferez une exception pour celui-ci ! dit Sœur Brigitte en se dirigeant vers la porte, un petit sourire aux lèvres.

Le jeune homme qui entra était si grand qu'il dut baisser la tête pour franchir le seuil.

— Salut, entraîneur bien-aimé ! lança-t-il, hilare.

— Eddie !

Sœur Maureen bondit de son fauteuil et se précipita vers le grand garçon qui la souleva du sol en la serrant dans ses bras.

— J'espérais tellement que tu viendrais ! dit-elle.

— Vous n'avez quand même pas cru que je manquerais une occasion pareille ?

— Mais tu es si occupé ! Hier soir encore, je t'ai regardé à la télévision.

— Vous auriez pu choisir un meilleur match, grommela le jeune homme.

— Tout le monde a des hauts et des bas. En tout cas, c'est quand même toi qui as fait la différence pendant les prolongations.

— J'ai simplement suivi vos conseils, ma sœur. Garder la tête froide pour faire perdre contenance aux adversaires. Mais, dites-moi, pendant les années que j'ai passées ici, il y a une chose que je ne vous ai jamais demandée : comment se fait-il que vous en sachiez autant sur le basket ?

— Cinq frères de plus d'un mètre quatre-vingts.

— Et maintenant, alors ? Il paraît que l'enseignement et l'entraînement, c'est fini ? Quelle classe, ce bureau ! C'est vrai que c'est vous, la patronne ?

— Oui, hélas. Et nous prenons de l'expansion. Nous avons deux entraîneurs maintenant. Sœur Veronica pour les filles et Mr Byrne — un intervenant laïque — pour les garçons.

— Je parie qu'ils ne vous arrivent pas à la cheville.

— Ils sont remarquables...

— Et vos épingles de sûreté ! Vous en aviez toujours une tripotée sur vous pour tenir vos jupes et votre voile quand vous nous faisiez une démonstration de tir en extension.

— Tout ça, c'est du passé. Dis-moi plutôt si on t'a fait des propositions valables. Il paraît qu'il y a des équipes professionnelles qui te tournent autour, maintenant ?

— Quelques-unes.

— Évidemment. Ça devait arriver. Tu n'as pas pris de décision hâtive, j'espère ?

— Non, je...

— Bien. Attention aux sirènes de l'argent. Les études d'abord. Tu veux toujours devenir avocat ?

— Parfaitement. Et j'y arriverai.

— Dans ce cas, tout va bien.

Examinant son visage — yeux bleus, nez légèrement retroussé —, elle comprit qu'il disait la vérité. Eddie Bristow avait toujours eu un visage transparent. C'était l'une des raisons pour lesquelles il avait toujours eu une place à part dans son cœur, depuis le jour où son frère aîné, Francis, l'avait amené, les yeux pleins de larmes et le nez coulant, à Sainte-Marguerite. « Ça n'est pas que je ne veux plus de lui, ma sœur », avait expliqué Francis, « Mais papa et maman sont partis, et moi, je travaille dans le bâtiment. Alors je voyage beaucoup, vous comprenez. Dès que je me serai fixé quelque part pour de bon, je le reprendrai. Mais si vous pouviez le garder quelques mois... » Les « quelques mois » avaient en fait duré huit ans. Et pendant tout ce temps, Sœur Maureen s'était efforcée de tenir la promesse faite à Francis, qui, elle n'en avait jamais douté un seul instant, avait fait de son mieux.

Regardant le jeune homme une seconde fois et croyant voir comme un léger malaise voiler ses grands yeux bleus, elle se demanda si ça n'était pas un effet de son imagination.

— Tout va bien, n'est-ce pas, Eddie ? s'enquit-elle doucement. Enfin... (Une pensée alarmante lui traversa l'esprit.) Tu n'as pas touché à la drogue, hein ? Parce qu'il y a tant de sportifs qui...

— Jamais de la vie. Ça n'est pas mon genre, ma sœur. Tout va pour le mieux. Vous vouliez savoir à qui je pensais ? Au vieux Roger. Alors, toujours dans sa serre ?

Un peu abrupt comme changement de sujet, pensa Sœur Maureen, qui répondit cependant :

— Eh oui, toujours là. Justement, si nous allions lui dire un petit bonjour avant la cérémonie ? Roger t'a toujours eu à la bonne, tu sais.

Et pour cause. Car Eddie ne l'avait jamais taquiné ni asticoté comme certains de ses camarades.

— Vous croyez que vous allez avoir le temps ? À propos, qui est-ce qui va être là ? L'évêque, je suppose ? Toujours prêt à sortir sa tirade sur les occasions extraordinaires qui se présentent aux jeunes d'aujourd'hui ? Avec Mr Hewitt, le banquier ? Celui-là, par contre, il n'a jamais su parler d'autre chose que de cartes injustement distribuées et du peu de chances que l'on a de gagner dans la vie.

— Arrête, tu es odieux ! Dis-moi, si je te présentais pendant la séance, ça ne t'ennuierait pas trop ? Parce que des anciens élèves célèbres comme toi, nous n'en avons pas beaucoup. (Le voyant froncer les sourcils, elle se hâta de continuer :) Ne t'inquiète pas, je ne te demanderai pas de prendre la parole. Simplement de te lever et de saluer l'assistance de la main. Un peu comme le vainqueur d'une compétition.

— D'accord. Mais c'est bien parce que c'est vous,

ma sœur, répondit-il un sourire aux lèvres, dévoilant ses deux incisives qui se chevauchaient.

— Je suis si heureuse de te revoir, Eddie. (Le prenant par le bras, elle l'entraîna vers la porte.) À propos d'anciens élèves qui se sont fait un nom, il me semble avoir aperçu Artie Hoffman dans le jardin tout à l'heure.

Malgré l'épaisse veste de tweed qu'il portait, elle sentit ses muscles se raidir sous sa main.

— Artie Hoffman...

— Oui. C'était bien le dernier dont j'aurais pensé qu'il viendrait. Enfin... J'ai de l'affection pour tous les enfants qui sont passés ici, mais Artie a sans doute été l'un des cas les plus délicats.

— Une ordure, oui.

— Allons, allons. Un peu de charité, Eddie. Si j'ai été surprise de le voir, c'est parce que je pensais qu'il était...

— En taule. Voilà où il était. Pour jeu clandestin. Mais il en est sorti cela fait quelque temps.

— Voilà qui explique tout. Mais allons plutôt voir Roger. Nous reparlerons de tout ça plus tard.

La nuit n'était pas encore tombée et un petit vent s'était levé qui balaya les feuilles mortes devant eux. Un frisson parcourut l'échine de Sœur Maureen. L'automne, bien sûr. Rien d'étonnant. S'éloignant du vieux bâtiment de briques qui abritait les services administratifs, ils traversèrent la pelouse en direction de la serre. Loin au-delà s'étendaient les vingt hectares de l'institution, avec les bâtiments résidentiels, le couvent, la chapelle, l'école et la grange. Et au centre de l'ensemble se dressait maintenant le nouvel édifice qui dominait tous les autres. Autrefois, il y avait eu une ferme à cet endroit. Aujourd'hui encore, les banlieues de la ville tentaculaire n'étaient toujours pas arrivées jusque-là. Sœur Maureen jeta un regard vers la haute silhouette qui marchait à grands pas près d'elle. Il était loin, le temps où le petit

Eddie bourdonnait sur ses talons, la harcelant de questions enthousiastes. On était bien récompensé, quelquefois, plus qu'on ne méritait. Elle acceptait ce bonheur avec humilité et gratitude.

Lorsqu'ils ouvrirent la porte de la serre, une bouffée d'air chaud et humide les engloutit. Ils avancèrent dans une allée bordée de superbes feuillages frissonnants et de fleurs extravagantes. Cyclamens rose pâle, chrysanthèmes cuivre, marguerites tropicales. Devant une table au bout de l'allée se tenait Roger Mulligan. Vêtu d'une grosse chemise écossaise et de jeans aux jambes retroussées d'une bonne dizaine de centimètres, il était occupé à planter des bulbes de freesia dans du terreau. Tout en travaillant, il balançait légèrement la tête et émettait comme un bourdonnement sans mélodie bien déterminée. Derrière son dos, sa chemise était sortie de son jeans. Sœur Maureen se dit qu'il prenait du ventre. C'était la faute de toutes les sœurs qui lui glissaient des friandises en cachette. Il allait falloir qu'elle y mette bon ordre.

— Roger, regarde qui est là, lança-t-elle, tendant en même temps la main pour ramener en arrière une mèche qui était tombée sur le front du jardinier.

Tiens, des cheveux blancs, remarqua-t-elle, tout étonnée. Elle le considérait toujours comme un enfant. Comme toutes les autres sœurs.

— Tu te souviens d'Eddie ? C'était ton ami, autrefois.

La tête baissée, Roger fixa un instant le jeune homme d'un regard en biais et secoua la tête.

— Salut, Roger, fit Eddie Bristow, tendant la main.

Le jardinier le contempla d'un regard soupçonneux pendant un bon moment avant de tendre à son tour une main toute souillée de terreau et de laisser fleurir sur ses traits ce sourire qui avait toujours fait fondre Sœur Maureen.

— Eddie est venu pour l'inauguration, Roger. Tu sais, dans l'auditorium où tu as envoyé tes fleurs.

— Beau travail, renchérit Eddie. Tout est impeccable.

Roger continua de hocher la tête.

— Est-ce que je peux prendre deux pots de ces superbes marguerites tropicales ? demanda Sœur Maureen. Ça épaterait tout le monde.

— D'accord.

— Tu nous accompagnes pour les porter ?

— D'accord.

Ouvrant la marche, Roger se dirigea vers la porte, un pot de fleurs dans chaque main, mais il s'arrêta si sèchement que Sœur Maureen et Eddie faillirent le bousculer.

— Qu'est-ce qui se passe, mon vieux Roger ? s'enquit Eddie.

C'est alors qu'ils aperçurent quelqu'un qui traversait la pelouse en s'éloignant de la serre. Un curieux ? se demanda Sœur Maureen. Un invité faisant un tour ? Elle fut de nouveau saisie par le froid. La longue silhouette se retourna dans leur direction. Veste écossaise, cigarette à la main. Alors que les trois arrivants le fixaient, l'inconnu jeta son mégot qui décrivit un arc de cercle rouge dans l'obscurité. Perçant les ténèbres du regard, Sœur Maureen crut le reconnaître.

— Artie Hoffman ? C'est toi ? Bonjour, Artie.

— Bonjour, ma sœur, répondit celui-ci, portant un doigt à son front en guise de salutation. Je faisais un petit tour, histoire de me remettre les lieux en tête.

— Ravie de te revoir. L'heure de la cérémonie est presque arrivée.

— À tout de suite, fit-il avant de s'éloigner.

Tétanisé, Roger tremblait de tous ses membres.

— Viens, Roger, nous venons avec toi. N'aie pas peur, personne ne t'embêtera, le rassura Sœur Maureen.

— Je ne l'aime pas, celui-là, énonça clairement le simple d'esprit.

Pas étonnant, se dit-elle. Artie n'avait jamais manqué une occasion dc faire tourner le pauvre Roger en bourrique quand ils étaient plus jeunes.

— Viens. Nous restons avec toi, Eddie et moi.

Tandis que Roger se remettait en marche d'un pas prudent, Sœur Maureen tourna la tête pour jeter un coup d'œil à Eddie Bristow. Manifestement, lui non plus n'aimait pas Artie Hoffman. Encore ces courants, pensa Sœur Maureen. Ces courants d'amitié et de haine toujours présents sous la surface des choses et qui ne disparaissaient jamais vraiment.

— Allez, avancez tous les deux, fit-elle d'une voix ferme comme si elle s'adressait à des petits de sixième.

*

* *

Après avoir aidé Roger à installer les marguerites sur la scène de l'auditorium rutilant de lumière et où flottait encore une odeur de peinture fraîche, elle pivota vers Eddie.

— Il reste encore un petit quart d'heure avant le début. Va faire un tour, si tu en as envie. Cette porte, là-bas, mène à la cafétéria. Derrière, c'est la cuisine. Au premier étage, tu trouveras la bibliothèque, avec quelques petites salles d'étude. Et le nouveau gymnase est par là, conclut-elle. Mais ne sois surtout pas en retard. Oh, voici l'évêque. Il faut que je me dépêche.

— Viens, Roger, tirons-nous, fit Eddie.

Grimaçant et dodelinant toujours de la tête, le jardinier le suivit dehors.

Ensuite, tout le monde arriva exactement comme prévu, pensa Sœur Maureen. D'abord, Monseigneur Griffin, en compagnie du Père Dunne. Elle se précipita à leur rencontre. Contraste saisissant. L'évêque grand et imposant — et pourtant si bon, se rappela-t-elle. L'effet devait provenir de sa taille et de sa longue soutane. Ses abondants cheveux gris ramenés en arrière encadraient son visage fin et distingué telle une crinière de lion. Quel contraste avec le prêtre de Sainte-Marguerite, le Père Dunne, tout petit avec son visage rond, son crâne dénudé et ses chaussures qui rebiquaient.

— Cette journée est la vôtre, ma sœur, dit Monseigneur Griffin, un sourire affable aux lèvres. Tout ceci est le fruit de votre ténacité.

Pourvu qu'on ne lui répète pas trop souvent ce compliment qui risquait de la rendre vaniteuse.

— Mais pas du tout, Monseigneur, répliqua-t-elle. Nous devons ceci aux efforts de tous. Et surtout à l'aide de Dieu qui nous a permis de surmonter tous les obstacles.

— Cela va sans dire, fit l'évêque en souriant. Il n'en reste pas moins que l'âme de Sainte-Marguerite, c'est vous.

— Ce qui va sans dire également, reprit quelqu'un derrière elle.

Se retournant, Sœur Maureen se retrouva nez à nez avec un homme aux cheveux gris, carré mais élégant avec son blazer bleu marine, ses boutons de manchettes et ses lunettes à monture métallique reflétant la lumière. Mr Hewitt, le banquier, dans le bureau duquel elle avait passé une partie de sa vie à vérifier les comptes de l'institution.

— Monsieur Hewitt ! Comme c'est gentil à vous de vous être dérangé ! Vous allez nous dire quelques mots, j'espère ? Vos interventions sont toujours très appréciées. (Du coin de l'œil, elle aperçut les petits du cours élémentaire qui se tortillaient comme des vers en attendant de chanter. Où donc se trouvait Sœur Angela qui était censée les accompagner au piano ? Sœur Maureen eut une idée.) Père Dunne, lança-t-elle, si vous emmeniez Monseigneur et Mr Hewitt faire le tour du propriétaire en attendant le début de la cérémonie ? Comme ça, nous nous retrouverons sur l'estrade dans un petit quart d'heure, tout au plus. (Lorsque les trois hommes s'éloignèrent, elle fit demi-tour et se retrouva en face de Mrs Frazer, de l'*Altar Guild*, qui avait fait unc entrée majestueuse dans l'auditorium au cœur d'un nuage de parfum.)

— Sœur Maureen ! Comme vous nous avez merveilleusement organisé tout cela ! Demandez-moi tout ce que vous voulez. Je suis à votre entière disposition si vous avez besoin d'un coup de main !

— Madame Frazer ! Je savais que nous pouvions compter sur vous ! s'exclama Sœur Maureen, se surprenant à regretter de façon fort peu charitable la proposition intempestive de Mrs Frazer. (Comme si elle n'avait que ça à faire ! Elle eut une inspiration soudaine.) Et si vous alliez à la cafétéria vérifier que tout se passe bien du côté du buffet ?

— Mais certainement, ma sœur, gloussa Mrs Frazer, qui, investie de cette mission de confiance, s'éloigna en frétillant.

Intérieurement, Sœur Maureen fit une petite prière pour que Sœur Brigitte — chargée de l'organisation du cocktail — ne lui en voulût pas trop.

Petit à petit, l'auditorium se remplit. Les invités arrivaient, qui seuls, qui en couple ou en petit groupe. Elle reconnut la plupart de ceux qui étaient passés par Sainte-Marguerite — visages familiers qu'elle avait côtoyés pendant l'enfance et dont les traits n'avaient pas vraiment changé mais s'étaient affinés, accentués, et en tout cas n'avaient jamais perdu leurs caractéristiques essentielles. Car la nature des êtres est immuable. Et adultes, ils étaient donc revenus, ramenés à Sainte-Marguerite par un curieux mélange de nostalgie, de curiosité — et qui sait, d'affection, peut-être ? La mémoire mêle toujours de façon étonnante peines et joies. En tout cas, elle espérait qu'aujourd'hui ses anciens élèves n'avaient plus que les bons moments à l'esprit.

*
* *

La cérémonie ne commença qu'avec une vingtaine de minutes de retard. Lorsque Eddie regagna la salle et s'assit au fond, elle tenta d'accrocher son regard car elle aurait préféré qu'il prît place au milieu, en vue de son intervention. Mais, bizarrement, le jeune homme sembla refuser de comprendre le message. Puis, ce fut au tour du Père Dunne de faire son apparition, suivi de Son Éminence.

— Magnifique, ma sœur, magnifique, fit l'évêque en prenant place sur la scène. Quel superbe bâtiment ! Vos jeunes protégés ne connaissent pas leur chance !

— La piscine est une merveille, s'extasia Mr Hewitt. Et le gymnase ! J'en connais beaucoup qui seraient heureux de venir s'entraîner ici !

— Tout est parfait, s'exclama Mrs Frazer d'une voix vibrante. Quels ravissants centres de table !

— Tant mieux ! répondit Sœur Maureen qui se leva.

« Mes amis », énonça-t-elle d'une voix tremblante...

Les derniers arrivants s'installèrent, et, après quelques ultimes toussotements, la cérémonie commença.

Ce ne fut que lorsque les petits se mirent à chanter qu'elle aperçut Sœur Brigitte, tout au fond. Livide, elle fixait l'estrade d'un regard terrifié.

D'un pas tranquille, Sœur Maureen quitta la scène par le petit escalier latéral et remonta l'allée. Tout en marchant, elle sentit les regards rivés sur elle, alors que le chœur continuait de chanter.

— Que se passe-t-il, ma sœur ? chuchota-t-elle.

Sans un mot, Sœur Brigitte secoua la tête et ouvrit la porte. Sœur Maureen la suivit dans le couloir.

— Qu'y a-t-il ?

— Là-bas, près de l'entrée de derrière, dit Sœur Brigitte d'une voix étranglée.

Le corps gisait dans le parterre de tulipes d'automne qui venaient d'être plantées près de la porte. Abondamment illuminée par les projecteurs extérieurs, la terre meuble et friable avait été piétinée et plusieurs petites étiquettes disséminées. « Reine de Bartingon, Holland Beauty », lut Sœur Maureen, qui se força à regarder la veste de sport écossaise, le pantalon et les chaussures ; le visage tordu, le regard fixe de la mort ; la sarclette japonaise, noire et maléfique, plantée dans la poitrine de Artie Hoffman. Elle se signa.

— Ma sœur, allez chercher du secours, articula-t-elle d'une voix blanche. Le shérif Burke est à l'intérieur, je l'ai vu. Et prévenez le Père Dunne. Ainsi que son Éminence. Faites de votre mieux.

Juste au moment où Sœur Brigitte rentrait à la hâte, quelqu'un qui sortait la croisa. Sœur Maureen redressa la tête.

— Oh, Eddie...

— Je vous ai vu sortir, dit-il en regardant le cadavre. Artie Hoffman !

Elle confirma de la tête.

— Oh, Eddie, qui donc a pu faire une chose pareille... (Glacée de peur, elle s'interrompit.) Eddie, va vite à la serre rejoindre Roger. Reste avec lui jusqu'à mon arrivée.

— Roger ! s'exclama-t-il, les yeux exorbités. Vous ne pensez tout de même pas que c'est lui qui a fait ça ? Il ne ferait pas de mal à une mouche.

— Ça, je n'en doute pas, c'est certain. Seulement... (Elle jeta un regard hésitant en direction du corps.) C'est la sarclette de Roger.

Eddie étouffa un juron puis, sans un mot, s'élança au pas de course. Il serait gentil avec Roger, elle savait qu'elle pouvait compter sur lui. Mais à quoi servirait la gentillesse si c'était Roger qui avait fait le coup ? Que ferait-on de lui ? Allait-on l'enfermer dans l'un de ces horribles asiles d'aliénés ?

La porte s'ouvrit à grand bruit. C'était le shérif Burke, flanqué du policier en uniforme qui l'avait accompagné pour régler la circulation et s'occuper du parking. Immédiatement après eux arriva le Père Burke, ses rares cheveux hérissés autour de sa tête ronde. Mgr Griffin, quant à lui, resta encadré dans la porte, telle une statue dressée dans la lumière. Voyant le Père Dunne faire un pas en direction du cadavre, le shérif l'arrêta sèchement.

— En arrière, tout le monde. Et que personne ne quitte la salle. Je vais avoir des questions à poser.

D'un œil attentif, il contempla la scène, le cadavre étendu et la terre gorgée de sang. Quelqu'un — Mr Hewitt, en l'occurrence — soutint Sœur Maureen.

— À qui est ce sarcloir ? demanda le shérif.

*

* *

Les membres du petit groupe se retrouvèrent assis dans le bureau de Sœur Maureen. Le shérif Burke, lui, arpentait la pièce de long en large, mal à l'aise dans le costume qu'il portait ce jour-là au lieu de son pantalon de velours côtelé et de son habituelle chemise de flanelle.

— Il va nous falloir attendre les conclusions du médecin légiste, mais la mort ne remonte pas à plus d'une heure.

Normalement, il devrait y avoir des témoins.

— Tout le monde était à l'intérieur pour la cérémonie, dit sœur Maureen.

— Ça n'était manifestement pas le cas, répondit-il. (Bien qu'ayant desserré sa cravate, il se sentait boudiné dans son costume.) Je me demande pourquoi Hoffman traînait dehors. Peut-être qu'il attendait quelqu'un.

— À cet endroit ? s'étonna Sœur Maureen.

Sans répondre, le shérif se retourna vers Eddie Bristow.

— Vous avez bien dit que ce Roger était avec vous ?

— Oui. C'est-à-dire... Nous avons quitté l'auditorium ensemble et il a regagné sa serre.

— Vous en êtes certain ?

— Je l'ai vu traverser la pelouse. Oui, c'est bien là-bas qu'il a dû aller.

— Après la découverte du corps, vous êtes allé le rejoindre. Pourquoi ?

— Parce que je le lui ai demandé, intervint vivement Sœur Maureen. Je me faisais... nous nous faisions du souci pour Roger parce qu'il n'est pas... pas tout à fait normal.

— Vous confirmez que ceci est bien son sarcloir ?

Sœur Maureen ne répondit pas à la question.

— Où se trouve-t-il maintenant ?

— Dans la serre. J'ai laissé Mr Poole, mon adjoint, avec lui.

— Mon Dieu ! chuchota Sœur Maureen en se tordant les mains. Pourvu qu'il ne fasse pas peur à Roger. Vous savez, shérif, ce sarcloir a pu être ramassé par n'importe qui. Roger laisse traîner ses outils un peu partout.

Mr Hewitt, qui était assis à côté d'elle, prit la parole, l'air pensif :

— Et ce n'importe qui a parfaitement compris qu'on penserait tout de suite à Roger — et vu que celui-ci ne pourrait pas être considéré comme responsable, on l'enverrait dans un asile, et non en prison.

— Quelle horreur ! s'exclama Sœur Maureen. Mais qui aurait pu avoir l'idée de profiter d'un innocent comme Roger...

— La première horreur, c'est le meurtre, coupa doucement le Père Dunne.

L'intervention calma Sœur Maureen qui, l'air coupable et les mains croisées sur les genoux, se laissa aller contre le dossier de son siège.

— Monsieur Bristow, intervint le shérif, qu'avez-vous fait après avoir vu Roger se diriger vers la serre ?

— J'ai fait un petit tour dans le bâtiment. C'est la sœur qui me l'avait conseillé.

— Et vous avez vu d'autres invités qui agissaient de même ?

— Plein. Tout le monde se promenait à droite, à gauche, en jetant un coup œil dans les pièces.

— Vous avez parlé à quelqu'un ? Je veux dire à une des personnes que vous avez croisées ?

— J'ai peut-être fait un geste ou un signe de tête à un ou deux visages qui me semblaient familiers. Mais je ne me suis pas arrêté et n'ai parlé à personne.

— Vous deviez connaître un certain nombre de gens parmi ceux qui étaient présents aujourd'hui, non ? Puisque vous avez passé toute votre jeunesse dans cet établissement.

— C'est exact. Mais comme je savais que la cérémonie allait commencer quelques minutes plus tard, je me suis dit que je pourrais les voir ensuite, à la réception.

— Il doit pourtant bien y avoir quelqu'un qui vous a reconnu. Quand même, vous, la superstar de Sainte-Marguerite, commenta le shérif avec un sourire glacial.

Eddie Bristow rougit jusqu'aux oreilles.

— Et que pensez-vous des installations ? reprit brusquement le représentant de la loi. Le gymnase, la piscine et tout le reste ?

Les yeux d'Eddie s'étrécirent et se rivèrent sur le shérif.

— Génial, lâcha-t-il en haussant les épaules.

— Vous avez tout visité consciencieusement, n'est-ce pas ?

— Pas vraiment. Je n'ai fait que jeter un coup d'œil.

— Vous avez aperçu quelqu'un pendant votre visite ?

— Non, personne.

— La porte de sortie derrière le gymnase donne directement sur l'endroit où le corps a été découvert. Si vous deviez retrouver Hoffman ici, c'était le chemin idéal, il me semble.

— Il n'a jamais été question que je le retrouve.

Le shérif Burke pinça les lèvres et enfonça ses mains dans les poches de son pantalon qui, à force de glisser, avait fini par venir se caler sous sa panse rondelette.

— Et les gens qui attendaient dans l'auditorium, shérif ? intervint l'évêque d'une voix vibrante d'homme habitué à se faire entendre.

Le shérif était peut-être responsable de l'enquête, mais on le rappelait à l'ordre : il n'était pas sur son territoire.

— Je vais devoir leur parler, Monseigneur. À certains d'entre eux, en tout cas. Cela vous ennuierait-il d'aller annoncer cela à l'assistance ? Et de faire patienter tout le monde encore quelques minutes ?

L'évêque esquissa un bref mouvement de tête et disparut. Le shérif se retourna vers Eddie.

— Je vous ai vu jouer contre State University hier au soir.

Sœur Maureen fronça les sourcils. Qu'est-ce que le basket venait faire là-dedans ?

— Je me suis inquiété quand j'ai vu qu'il y avait prolongation, mais vous vous en êtes bien sorti. (Eddie resta muet comme une carpe.) Coup de chance ?

— Je suppose.

— Et s'il y avait autre chose ? Artie Hoffman pariait. Ce ne serait pas la première fois qu'un parieur aurait contacté un joueur de basket universitaire, non ? Peut-être qu'Artie vous a proposé de l'argent pour que vous n'en fassiez pas trop et qu'il n'a pas tenu sa promesse...

— Shérif, c'est une honte ! explosa Sœur Maureen. Eddie est incapable de la moindre malhonnêteté. N'oubliez pas qu'il a grandi ici, à Sainte-Marguerite, et que c'est moi qui lui ai enseigné le basket. Croyez-moi, je le connais.

Le shérif Burke pivota vers elle.

— Avec tout le respect que je vous dois, ma sœur, je me permettrais de vous faire remarquer qu'on ne connaît jamais les gens aussi bien qu'on se l'imagine. Prenez Artie Hoffman : il a bien passé son enfance ici également, non ? Alors ? Et ce Roger ? D'après vous, c'est un simple d'esprit ?

— Parfaitement. Mais c'est le garçon le plus doux qui soit. Il n'y a que sa serre et ses plantes qui comptent pour lui. Il ne ferait pas de mal à une mouche.

— Vous le connaissez également, à ce que je vois.

L'ironie à peine voilée n'échappa pas à Sœur Maureen.

— Je crois que oui, en effet, répliqua-t-elle, d'un ton dont la politesse lui coûta un effort considérable.

— Il connaissait Artie Hoffman ?

— En effet.

— Ils étaient amis ?

— Non. Pas exactement.

— Ennemis ?

— Grands dieux, mais Roger n'a pas d'ennemis !

— Dans ce cas, il aimait bien Hoffman.

Sœur Maureen joignit si fort les mains qu'elles en devinrent toutes blanches.

— Non, on ne peut pas dire qu'il l'aimait vraiment. Il en avait même plutôt peur. C'est d'ailleurs l'une des raisons pour lesquelles il l'évitait autant que possible. Artie Hoffman ne cessait de l'asticoter — vous connaissez les enfants —, comme ça, sans raison précise.

— Il est donc possible que Roger n'ait pas cherché à

rencontrer Hoffman, mais qu'il soit tombé sur lui par hasard. Et si, par hasard également, il avait le sarcloir à la main, peut-être que ça lui a donné du courage.

Sœur Maureen secoua la tête sans desserrer les dents.

Le shérif se retourna alors vers Eddie.

— Il semble que les paris soient montés très haut pour ce match contre State University.

Le jeune homme haussa les épaules.

— Artie Hoffman vous a contacté, n'est-ce pas ?

Ouvrant la bouche pour protester, Sœur Maureen ne parvint pas à articuler un mot. Les pommettes en feu, elle fixa Eddie.

— Oui.

Sœur Maureen hoqueta. Le shérif haussa les sourcils, l'ombre d'un sourire triomphant aux lèvres. Eût-il été un chat, on l'aurait entendu ronronner.

Dans tous ses états, Sœur Maureen reprit :

— Cela ne signifie en aucun cas que...

Mais personne ne l'écoutait plus.

— Combien vous a-t-il offert ? coupa le shérif.

Eddie hésita un court instant.

— Cinq mille dollars. Les paris sont en effet montés très haut.

— Et vous vous êtes laissé tenter.

— Non !

— Tout ce que vous aviez à faire, c'était ne pas vous montrer trop brillant — et vous y avez parfaitement réussi. Seulement, Artie est revenu sur sa parole et a refusé de casquer. Aussi, quand vous l'avez vu ce soir, vous l'avez menacé — peut-être même un peu bousculé.

— Non ! Je n'ai rien fait de tout ça. Pour la bonne raison que je n'ai pas accepté sa proposition. Je l'ai envoyé paître. Croyez-le ou non, ça m'est égal, mais j'ai joué du mieux que j'ai pu dans le match d'hier soir.

L'air pensif, Sœur Maureen s'était mise à observer les gens l'un après l'autre.

— Ç'a toujours été un gagne-petit.

— Qui ça ? demanda Burke, se retournant vers elle.

— Artie Hoffman. J'étais justement en train de me rappeler comment il se comportait, ici, avec nous, à Sainte-Marguerite. Il lui arrivait de donner un *cent* à des enfants plus petits que lui pour lui rapporter des vieilles bouteilles. Ensuite, il ramassait dix *cents* par bouteille qu'il ramenait. Voilà le genre d'affaires qu'il faisait.

— Je n'en doute pas, ma sœur...

— Comme j'aime à me souvenir de tous les garçons et filles qui sont passés chez nous ! Seulement Artie, lui, cherchait toujours à... à profiter des autres. Mais pour des sommes ridicules. Un gagne-petit. Je ne le vois vraiment pas proposant cinq mille dollars à quelqu'un.

— Même s'il y en avait davantage pour lui à la clé ?

— Même dans ce cas-là. Ça n'était pas du tout son genre. Bien sûr, on peut toujours imaginer qu'avec quelqu'un d'important derrière lui il ait servi d'intermédiaire. Et que ce soit avec cette personne qu'il ait eu un accrochage. (Un silence de plomb s'abattit sur la pièce.) Sœur Brigitte, pourriez-vous aller chercher du café pour tout le monde, je vous prie ? Nous avons tous besoin d'un petit...

Elle ne termina pas sa phrase. Le long visage lisse de Sœur Brigitte, livide, était dirigé vers le plancher. Sœur Maureen, aussitôt suivie par le shérif Burke et Eddie Bristow, fixèrent à leur tour le même point. Mal à l'aise, le Père Dunne s'éclaircit la gorge. Mr Hewitt se tortilla sur son siège pour regarder par terre. Sous ses pieds, de la terre noire s'était incrustée dans la moquette beige clair. Du terreau était encore collé à ses chaussures.

— Mon Dieu, dit-il, il semble que j'aie...

— Le terreau de Roger, interrompit Sœur Maureen, l'air pensif. Celui qu'il prépare lui-même. Avec lequel il venait justement de faire le parterre de tulipes. C'est le même.

Le visage de Mr Hewitt s'empourpra.

— Qu'est-ce que cela veut dire ?

— Un banquier est une personne au-dessus de tout soupçon, n'est-ce-pas ? reprit Sœur Maureen. Artie n'était qu'un messager, mais il se pourrait fort bien qu'il vous ait demandé une plus grosse part du gâteau, non ? En vous menaçant de clamer la vérité sur les toits. À savoir que vous êtes un très gros parieur. Père Dunne, si je ne me trompe pas, Mr Hewitt n'est pas resté avec vous et Monseigneur lorsque vous êtes allés faire le tour du propriétaire ?

— Son Éminence voulait voir la bibliothèque, répondit le petit prêtre, soucieux. Quant à Mr Hewitt, il souhaitait jeter un coup d'œil aux installations du rez-de-chaussée, la piscine, le gymnase...

— Et, lorsqu'il est revenu à l'auditorium à la dernière minute, tout le monde était déjà assis, je me trompe ? ajouta-t-elle presque à regret. (Puis, regardant le banquier droit dans les yeux :) Vous avez changé de veston, monsieur Hewitt. Où est le magnifique blazer bleu que vous portiez à votre arrivée ?

— Assez ! s'indigna le banquier. Vous n'allez tout de même pas...

— Parce que celui-ci est plutôt froissé. Sans doute est-ce celui que vous gardez en permanence dans votre voiture... pour les urgences, peut-être ? À moins que votre épouse ne vous ait demandé de l'apporter chez le teinturier et que vous ayez oublié ? J'imagine que votre blazer, lui, est tout taché de sang ?

— Dites donc... lança Mr Hewitt.

— Roger a vraiment tort de laisser sa sarclette traîner n'importe où.

— Je crois que nous avons des choses à nous dire, monsieur Hewitt, enchaîna le shérif.

*

* *

— Ce sont le terreau sur la moquette et le changement de veste qui vous ont mise sur la voie ?

Tôt le lendemain matin, Sœur Brigitte avait trouvé Sœur Maureen à quatre pattes, occupée à remettre de l'ordre dans le carré de tulipes derrière le bâtiment, le voile de travers et les mains souillées de terreau noir.

— Je voulais arranger tout ça pour que Roger ne s'aperçoive de rien, répondit-elle tout en remettant en place l'étiquette d'une Holland Beauty. Peut-être que j'ai un peu mélangé ses fleurs, mais ça ne fait rien. (Mettant une main en visière, elle se redressa pour fixer Sœur Brigitte.) Non... C'est-à-dire pas seulement. Au début de la soirée, Eddie s'était gentiment moqué de tous les longs discours que nous allions dispenser à l'assemblée. Et il a imité Mr Hewitt, avec sa manie de parler de cartes injustement distribuées et du peu de chances que l'on a de gagner dans la vie...

— Vocabulaire de joueur, remarqua Sœur Brigitte.

— Sur le moment, ça m'a fait sourire, bien entendu, même si j'ai un peu grondé Eddie. Mais comment tout ce terreau aurait-il pu aller se coller sous ses chaussures ? Le shérif avait bien empêché tout le monde de sortir, n'est-ce-pas ? Même le Père Dunne ?

Sœur Brigitte eut un hochement de tête attristé.

— J'ai nettoyé votre moquette.

— Très bien, fit Sœur Maureen avec un petit sourire tout en s'asseyant sur les talons. Nous nous sommes donc mises toutes les deux humblement à genoux ce matin. Après les fastes d'hier, c'était bien la moindre des chose, vous ne pensez pas, ma sœur ?

Death of an Alumnus
Traduction de Dominique Wattwiller

DANS UN FAUTEUIL

par DONALD OLSON

Le coût croissant de la vie les mettant au bord de la misère, les sœurs Lambert, deux vieilles demoiselles prénommées Colombe et Fleur, cherchaient un moyen de se renflouer quelque peu, mais en se refusant à envisager le plus évident : vendre la grande vieille maison victorienne de Cherry Creek Road. Pour elles, c'était impensable. Elles vivaient là depuis près de quatre-vingts ans et entendaient bien y mourir, fut-ce de faim. L'augmentation des impôts, le chauffage et les réparations avaient eu raison du modeste héritage de leur père. Mais vendre la maison pour aller dans un deux-pièces exigu de Lime Pond, eût été, elles en étaient d'accord, un sort pire que la mort.

Ce fut Willie Jenkins, venu réparer une fuite dans le toit, qui suggéra aux deux sœurs un moyen de se tirer d'embarras. Il leur fit remarquer que la maison renfermait nombre de choses anciennes qu'elles pourraient vendre à Willoughby, la petite ville voisine, où il y avait plusieurs antiquaires. De prime abord, l'idée n'emballa aucune des deux sœurs. À leurs yeux, toutes ces choses étaient simplement démodées et n'avaient qu'une valeur sentimentale. Aussi est-ce uniquement par acquit de conscience qu'elles téléphonèrent à l'un des antiquaires qui faisaient de la publicité dans le *Willloughby Register.*

L'homme qui se présenta en réponse à leur coup de fil était un chauve rondouillard à l'air jovial, nommé Addison Cordell. Il arriva au volant d'une bagnole déglinguée, vêtu comme pour aller au labour. Après une rapide visite des lieux, durant laquelle il se garda de laisser paraître le moindre enthousiasme et arbora un air de plus en plus las, il demanda aux deux sœurs ce qu'elles désiraient vendre.

— Oh ! une ou deux choses dont nous ne nous servons pas, répondit Colombe.

— Juste de quoi payer la note du gaz, ajouta Fleur, et la réaction du marchand lui donna le sentiment que tout ce que contenait la maison y suffirait à peine.

— Ces chaises, par exemple ? suggéra l'antiquaire en époussetant le siège d'une paire de chaises victoriennes, tapissées au petit point et dont les pieds branlants semblaient ne même plus pouvoir supporter le poids d'un enfant.

— Combien ? s'enquit Fleur.

Le marchand remua les chaises, faisant craindre aux deux sœurs de les voir s'effondrer.

— Combien en demandez-vous ?

Colombe allait suggérer dix dollars pièce, quand Fleur la stupéfia en répondant :

— Cent dollars la paire.

Colombe s'attendait à voir l'homme éclater de rire, mais il se contenta de jeter un regard circonspect aux deux sièges tout en disant :

— Ma bonne dame, avez-vous idée de ce qu'il en coûtera pour recouvrir et restaurer ces chaises ?

Puis, avant que Fleur ait pu ouvrir la bouche, il ajouta :

— De toute évidence, vous connaissez la valeur de ce que vous avez. Alors, ajoutez ce guéridon et c'est d'accord.

Sortant son portefeuille, il en extirpa deux billets de cinquante dollars qu'il mit dans la main de Fleur. On aurait eu peine à dire laquelle des deux sœurs éprouvait le plus de stupeur. Lorsque l'antiquaire s'informa s'il y avait quelque autre chose dont elles étaient disposées à se séparer, Fleur répondit vivement :

— Non, pas pour l'instant.

Cordell n'insista pas. Mais comme il traversait le hall avec les chaises, il s'immobilisa et eut un hochement de tête en direction d'une lampe posée sur une des tables :

— J'aurais l'emploi dans ma boutique d'une lampe ou deux... Celle-ci n'est pas ancienne, bien sûr...

— Non, en effet, convint Fleur qui se rappelait son père l'achetant et même qu'il l'avait payée moins de dix dollars.

Le marchand glissa la main sous l'abat-jour de verre et tira la chaînette.

— Elle ne marche pas, dit Colombe. Cela fait des années qu'elle est détraquée.

— Dommage, fit l'homme puis, après une hésitation : « Oh ! je crois pouvoir la réparer. Je vous en donnerais vingt dollars...

— Ah ! bon ?

Fleur se dit que le bonhomme n'y connaissait vraiment rien.

Le marchand empila les chaises et le guéridon à l'arrière de sa voiture, puis revint chercher la lampe qu'il transporta comme si c'eût été un panier d'œufs.

— Cet homme est un inconscient ! déclara Colombe lorsque les deux sœurs se retrouvèrent seules.

— J'ai honte, dit Fleur. C'est mal d'avoir ainsi profité de son incompétence.

*

* *

Mais les remords qu'elles éprouvaient partirent en fumée quand elles reçurent quelques jours plus tard la feuille des impôts locaux.

— Bon, ce qui est fait est fait, dit Colombe. Mais je me refuse à abuser encore de l'ignorance de cet homme. Avant de vendre quoi que ce soit d'autre, je pense que nous devrions avoir une idée de ce que ça peut valoir.

Elle suggéra à sa sœur d'aller à Willoughby faire une visite à M. Cordell.

— Pendant que je bavarderai avec lui, tu te promèneras un peu dans la boutique pour tâcher de voir quels sont ses prix.

— Oui, Colombe, mais nous ne devons pas oublier que tout ce que nous avons est en piteux état. Il faut en tenir compte.

*

* *

Le lendemain, elles profitèrent de la voiture d'un voisin jusqu'à Lime Pond, où elles prirent le bus allant à Willoughby. Située dans la Grand-Rue, la boutique d'Addison Cordell avait meilleur aspect que la tenue de leur visiteur ne le leur avait donné à penser. Il semblait n'y avoir personne, mais après quelques minutes que les deux sœurs occupèrent à regarder différentes choses exposées, elles entendirent rire dans l'arrière-boutique et l'instant d'après survint une très élégante jeune femme aux cheveux d'un blond rosé. Elle n'avait pas dû entendre l'arrivée des deux sœurs car, à leur vue, elle se libéra vivement du bras d'un beau brun qui l'enlaçait et s'avança en souriant vers ces clientes. En réponse à leur question, elle leur apprit que M. Cordell assistait à des enchères et ne serait pas de retour avant plusieurs heures.

Comme la randonnée en bus avait quelque peu ankylosé Colombe qui souffrait d'une hanche, elle s'assit dans une bergère près de l'entrée tandis que Fleur se promenait un peu dans la boutique. Quand elles repartirent enfin vers le terminus du bus, Fleur explosa :

— Quel bandit ! Je l'ai vue !

— Tu as vu quoi ?

— Notre lampe ! Devine un peu le prix marqué sur l'étiquette ?

— Il lui faut, bien sûr, faire un bénéfice... Il nous l'a payée vingt dollars.. Alors je pense que...

— Tu ne penses sûrement pas qu'il en demande trois cent soixante-quinze !

Colombe se pétrifia :

— Impossible !

— Ma chère sœur, j'ai bonne vue. Et sur l'étiquette, il y avait cette précision : *signée Jefferson.*

— Ooooh ! Et nos chaises, les as-tu vues ?

— Non... Et cela vaut probablement mieux car j'aurais pu en avoir une syncope.

Tandis qu'elles se remettaient en route, Colombe accrochée au bras de sa sœur, lui demanda :

— Crois-tu qu'il avait repéré la lampe en entrant chez nous ?

— Bien sûr ! Oh ! que j'aurais voulu qu'il soit là ! Je lui aurais dit quelques bonnes paroles, !

— Certes, car il a abusé de notre confiance !

Dans le car, Fleur devint pensive et lorsque les vieilles demoiselles eurent regagné leurs pénates, elle témoigna d'un surprenant entrain, déclarant contre toute attente :

— Colombe chérie, je pense que nous allons faire d'autres affaires avec M. Cordell.

— Jamais de la vie !

— Crois-moi : nous allons l'avoir au tournant.

— Comment cela ?

— Laisse-moi faire. Je ne veux pas heurter tes sentiments de bonne chrétienne.

— Oh ! Fleur, ne faisons pas quelque chose de malhonnête !

— Je ne me sens nullement tenue par tes scrupules.

La semaine suivante, Addison Cordell eut droit à un

autre coup de fil et accepta de revenir voir ces demoiselles.

Fleur précisa bien à sa sœur ce qu'elle devrait dire lorsqu'elle lui tendrait la perche.

L'antiquaire était d'humeur encore plus joviale que la précédente fois, promenant son regard autour de lui. Ces demoiselles le firent asseoir dans le salon afin de prendre une tasse de thé tout en envisageant de nouvelles transactions.

— J'espère que vous ne pensez pas que nous nous sommes montrées trop gourmandes lors de votre première visite ?

— Vous êtes des dames aux idées arrêtées, mais entre honnêtes gens on finit toujours par s'entendre.

Cordell but son thé, puis s'enquit :

— Et aujourd'hui, que seriez-vous disposées à vendre ?

Fleur parut hésiter. Colombe regardait vaguement autour d'elle mais, sur un petit signe de sa sœur, elle s'écria soudain :

— Oh ! Fleur, je t'en prie... Non, ma chérie, *non* ! Nous n'allons quand même pas vendre *tout* ce qui nous vient de Papa. J'aimerais mieux mourir de faim !

— Eh bien, pas moi, rétorqua Fleur. À cause de ta hanche et du reste, c'est moi qui dois épousseter toutes ces vieilleries. Alors, si elles peuvent intéresser M. Cordell, j'en serai ravie !

Ayant peine à cacher son avidité, le marchand fut douché en entendant Colombe maintenir son opposition.

— Mais je veux bien te faire une concession. Certes, cela me déchire le cœur de ne pas respecter les dernières volontés de Papa, cependant je ne suis pas dénuée de tout bon sens. Alors voici ce que je suggère : au lieu de vendre plusieurs choses, ne nous séparons que de celle qui a le plus de valeur. Nous nous assurerons ainsi des mois et des mois de tranquillité.

De nouveau, le regard du visiteur s'aviva :

— Et de quoi s'agit-il, Miss Lambert ?

Fleur étendit vivement la main :

— Colombe, si c'est ce que je crois, sors-toi cette pensée de la tête. Tu devrais avoir honte ! Jamais pareille idée ne me serait venue !

— Oh ! je t'en prie... S'il nous faut chaque mois nous défaire de quelque chose, je sens que j'en mourrai ! Et tu sais comme moi que Papa aurait compris notre geste.

Tandis que les deux sœurs continuaient de s'affronter, leur visiteur avait peine à cacher son excitation. Si elles-mêmes jugeaient que cette mystérieuse chose avait de la valeur, de quoi pouvait-il bien s'agir ? Il imaginait quelque trésor dont la grande valeur avait dû leur être soulignée par leur père. Quand enfin Colombe capitula et, consentit à ce qu'on montre la chose au marchand, celui-ci avait sa chemise trempée de sueur.

En une sorte de cérémonial, Colombe le conduisit dans le bureau du défunt et, avec un grand geste, dit pompeusement :

— Voilà !

L'antiquaire regarda autour de lui. Des étagères chargées de vieux livres, une table à écrire en chêne clair, quelques sièges sans intérêt, un humidificateur à cigares, et un secrétaire Empire noirci par les ans. S'agissait-il d'une chose qui échappait à son attention ? Seul le secrétaire présentait quelque intérêt, mais ça n'était en aucune façon un meuble d'une précieuse rareté.

— Papa y est mort, murmura Colombe avec révérence.

L'esprit tout occupé du secrétaire, le marchand lui jeta un regard ahuri. Mais les deux sœurs contemplaient avec attendrissement un vieux fauteuil Morris placé près de la fenêtre. « Ce n'est pas possible ! » pensa Cordell avec stupeur.

Colombe s'avança lentement, comme vers un autel, et sa main caressa avec amour le cuir usé du siège.

— Oui, il y était assis quand il est mort, confirma-t-elle.

— Après y avoir si longtemps vécu, ajouta sa sœur.

— Oh ! oui ! Durant ses dernières années, il y passait le plus clair de son temps.

Sortant un mouchoir de sa poche, l'antiquaire s'épongea le front d'un air morose :

— C'est très touchant, mesdames. Et où est la chose que vous vouliez me montrer ? ajouta-t-il avec espoir.

— Mais c'est ça, monsieur Cordell. Le fauteuil de Papa.

Dans le même temps, Colombe parut se raviser :

— Non, vraiment, ma chérie, je me demande si... Tu comprends, je revois Papa assis dans ce fauteuil le jour même de sa mort et nous disant... Tu te rappelles ? Il nous a fait promettre de ne jamais nous en séparer. « Peu m'importe ce que vous ferez du reste, nous a-t-il dit, mais gardez, gardez ce fauteuil ! Je n'ai jamais rien possédé de plus précieux. »

— Notre père parlait toujours comme si nous n'aurions jamais de souci à nous faire, expliqua Fleur. Mais, après sa mort, nous avons dû nous convaincre qu'il ne nous laissait guère de liquidités.

— Et la situation ne s'est pas améliorée, depuis lors, ajouta Colombe avec un hochement de tête expressif. Nous n'avons pas le choix, petite sœur. Il faut nous séparer du fauteuil.

Les yeux de Fleur s'emplirent de larmes tandis qu'elle disait à l'antiquaire avec une pathétique résignation :

— Ma sœur et moi sommes disposées à vous vendre ce fauteuil Morris, monsieur Cordell.

Terriblement douché, le marchand déclara :

— Je m'en veux de vous décevoir, mesdames, mais

il n'y a guère de demande pour les fauteuils Morris. Aussi leur valeur est-elle minime.

— Oh ! mais, monsieur, ce fauteuil est très particulier !

— Particulier ?

— Papa ne cessait de nous dire que ça n'était pas un fauteuil comme les autres.

— J'en suis vraiment désolé mais ça n'est pas le cas. Néanmoins, si l'on s'arme de patience, on finit toujours par trouver acheteur pour tout... Combien en voudriez-vous ?

Les deux sœurs échangèrent un regard et ce fut Fleur qui répondit :

— Je suis convaincue que Papa savait ce qu'il disait... Mais enfin nous pourrions vous le laisser pour deux mille dollars.

L'antiquaire faillit s'en étrangler :

— Chère Miss Lambert, vous ne parlez pas sérieusement !

Colombe parut gênée :

— C'est beaucoup d'argent, Fleur.

— Pour le fauteuil de Papa ?

— Eh bien... Oui, tu as raison. Papa n'aurait sûrement pas voulu que nous nous en séparions pour moins de deux mille dollars.

Cordell se dirigea vers la porte :

— Désolé, mesdames, mais je ne peux vraiment pas vous donner deux mille dollars pour ce fauteuil.

— Fleur, intervint Colombe, tu as dit toi-même qu'il était normal que M. Cordell ait un bénéfice décent. Et, très sincèrement je ne puis croire que Papa eût estimé son fauteuil à un tel prix, en dépit de ce qu'il disait.

— De ce qu'il *essayait* de dire, rectifia Colombe avant d'expliquer au marchand : C'était juste après son attaque. Il tentait désespérément de nous dire quelque chose concernant le fauteuil.

— Je pense que c'était qu'il souhaitait y mourir.

— Peut-être, mais il insistait tellement pour que nous ne nous en séparions jamais...

L'antiquaire répugnait à s'en aller les mains vides :

— Prévenez-moi, mesdames, quand vous serez disposées à vous séparer de quelque chose que je puisse acheter.

Tordant son mouchoir entre ses mains, Fleur regarda sa sœur d'un air implorant :

— Ma chérie, nous avons besoin d'argent pour payer ces impôts la semaine prochaine.... Il doit bien y avoir quelque chose que... Les livres, peut-être ? Ou bien cette belle table en chêne massif ?

L'antiquaire eut une moue expressive :

— Le secrétaire, à la rigueur. Le style Empire n'est pas très demandé en ce moment, mais je veux bien courir le risque de vous en proposer cent cinquante dollars.

Fleur n'hésita guère que le temps nécessaire au marchand pour exhiber son portefeuille et en sortir trois beaux billets tout neufs.

— Je vais aller chercher un chiffon pour l'essuyer, dit-elle.

— Ce n'est pas la peine.

— Alors, vidons les tiroirs.

Cela ne demanda que quelques minutes, car la plupart des tiroirs ne contenaient rien.

— C'était le secrétaire de Papa, expliqua Fleur. Nous ne nous en sommes jamais servies.

Toutefois un des tiroirs résistait à ses efforts.

— Oh ! ça me revient maintenant... Après la mort de Papa, nous n'avons pu retrouver la clef de ce tiroir... Il faudrait que...

— Aucun problème, l'interrompit le marchand en souriant. J'ai chez moi une pleine boîte de clefs.

Les vieilles demoiselles se tinrent de côté tandis que

leur visiteur démontait le haut du secrétaire. Il l'emporta dans sa voiture puis revint chercher le reste du meuble.

Tandis que la guimbarde démarrait, Fleur se mit à rire :

— Oh ! que je voudrais voir sa tête quand il ouvrira le tiroir.

— Ce n'est quand même pas honnête de le...

— Et lui, est-ce qu'il a été honnête avec nous ?

— C'est un vieux renard. Il va se douter de quelque chose et...

— Mais il ne pourra pas avoir de certitude. Or il est trop rapace pour risquer de laisser passer une telle chance. Et la lettre a de quoi abuser un plus malin que lui. Je me suis servi du vieux bloc de Papa ainsi que de son porte-plume et de son encre. Si Cordell pense qu'il y a une chance, si mince soit-elle, que Papa ait caché vingt mille dollars dans le fauteuil Morris, il n'aura de cesse qu'il se le soit approprié.

— Mais quand il s'apercevra qu'il a été abusé...

Fleur eut un geste expressif :

— C'est à l'acheteur de savoir ce qu'il veut, comme il ne doit pas manquer de le dire aux clients qui viennent se plaindre après coup.

— Oh ! je sens que je ne vais pas tenir en place jusqu'à ce qu'il se manifeste !

*
* *

Mais les demoiselles Lambert ne revirent jamais Addison Cordell. En revanche, elles entendirent parler de lui, ou plus exactement, ce qu'elles lurent à son propos dans le quotidien régional leur causa un terrible choc.

— Oh ! Colombe, s'écria Fleur. Le journal dit que...

— Je t'en supplie, ne me parle plus de l'inflation !

— C'est au sujet d'Addison Cordell. Il a été assassiné !

C'était on ne peut plus vrai. L'antiquaire avait été découvert, le crâne défoncé, gisant près de sa voiture sur une route de campagne. Le meurtre semblait avoir le vol pour mobile, car le marchand était connu pour aller à des ventes en transportant de grosses sommes sur lui. Mais la police n'avait aucun suspect à se mettre sous la dent.

— Eh bien, du moins, tu n'auras plus à te demander ce qu'il ferait s'il découvrait que nous l'avons joué, commenta Fleur. Il est mort sans que nous nous soyons enrichies à ses dépens.

— Le Ciel en soit loué ! dit Colombe avec ferveur. Nous avions vraiment mal agi avec ce pauvre homme. Quelle horrible mort ! J'espère qu'on va vite découvrir son assassin.

Mais au fil des jours aucune piste ne se dessinait et les chances d'identifier l'assassin s'amenuisaient. Cependant, même si l'on en parlait de moins en moins dans leur journal, le meurtre de l'antiquaire continuait d'occuper les demoiselles Lambert. Puis, moins de deux semaines plus tard, passant près d'une fenêtre Colombe reconnut la vieille guimbarde de Cordell qui s'arrêtait devant la maison. Elle appela vivement Fleur et, côte à côte derrière les rideaux, elles virent deux personnes descendre de la voiture, puis se diriger vers le perron. L'une était la blonde au rinçage rosé du magasin de l'antiquaire, l'autre le jeune homme brun qu'elles y avaient vu en grande intimité.

— Mon Dieu, qu'est-ce qu'ils peuvent bien nous vouloir ? murmura Fleur.

*
* *

La femme les gratifia d'un éclatant sourire :

— Je crois que nous nous sommes déjà vues au

magasin, n'est-ce pas ? Je suis Sylvia Cordell, la femme... la veuve d'Addison Cordell, rectifia-t-elle tandis que le sourire se muait en une grimace de tristesse. Vous êtes au courant, bien entendu ?

Ils se tenaient juste à l'entrée du hall.

Fleur dit avoir en effet appris le drame par les journaux et exprima des condoléances.

— Merci, dit Mrs Cordell. J'en suis encore comme brisée. Mais il faut recoller les morceaux, car la vie continue, et je dois m'occuper du magasin... Oh ! excusez-moi... J'oubliais de vous présenter M. Derwent, mon assistant, qui m'a été vraiment d'un très grand secours dans ces douloureuses circonstances.

Le jeune homme eut une légère inclinaison du buste. Fleur le trouvait certes assez séduisant, mais elle n'aimait pas la façon qu'il avait de regarder autour de lui, comme s'il évaluait chaque chose. Et cette blonde époustouflante était la femme de Cordell ! Cela ne laissait pas de surprendre quand on se rappelait l'intimité manifeste régnant entre elle et Derwent quand les demoiselles Lambert les avaient vus dans la boutique.

— Je sais que mon mari comptait faire d'autres affaires avec vous, mesdames, et je suis toute prête à prendre le relais, déclara Mrs Cordell en sortant un chéquier de son sac. De quoi s'agit-il ?

Fleur n'avait aucune envie de négocier avec ces deux-là.

— Oh ! je regrette que vous ne nous ayez pas téléphoné avant de faire tout ce chemin... Voyez-vous, ma sœur et moi ne voulons plus rien vendre... Du moins, pour le moment.

La blonde lui sourit :

— J'espère que vous n'avez pas traité avec un de nos confrères ?

— Non, non, pas du tout. C'est simplement que nous...

— Mon mari avait parlé de quelque chose à quoi vous attachiez beaucoup de prix... Derwent, vous rappelez-vous ce que c'était ?

D'un pas nonchalant, le jeune homme s'était approché de la porte du bureau :

— Oui : il s'agissait d'un fauteuil.

— Oui, oui, bien sûr ! Un fauteuil Morris.

— Celui-ci ? s'enquit Derwent en pointant le menton vers l'intérieur du bureau.

Fleur se rapprocha instinctivement de sa sœur.

— Euh... oui. Mais M. Cordell avait dit que ça ne l'intéressait pas.

Sans attendre d'y être invitée, Sylvia Cordell rejoignit Derwent dans le bureau, suivie par les deux sœurs.

— Mes goûts diffèrent quelque peu de ceux du pauvre Addison, dit-elle après avoir examiné le fauteuil. Certes, ce n'est pas ce que nous appelons du « beau meuble » mais ça n'en a pas moins un certain charme.

Puis se tournant vers Fleur :

— Toutefois il m'avait dit que vous y attachiez un trop grand prix.

— Uniquement parce que nous ne voulions pas nous en séparer. C'était le fauteuil habituel de notre père, vous comprenez.

Plus elle détaillait le siège, plus l'antiquaire semblait attirée par lui.

— Oh ! il me le faut, miss Lambert ! N'est-ce pas, Harry ?

— Il a du charme, convint laconiquement l'interpellé.

— Je suis désolée, dit Fleur en s'efforçant de parler d'un ton ferme, mais nous ne voulons pas le vendre.

Colombe étreignit la main de sa sœur :

— Nous avions dit à M. Cordell que nous pourrions peut-être le lui céder pour deux mille dollars, mais nous avons changé d'avis.

Sylvia Cordell se mit à rire :

— Deux mille dollars, non, quand même pas, dit-elle en sortant un stylo de son sac et ouvrant le chéquier. Mais deux cents, oui. Et c'est beaucoup plus que vous n'en obtiendriez de qui que ce soit, croyez-moi.

La main de Colombe nouée à la sienne lui donnant un regain d'assurance, Fleur dit :

— C'est très possible, madame Cordell mais, je vous le répète, nous ne voulons pas nous séparer du fauteuil de Papa.

— Oh ! et Addison qui vous disait si raisonnables, toutes deux. N'est-ce pas, Harry ?

— Oui, c'est ce qu'il avait dit, confirma l'autre avant d'ajouter : Mesdames, vous vivez seules dans cette grande maison ?

— Oui, répondit Fleur. Toute notre vie, nous avons habité ici.

— Et vous n'avez pas peur, si loin de vos plus proches voisins ?

— Nous n'avons jamais eu le moindre ennui.

Colombe trouvait ce garçon de plus en plus antipathique.

— Le pauvre Addison non plus, dit la veuve avec un soupir expressif. Mais les temps ont changé et plus personne n'est en sécurité. Il n'est que de lire les journaux. Plus aucun respect d'autrui !

— Il serait facile de s'introduire nuitamment dans une maison comme celle-ci. On pourrait tout vous prendre, voire vous assassiner dans votre lit, opina Derwent.

— À notre âge, jeune homme, lui rétorqua-t-elle, ça pourrait être un bienfait du ciel.

— Mais vous ne voudriez quand même pas que toutes ces choses que vous aimez soient la proie des voleurs ? objecta Sylvia. De gens incapables de les apprécier ?

À ce moment, un mouvement brusque de Derwent

envoya une statuette en porcelaine se briser sur le dallage.

— Harry ! s'exclama Sylvia Cordell. Faites donc attention !

Puis se tournant vers Fleur :

— Je vous la paierai, bien entendu.

C'était une des statuettes que Colombe aimait le plus et elle s'agenouilla pour en rassembler les morceaux, tandis que Harry se bornait à allumer une cigarette en disant :

— Et après vous avoir assassinées toutes deux, ils incendieraient la maison... À moins qu'ils ne se bornent à vous ligoter pour vous laisser brûler avec elle. Serait-ce là aussi un bienfait du ciel, Miss Lambert ?

À son air, Fleur comprit que ça n'était point par inadvertance qu'il avait fait tomber la statuette et elle sentit la peur croître en elle.

Sylvia Cordell posa une main sur le dossier du fauteuil :

— Ne vous laissez pas effrayer par Harry, Miss Lambert. Mais il dit vrai. De nos jours, il arrive des choses qu'on ne croyait même pas possibles... Telle la mort de mon pauvre mari. Et vivre seule ici, au milieu de toutes ces choses anciennes, c'est presque de la provocation.

Sentant la main de Colombe toute moite dans la sienne, Fleur s'efforça de cacher la peur qui l'habitait.

— Nous allons réfléchir et nous vous tiendrons informés.

Sylvia Cordell la gratifia d'un grand sourire :

— C'est ça, chère madame. Et vous pouvez être assurée que nous vous donnerons un bon prix de tout ce que vous voudrez bien nous vendre.

— Si vous m'en croyez, mesdames, ajouta Derwent, ne réfléchissez pas trop longtemps... en risquant que ce soit trop tard.

Et il agita d'expressive façon la flamme de son briquet.

Sylvia Cordell remplissait un chèque :

— En attendant, juste pour vous montrer notre bonne foi, nous allons prendre ce fauteuil.

Fleur eut un geste pour repousser le chèque :

— Oh ! mais nous ne voulons pas...

Sylvia Cordell le lui mit de force dans la main :

— Harry et moi devons faire un voyage en Nouvelle-Angleterre la semaine prochaine, mais nous prendrons contact avec vous dès notre retour. Mettez ce fauteuil dans la voiture, Harry.

*

* *

À peine leurs visiteurs eurent-ils disparu au volant de la vieille voiture, que les deux sœurs s'effondrèrent sur le canapé.

— Non, mais tu te rends compte ? ! s'exclama Fleur.

— Oh ! ma chérie, ce sont vraiment de mauvaises gens. Cet Harry ! Je suis convaincue qu'il a volontairement fait tomber la statuette.

— Bien sûr ! Et je parierais n'importe quoi qu'il sait tout aussi bien assassiner les gens.

— Fleur ! (Colombe porta une main à son visage en un geste horrifié) Tu n'insinues quand même pas...

— Je n'insinue rien du tout, mais je te fiche mon billet qu'ils étaient bien décidés à repartir avec le fauteuil de Papa. Cela veut dire que M. Cordell avait parlé à sa femme de la lettre trouvée dans le secrétaire. Il est clair comme le jour que ce Derwent est bien plus que son « assistant » !

Et pâlissant soudain :

— Oh ! mon Dieu... S'ils ont assassiné ce pauvre

M. Cordell à cause de la lettre, nous avons provoqué sa mort !

— Doux Jésus !

Cette possibilité étant par trop horrible, Fleur la rejeta :

— Nous ne devons pas nous laisser emporter par nos imaginations. S'ils avaient commis ce crime, je ne puis croire qu'ils auraient osé revenir nous voir et... et nous menacer !

— Mais si, mais si ! Oui, ils nous ont bel et bien menacées ! Oh ! qu'allons-nous faire ?

Fleur réfléchit un instant :

— Je pense que nous pourrions en parler à la police... Mais nous n'avons aucune preuve et... Non, ma chérie, nous devons regarder les choses en face. Bien que ce soit pour nous une terrible épreuve, il nous faut quitter cette maison. Après ce que nous venons d'entendre, un petit appartement à Lime Pond ne me paraît plus sans attrait.

— D'accord, dit Colombe, mais comment ? Qui, de nos jours, va vouloir acheter une grande vieille baraque comme celle-ci ? Rien que les dépenses de chauffage ont de quoi effrayer quiconque envisagerait la chose.

Fleur ne la contredit pas, se bornant à déclarer :

— Nous allons nous dessaisir de tout ce que nous pourrons afin que l'argent ainsi récolté nous permette de vivre jusqu'à ce que nous ayons trouvé un acquéreur pour la maison.

Colombe promena autour d'elle un regard désespéré :

— C'est que nous n'avons plus grand-chose de valeur...

*
* *

Le lendemain matin, en prenant leur petit déjeuner, elles décidèrent de contacter sans délai un autre antiquaire de Willoughby et de lui vendre tout ce qu'elles pourraient, avant que les deux monstres ne reviennent de Nouvelle-Angleterre. Après avoir débarrassé la table, Colombe alla dans le bureau où elle trouva sa sœur assise, un porte-plume à la main.

— Tu écris à un marchand ?

— Pas exactement, non.

Colombe la rejoignit et lut par-dessus son épaule. En utilisant le porte-plume de leur père, Fleur écrivait laborieusement sur une feuille de papier aux bords jaunis par le temps. « *Mes bien chères filles, vu que je n'ai jamais eu aucune confiance dans les banques, vous trouverez après ma mort, cachés dans la vieille horloge...* »

Hard Cash

Traduction de Maurice B. Endrèbe

BON VOISINAGE

par Mike Owens

De son abri de jardin, près du tas de compost, Ruth entendait le sinistre crissement mécanique s'accélérer. Le bois vivant se cabrait, dans un effort pour rester droit, debout, et résister à l'implacable morsure des dents d'acier. Elle ressentit presque jusqu'au tréfonds d'elle-même la chute du grand cèdre, tandis qu'il plongeait, balayant l'air, et s'écrasait avec fracas ; tout son être en fut ébranlé. Le silence s'installa, emplissant le grand vide qu'avait créé l'arrêt brutal des scies.

Ruth planta sa pelle dans le tendre terreau et l'y abandonna. À contrecœur, elle contourna la maison. Le terrain voisin était coupé en deux par l'imposante masse du cèdre mort. De part et d'autre, silencieux, les hommes semblaient figés. Puis l'un d'eux dit quelque chose. Elle vit les autres sourire.

Elle avait envie de foncer, de faire violemment irruption au milieu d'eux. C'était *mon* arbre ! hurlait-elle, dans un accès de rage imaginaire. Au lieu de quoi, elle resta immobile, les mains pendant lamentablement le long de son corps. Ils s'en moqueraient pas mal, ces êtres frustes et grossiers. Ils verraient simplement une vieille femme toute tremblotante, un peu ridicule ; elle les ferait rire. Alors, elle s'en retourna, plaçant la maison entre elle et l'arbre assassiné.

De l'autre côté de la clôture, au-delà du tas de compost, Vera Frye, écartant les rideaux de sa fenêtre, glissa un regard et fixa le ciel vide au-dessus de la maison de Ruth. Ses lèvres dodues formèrent une moue accentuée, signe de surprise ; elle s'attendait à être remarquée.

Ruth prétendit ne pas la voir. Toutes ces longues années passées avec l'arbre d'un côté et Vera de l'autre ! Elle aurait préféré perdre Vera.

Cette nuit-là, Ruth rêva du cèdre en train de basculer. Blottie dans son lit, elle croyait entendre l'immense soupir que semblait pousser le conifère en déchirant l'air. Ce soupir l'enveloppait en quelque sorte, elle et ses parterres de fleurs. Roses, rhododendrons, et Ruth, tous comme douillettement enfouis en plein cœur du grand cèdre.

Le terrain dénudé demeura vide si longtemps que Ruth finit par s'y accoutumer. Néanmoins, elle avait tenu à déplacer la table de la cuisine, si bien que son regard portait sur l'arrière. Ainsi, elle n'avait pas dû passer ce long hiver humide à contempler un paysage désolé.

En cet instant, assise à cette table, elle faisait des projets pour ses parterres. Elle sentait venir la nouvelle saison en dépit de cette pluie fine qui persistait à tomber d'un ciel gris. Percevant du coin de l'œil un certain mouvement, elle leva la tête et vit Vera qui approchait de la porte de derrière. Sans chapeau, comme d'habitude, et portant seulement ce mince manteau de laine.

Femme râblée, recouverte d'une appréciable couche de graisse, Vera fendait la pluie tel un navire plein d'allant. Ruth était toujours sidérée de voir un être si falot, si terne, se déplacer dans l'existence avec une aussi robuste vitalité. Elle se leva pour la faire entrer.

— Eh bien, on va finalement s'y mettre, dit Vera en passant la porte.

— Se mettre à quoi ?

Vera suspendit son paletot à la patère près de la porte et s'installa à la table.

— Ce terrain vacant. On va y construire, annonça-t-elle, tandis qu'une déplaisante odeur de lainage humide emplissait la cuisine.

Ruth mit la bouilloire à chauffer pour le thé, et envisagea, non pour la première fois, de donner à Vera son vieux poncho ; mais, une fois de plus, elle décida d'y renoncer. Vera serait contrariée d'avoir à se montrer reconnaissante. Tout de même, la cuisine eût été ainsi débarrassée de cette odeur de laine mouillée.

— Je me demande pourquoi on a attendu si longtemps, dit-elle, quasi à elle-même.

— Ma foi, il fallait attendre que le bois sèche.

Ruth soupira et porta son attention sur la bouilloire. Vera disait rarement les choses de façon explicite. Elle dosa le thé dans la théière.

— Quel bois ? demanda-t-elle enfin.

— Celui de l'arbre ! De ce grand vieux cèdre.

Ruth s'arrêta net de verser l'eau bouillante dans la théière.

— Ruth ?

La voix de Vera la ramena à la réalité et elle acheva de verser.

— Ma foi, dit Vera après sa première gorgée, ce sera agréable de voir une maison sur ce terrain, comme il convient. Ça n'est pas beau pour le moment.

Ruth fit remarquer que, de sa maison à elle, Vera ne pouvait pas le voir, ce terrain.

— Oh, ma chère, c'est à vous que je pensais. (Le visage de Vera prit une expression de délicate sollicitude). Cela a dû être terrible pour vous d'avoir ça sous les yeux, comme une vilaine cicatrice, juste devant votre fenêtre. Et rien que vos parterres pour vous consoler.

L'annonce de Vera se vérifia. Avant la fin de la semaine, une intense activité se déploya sur le terrain. À mesure que le temps passait, la blessure de Ruth en plein cœur s'était peu à peu refermée, et à présent *son* arbre allait être « rassemblé ». Somme toute, il occuperait de nouveau l'espace à côté de chez elle.

Au cours de la construction, elle fit la connaissance des propriétaires.

— Un couple tout à fait charmant, déclara-t-elle à Vera. Les Lowells.

Début août, l'ouvrage était terminé, et les propriétaires emménagèrent. Tout au long du mois, ils s'appliquèrent à faire de leur maison une demeure, un « home », tandis que Ruth ne cessait de s'occuper d'eux, veillant à ce qu'ils prennent leurs repas avec elle quand ils semblaient submergés par la tâche.

Les Lowells furent enfin prêts à rendre la pareille.

— Vous serez la première, dit Nancy à Ruth, en faible retour de toute l'aide que vous nous avez apportée.

L'heure fixée approchant, Ruth se sentait si excitée que ses mains tremblaient. Elle se contempla dans la glace. Ses yeux étincelaient. Une dernière fois, soigneusement, elle tapota sa coiffure.

Au moment de frapper à la porte des Lowells, son cœur battait si fort qu'elle pouvait à peine respirer. Elle donna deux petits coups nets et puis plaqua amoureusement sa main contre le bois de la porte. C'était son *arbre* !

La porte s'ouvrit et Ruth ôta vivement sa main. Elle crut d'abord que son comportement « avide » était flagrant, mais Nancy la fit entrer aussitôt, sans la moindre hésitation. Elle n'avait rien vu.

Plus tard, tenant un verre, Ruth eut un ample geste de l'autre main, englobant toute la maison.

— C'est tout simplement merveilleux, dit-elle.

Réjouie, Nancy se pencha pour saisir la main de David.

— Nous aussi, ça nous plaît beaucoup. C'est exactement ce que nous avons toujours désiré.

Ils échangèrent un long regard et se sourirent.

Ils ne l'avaient pas bien comprise. Certes, la maison était belle ; mais il y avait plus que cela.

— On m'a dit que tout ceci provenait d'un seul arbre, dit Ruth.

— Ma foi, dit David, nous avons dû en rajouter un peu. Mais l'essentiel vient de ce vieux cèdre.

— On s'est senti tellement coupable, dit Nancy, tout en disposant les amuse-gueule et incitant Ruth à en prendre. Il devait être là depuis des éternités, ce bon géant. Je suis si contente que nous ayons pu l'utiliser. (Elle se leva et alla jeter un coup d'œil à la fenêtre.) Ils sont ravissants, vos parterres, Ruth. Il faudra que vous me donniez quelques indications pour m'apprendre à meubler le paysage.

Elle corrigea un pli du rideau et revint s'asseoir auprès de David.

— Mon Dieu, dit Ruth, déposant son verre sur la petite table à côté de son fauteuil, je me dois de vous remercier, et quelques tuyaux de jardinage pourraient être une manière de le faire.

— Nous remercier de quoi ? demanda Nancy.

— Voilà cinquante ans que je vis ici. Tout au long de ces années, j'ai eu ce grand cèdre auprès de moi. (Elle surprit un regard de David à Nancy : il pensait que Ruth allait se plaindre.) Il était là quand mon mari est mort. (Elle marqua une pause, se souvenant de la réconfortante présence de l'arbre au cours de cette affreuse période.) Je n'aurais jamais pensé qu'il m'arriverait d'être *à l'in-*

térieur de mon arbre. C'est pourquoi je dois vous remercier.

Nancy, soulagée, se tourna vers David.

— C'est une chance que nous ayons pris cette décision pour l'arbre, non ? Quelqu'un d'autre aurait pu simplement en faire des bûches pour le feu. (Elle se retourna vers Ruth.) Oh, vraiment, j'en suis bien contente pour vous !

Ruth l'entendait à peine. Son attention était retenue par le mur vierge au fond de la pièce. La voyant intriguée, Nancy s'empressa d'expliquer qu'ils avaient encore un peu de pain sur la planche avant d'en avoir terminé avec la décoration.

Ruth l'interrompit.

— Voulez-vous m'excuser un moment ? demanda-t-elle.

Elle se leva et abaissa les yeux sur le couple déconcerté ; mais elle voyait encore en esprit le mur vide. Éludant d'un geste toute question, elle se dirigea vers la porte.

— Je vous en prie, restez où vous êtes. Je n'en ai que pour une minute.

Une fois chez elle, elle décrocha l'ouvrage de tapisserie, encadré, pendu au mur de son living-room. C'était la copie d'une pièce de musée, mais le nom de Ruth y figurait. Elle avait mis près d'une année à la réaliser, cette tapisserie à l'aiguille.

Elle se hâta de repartir, étreignant le précieux ouvrage.

— Tenez ! dit-elle, en le tendant au couple. Comme cadeau pour la pendaison de crémaillère. À mettre sur votre mur.

Nancy le prit des mains de Ruth.

— Oh, Ruth ! fit-elle. C'est ravissant ! Mais gardez-le, voyons, c'est à vous. (Elle se pencha pour regarder de plus près.) Ça a dû vous demander *des mois*, un pareil ouvrage !

Toute fière, Ruth reprit place dans son fauteuil.

— En effet, dit-elle. Et il est à vous. Je refuse de le reprendre.

Nancy alla appliquer la tapisserie contre le mur.

— Elle sera accrochée dès demain matin, dit-elle, et quoi que nous décidions pour ce mur, elle sera au centre.

Au cours du dîner, Ruth apprit que les Lowells avaient quitté un appartement situé au cœur de la ville.

— C'est la première fois que nous avons une véritable maison, dit Nancy. Une maison avec de la terre autour. C'est pourquoi il faudra que vous me donniez des leçons de jardinage.

Ruth sourit, d'un air absent. Une pensée la tenaillait. Elle se sentait une forte envie d'habiter dans cette maison, dans son cèdre.

Plus tard, au creux de son lit douillet, Ruth se reprocha d'avoir eu cette coupable pensée pendant le repas. Ce n'était pas bien de convoiter. Peu à peu, elle glissa dans le sommeil ; là-bas, sa tapisserie montait la garde.

— Alors, Ruth, dit Vera, faisant claquer la nappe à fleurs avant d'en recouvrir la table en bois, sur la plateforme, à l'extérieur. Comment ça s'est passé, ce dîner avec les nouveaux voisins ?

Ruth, qu'encombraient l'argenterie et l'assiette à gâteaux, écarta du coude la porte à glissière.

— Pas mal, agréablement, dit-elle en déposant sa charge au milieu de la table.

Vera rentra chercher le restant du nécessaire pour le thé. Elle revint avec la théière et les tasses.

— Ils ont *l'air* de gens bien, dit-elle. (Elle remplit les tasses.) Et c'est certainement très gentil à vous de leur avoir donné cette tapisserie que j'ai toujours tant admirée.

Ruth décida d'ignorer le ton acidulé et avala deux petites gorgées du brûlant liquide.

— Nerveuse, énonça-t-elle, de l'air d'une personne qui vient de trouver la réponse à une embarrassante question.

— Quoi ?

— Nancy semblait nerveuse. (Ruth mordit dans un gâteau.) J'ai senti ça, tout le temps.

— Ma foi, c'est assez naturel, dit Vera. Elle recevait une nouvelle voisine.

— Non, c'était plus que ça. Elle était nerveuse. Et son mari... voyageur de commerce, à ce qu'il dit. Mais il ne voyage pas.

Ruth se pencha en travers de la table, comme pour se confier en secret.

— Il rentre tous les soirs. Les voyageurs de commerce sont censés s'absenter pendant des semaines. Enfin, c'est vrai, n'est-ce pas ?

Elle se renfonça dans son fauteuil, étudiant l'effet de ses paroles sur Vera. À sa déconvenue le résultat se révéla faible.

Elle poursuivit, pensant à haute voix :

— Ils habitaient en ville avant de s'installer ici. Elle est nerveuse, et lui n'est pas ce qu'il dit. (Elle fixa Vera en agitant sa tasse.) Peut-être que ce sont des trafiquants.

Vera s'esclaffa.

— Vraiment, Ruth !

— Non, pensez-y, Vera. On parle beaucoup des trafiquants de drogue ces temps-ci. Et il s'agit toujours de personnes jeunes ayant un confortable appartement en ville ou habitant une maison convenable dans un faubourg résidentiel.

Riant toujours, Vera secoua la tête.

— C'est une hypothèse, Vera, jappa Ruth. Un point c'est tout. C'est quelque chose qui *pourrait* être vrai !

Vera, réalisant qu'elle avait pu légèrement dépasser la mesure, s'empressa d'acquiescer.

— Oh, mais oui, Ruth, je n'ai jamais dit que ce

n'était pas possible, mais simplement que ça me paraissait assez improbable. Ce sont des gens si comme il faut et tout et tout.

Satisfaite, Ruth, repensant à la maison des Lowells, se dit que s'ils *étaient* des trafiquants de drogue, ils finiraient par se faire prendre et seraient envoyés en prison ; elle pourrait alors acheter la maison.

Refermant la porte derrière le dos de David, qui s'en allait, Ruth, pensive, mesurait à quel point l'on pouvait se tromper. Nancy avait été agressée, avait-il dit.

— Cela fait plus d'un an, mais elle est encore traumatisée. C'est pour ça que nous avons déménagé ici.

Il lui demanda de bien vouloir surveiller leur maison dans la mesure du possible.

— La saison va battre son plein et je vais m'absenter beaucoup plus. Je suis désolé d'avoir à vous imposer pareille corvée, Ruth. Mais je me sentirais tellement soulagé en sachant que quelqu'un veille sur Nancy quand je ne suis pas là.

Ruth consentit volontiers à ouvrir l'œil. Elle estimait que c'était le moins qu'elle pût faire, compte tenu des pensées fort peu charitables qu'elle avait nourries à l'égard de ses nouveaux voisins. Cet après-midi-là, voyant David prendre congé et partir, elle alla mettre un mot à leur porte, invitant Nancy à dîner.

Nancy plia sa serviette et la déposa à côté de son assiette.

— C'était délicieux, Ruth. Vraiment excellent. (Elle observa un bref instant de silence, contemplant la mine réjouie de Ruth.) David vous a demandé de veiller sur moi, n'est-ce pas ?

— Je me suis bêtement trahie, dit Ruth. Oui, David me l'a demandé. Mais j'étais censée faire ça très discrètement.

— Aucune importance, Ruth. En vérité, après ce qui est arrivé, j'apprécie assez d'avoir une voisine pleine d'attention.

— Pourriez-vous m'en parler, si ça ne vous est pas trop pénible ?

— Oh, non, pas du tout. (Nancy décrivit à Ruth l'agression.) La police a dit qu'il a dû se servir d'un démonte-pneu. J'ai lancé les bras en l'air pour protéger ma tête. Sinon je serais morte. (Elle étendit les bras, révélant les cicatrices.) Comme vous voyez, il m'a brisé les deux poignets.

Ruth en frémit.

— Pas étonnant que vous ayez voulu quitter la ville, dit-elle.

— C'est une décision de David, en fait. Je suis citadine, née et élevée en ville. Mais je commence à croire qu'il a eu raison. J'aime ce calme, et je me sens ici en sécurité.

Elles restèrent un moment sans rien dire, puis Ruth se leva pour débarrasser la table. Nancy l'aida, et tandis qu'elles étaient toutes deux à la cuisine, Ruth demanda si on avait attrapé l'agresseur.

— Non, dit Nancy. Je n'ai jamais vu sa figure. Tout ce que j'ai pu fournir à la police, c'est une description de ses vêtements. (Elle eut un léger tremblement.) Il portait une cape et un chapeau à large bord.

Trois nuits plus tard, Ruth, assise dans sa cuisine, essayait de reprendre haleine. Elle avait failli se faire surprendre ! Elle tremblait de peur et d'affolement. La pluie crépitait sur le toit. Des gouttes tombaient de son poncho sur le sol.

Elle ne savait pas ce qui l'avait réveillée. La pluie, sans doute. Une lumière brillait dans la maison d'à côté, une seule. Elle regarda l'heure ; trois heures du matin.

C'était peut-être ça qui l'avait alertée ; David absent ; un bruit venu d'à côté ; Nancy dans les ennuis, peut-être.

Elle avait enfilé son poncho, mis le chapeau pour la pluie, et s'était hâtée, en pataugeant quelque peu, jusqu'à la porte vitrée à l'arrière de la maison des Lowells. Elle put voir Nancy, assise dans sa cuisine, en train de lire. Soulagée de constater que rien de fâcheux n'était survenu, Ruth avait frappé doucement à la vitre. Nancy, sursautant, avait levé la tête et hurlé.

Sa respiration étant revenue à la normale, Ruth se leva et se regarda dans la glace.

— Je devrais retourner là-bas et m'expliquer, pensa-t-elle, fugacement, en ôtant son chapeau à large bord. Je n'aurais pas dû me sauver. Pourquoi ne suis-je pas restée tout bonnement jusqu'à ce que Nancy puisse me reconnaître ?

Elle se débarrassa du poncho et secoua la tête ; pour l'heure, mieux valait laisser tomber. Elle les inviterait à dîner et trouverait bien un biais pour s'expliquer.

— Ça n'était rien, sans doute. (La voix de Nancy était un peu heurtée.) Mais, sur le coup, ça paraissait pareil.

Ruth lui passa la salade.

— Vous auriez dû m'*appeler.* (Elle adressa comme un regard d'excuse à David et poursuivit :) Après tout, je suis censée veiller sur vous.

— Oh, Ruth, ce n'est pas votre faute.

— Ma foi, dit David, je ne pense pas qu'il puisse s'agir du même individu. (Il tapota le bras de son épouse.) Mais j'ai tenu à avertir la police.

— Ce n'était probablement rien du tout, répéta Nancy.

Ruth avait projeté de s'expliquer, mais le bon moment ne s'était pas présenté. Et puis, n'est-ce pas, David avait averti la police.

Ruth, profitant de ce dimanche singulièrement chaud pour la saison, incorporait un peu de compost à ses parterres. Nancy, une tasse de café à la main, vint la regarder opérer. Vera, qui s'affairait dans son propre jardin, déposa son râteau et les rejoignit.

— On ne l'a pas encore attrapé, ce rôdeur ? s'enquit-elle.

Nancy secoua la tête et sourit.

— Non. Non, on ne l'a pas attrapé. (Elle but une petite gorgée de café.) Si ça se trouve, il n'y a personne à attraper ; simple tour de mon imagination, si tôt le matin dans une maison vide.

Vera eut comme un frisson.

— J'espère que vous avez raison, dit-elle. Ça ne me plaît pas du tout d'imaginer quelqu'un en train de fureter dans les parages.

Quand Vera fut retournée à son jardinage, Nancy confia à Ruth que David lui avait acheté un pistolet.

— Ce n'était guère nécessaire, dit-elle. Mais ça le rassure.

— Oh, mon Dieu ! fit Ruth, pensant qu'il ne serait pas du tout indiqué d'aller jeter un œil aux fenêtres des Lowells ; on risque d'être prise pour n'importe qui. Mon Dieu !

— Oui, je sais, dit Nancy.

— Je me fais du souci pour elle, Vera. Elle a reçu un tel choc.

Vera, qui cousait, leva les yeux de son ouvrage.

— Je croyais que c'étaient des trafiquants, Ruth. Pourquoi tant vous tracasser pour des fourgueurs de drogue ?

— Pas de ces balivernes, Vera ! jappa Ruth. C'est stupide ! (Elle se redressa, courroucée, dans son fauteuil.) Je vous parle d'une pauvre jeune femme, toute fragile, plongée dans les ennuis, et vous me servez ces balivernes !

Déconfite, Vera se hâta de se défendre.

— Oh, Ruth, je suis navrée. Non, vraiment. Je n'ai pas voulu paraître insensible.

(Elle posa son ouvrage sur la table) — Je me fais aussi du souci pour elle, Ruth. La pauvre enfant ! (Elle observa comme un temps de réflexion). Évidemment, je ne la connais pas autant que vous.

Ruth avait eu l'intention de parler à Vera du pistolet. Mais c'était un peu embarrassant, d'abord parce que Ruth était responsable de la présence de cette arme. Et puis, au fond, ce n'était pas nécessaire. L'important, c'était le futur bien-être de Nancy.

— Il faut qu'on l'aide, Vera ; elle en a besoin.

— Bien sûr, Ruth. Bien sûr.

La chaleur hors de saison avait fait place à un temps froid et humide. La gorge atteinte, Ruth redoutait une angine. À côté, la maison paraissait vide ; pas assez avancée, la journée, pour que quelqu'un fût là. Elle se fit une tasse de thé et s'assit dans sa cuisine, bien emmitouflée dans sa robe de chambre. Tout en sirotant son thé, elle gardait l'œil sur la maison.

Elle vit Nancy rentrer. Des lumières s'allumèrent, apportant une note de gaieté dans l'atmosphère humide et grise. Le jour baissant encore, d'autres lumières se déclenchèrent, l'une après l'autre ; bientôt, tout le rez-de-chaussée fut illuminé. Depuis la frayeur de Nancy, cela se répétait ; un vrai rituel — informant Ruth que David était absent.

En reposant sa tasse sur la soucoupe, elle s'aperçut dans la glace. Son image l'alarma. Ses yeux brillaient de fièvre, et sur son visage la peau était tendue, faisant saillir les os.

Il se mit à pleuvoir plus fort. Du centre de la pièce obscure, elle contempla longuement les lumières en face d'elle. Elle se représentait Nancy se sentant en sécurité toute entourée de lumière au sein de cette maison en partie construite avec l'arbre de Ruth.

Sa gorge devenait de plus en plus enflammée, et elle se sentait à présent vraiment fiévreuse. Elle alla transformer en lit le divan, pour être à portée du téléphone. Elle voulait être immédiatement disponible, au cas où Nancy aurait besoin d'elle. Certes, elle était mal en point, mais quand même, il lui fallait veiller sur Nancy en l'absence de David ; être prête.

Longtemps après, elle se réveilla. La pluie tambourinait sur le toit. Elle se retourna sur sa couche. À côté, c'était toujours allumé. Elle regarda l'heure ; deux heures du matin. Le vent fit battre un volet mal fixé.

Regardant à nouveau, il lui sembla que quelque chose bougeait dehors dans l'ombre. Elle n'en était pas sûre. Peut-être un effet du vent. Sa gorge lui faisait mal. Elle frissonna. Elle attraperait la mort si elle se risquait à sortir.

Elle téléphona à Vera, qui répondit à la quatrième sonnerie.

— J'ai besoin de votre aide, croassa Ruth.

— Ruth ? Savez-vous bien l'heure qu'il est ? Ruth !

Ruth répliqua aussitôt, mordant presque sur la voix criarde.

— Venez, Vera, venez. Il faut que vous m'aidiez ! (Elle raccrocha, supprimant ainsi les protestations.)

Vera arriva, tenant son manteau au-dessus de sa tête. Elle le laissa choir sur la plate-forme avant de pénétrer dans la maison.

— Ruth ? Ruth, je suis là.

— Par ici, émit Ruth péniblement, d'une voix rauque. Dans le living-room.

— Bon, laissez-moi d'abord allumer.

— Non, n'allumez pas ! Venez jusqu'ici, Vera.

Vera s'orienta sur la lumière émanant de la pièce à côté et trouva Ruth étendue, les couvertures remontées autour de son cou.

— Oh, Vera, dit Ruth. Dieu soit loué, vous êtes venue. (Elle sortit une main de sous les couvertures. Vera la saisit.) Vous êtes bonne, une véritable amie.

— Que se passe-t-il ?

Vera chevrotait presque, gagnée par l'émotion de Ruth.

D'un mouvement de tête, Ruth indiqua la fenêtre.

— Là-bas, dit-elle. Il y a quelque chose qui ne va pas, et je suis trop mal fichue pour aller voir. Les lumières sont allumées. À une heure pareille ! (Elle étreignit la main de Vera). Je vous en prie, Vera. Allez-y, pour moi.

Vera l'étreignit en retour.

— Ne vous tourmentez pas, Ruth. Je suis sûre qu'il n'y a rien de fâcheux.

— De nous deux, vous avez toujours été la plus forte, Vera.

Ruth vit la poitrine de Vera se gonfler et sa tête se lever sur une nuque un peu raidie.

— Bon, très bien, Ruth. (Elle lui tapota la main.) Je vais y faire un saut et jeter un coup d'œil.

Ruth se redressa sur un coude.

— Prenez mon poncho, dit-elle. Votre manteau est tout trempé. Et prenez ce chapeau sur la patère.

Elle entendit la porte de derrière s'ouvrir, laissant s'engouffrer le bruit du sale temps.

— Vera ?

— Oui ?

— Frappez sur la porte vitrée, derrière. Comme ça, Nancy pourra voir qui c'est.

— Très bien, Ruth.

— Au revoir, Vera.

— Je reviens tout de suite, Ruth.

Ruth entendit la porte se refermer. Le fracas du mauvais temps sembla quand même continuer ; et puis elle réalisa que c'était son cœur qui battait à grands coups. Elle retint sa respiration, tendant l'oreille, guettant le retour de Vera.

Elle entendit un grand cri, des coups de feu, et un bruit de verre brisé.

Elle se retourna contre le mur.

— Il faisait un tel vacarme dehors, marmonna-t-elle. Avec ce vent et cette pluie, je n'ai rien pu entendre. J'étais malade.

Elle s'enfouit profondément sous les couvertures.

Vera Frye ? Mon Dieu ! Qu'allait-elle faire dehors et par ce temps ?

Elle s'endormit.

Le chef d'accusation fut homicide. À coup sûr, le « rôdeur » auparavant signalé avait été Mrs Frye. Les gens âgés qui vivent seuls peuvent être sujets à des troubles mentaux, estima le juge. Aucune condamnation ne fut prononcée.

Les Lowells confièrent à un agent immobilier le soin de mettre en vente la maison et déménagèrent. Ruth alla trouver cet agent et lui proposa d'échanger sa maison contre celle d'à-côté, faisant valoir que sa maison, avec ses superbes parterres de fleurs, était de loin la plus intéressante à vendre.

Elle commença de s'installer dès que le marché fut conclu. Cette tractation avait pu s'opérer sans qu'elle eût à revoir Nancy. Ruth en remerciait le Ciel, sachant à quel point, en face d'elle, Nancy se serait sentie coupable d'avoir tué la meilleure amie de Ruth.

La tapisserie à l'aiguille trônait sur le mur du living-room. Qu'elle fût toujours là, voilà qui semblait être dans l'ordre des choses.

Roses, Rhododendrons, and Ruth
Traduction de Philippe Kellerson

UNE MAISON À PROBLÈMES

par JUDITH L. POST

— Hé, mon petit ! Nous attendons !

Loretta Lapley regarda la femme à cheveux blancs assise au fond du bureau, dans l'espoir qu'elle s'occupe de ces clients, mais Maude Morell eut une moue expressive pour l'encourager à s'en charger. Elle en avait pardessus la tête de ces nouveaux riches qui s'imaginaient pouvoir débarquer dans une petite ville pour y tout régenter.

— Écoutez, mon petit, nous voulons acheter cette maison. Combien en demandez-vous ?

L'homme avait plaqué sur le comptoir la brochure illustrée de l'agence et indiquait la photo d'une maison victorienne en triste état. Il était en compagnie d'une femme entre trente et quarante ans.

Ayant repéré la photo, Loretta se tourna vers la directrice :

— Maude, il s'agit de la propriété Terrance.

— C'est en très mauvais état, expliqua Maude depuis son bureau. Nous vous conseillons vivement de vous reporter sur quelque chose d'autre.

Ayant dit, elle se remit à écrire.

— Mais c'est pour cette maison que je viens et c'est elle que je veux acheter ! insista le client en foudroyant

Maude du regard. Remuez-vous un peu et préparez l'acte de vente !

Les yeux noirs de Maude Morrell étincelèrent et, au lieu de « se remuer », elle dit :

— Loretta, pourquoi n'expliquez-vous pas à ce monsieur les problèmes que pose cette maison ?

— Elle est vraiment en très, *très* mauvais état... commença la jeune fille.

Le client irascible ne la laissa pas poursuivre :

— Ça, n'importe quel idiot s'en rend compte sur la photo. Vous ne pouviez en donner pire image ! Le porche s'affaissait du côté droit, la plupart des volets étaient plus ou moins disloqués et, tout rouillé, un balcon de l'étage penchait de façon inquiétante.

— Il y a un autre problème...

De nouveau, Loretta fut interrompue :

— Ouais, vous allez me raconter qu'un vieux bonhomme comme moi s'y est pendu à une poutre du salon plutôt que d'endurer son cancer et que maintenant tout le monde croit la maison hantée. Le dernier propriétaire n'y est pas resté plus de deux mois, chassé par les fantômes !

Désemparée, Loretta se rabattit sur la femme :

— Nous avons d'autres vieilles demeures en parfaite condition que nous pouvons vous faire visiter. Je sais que beaucoup de gens ne croient pas aux fantômes, mais il est indubitable que de très étranges choses se sont produites à Terrance House. Nous pouvons sûrement trouver une autre propriété ayant tout pour plaire à votre père.

La femme eut un petit sourire :

— Mon mari et moi nous intéressons au surnaturel, et Terrance House nous attire pour les raisons mêmes qui feraient fuir d'autres clients.

Loretta s'empourpra :

— Oh ! je suis désolée... Veuillez m'excuser...

— Aucune importance, mon petit ! Cela nous arrive continuellement ! J'ai eu la malchance de tomber amoureuse d'un homme plus âgé... (Elle sourit) beaucoup plus âgé que moi.

Farley eut un hochement de tête approbateur :

— Aucune femme n'avait pu me prendre dans ses griffes jusqu'à ce que je rencontre Élizabeth. Elle sait tout ce qu'on peut savoir sur les phénomènes surnaturels et ce sont des choses qui me passionnent. (Il eut un gloussement.) À mon âge, c'est ça qui m'a séduit chez elle, encore qu'elle ne soit pas trop mal roulée.

Loretta balbutia quelque chose d'incompréhensible, faute de savoir quoi dire. Élisabeth Hansom était une femme particulièrement séduisante, avec ses beaux cheveux auburn et ses grands yeux gris, s'ajoutant à une silhouette des plus élégantes.

— Cette maison nous fascine, expliqua-t-elle. Dès que nous l'avons vue en vente sur votre brochure, nous avons décidé de l'acheter.

À supposer que cela fût possible, ces paroles ajoutèrent au désarroi de Loretta qui, de nouveau, quêta l'appui de Maude, tout en disant :

— Mais vous n'avez pas conscience des dangers ?

— Nous ne sommes pas des poules mouillées comme le dernier propriétaire, rétorqua Farley. Et ce ne sont pas des fantômes qui nous chasseront de chez nous !

Maude Morrell se décida enfin à se lever de son bureau et Loretta fut bien aise de lui céder la place :

— Byron Sanders n'est aucunement une poule mouillée, dit Maude à Farley. Lui aussi avait eu le coup de foudre pour Terrance House ; aussi a-t-il essayé de continuer d'y habiter même après s'être rendu compte qu'il y avait la compagnie d'un fantôme.

— Mais qu'est-ce qui l'avait séduit d'emblée ? questionna Élisabeth, surprise, en détaillant la photo de la vieille demeure. Je veux dire : son aspect actuel n'a rien d'attirant.

— Les terres : deux hectares, un paysage splendide. Le précédent propriétaire...

— Celui qui s'est pendu ?

Maude opina :

— James Terrance avait la passion du jardinage. Il a planté des arbres et des buissons qu'on voit rarement dans nos régions et ils se sont épanouis. Quand Byron les a vus, ç'a été le coup de foudre. Et je dois vous dire que c'est un garçon débordant de force et d'énergie.

— Force et énergie ne sont pas synonymes de courage, glissa Farley.

Maude l'ignora et poursuivit :

— Comme Loretta vous l'a dit, cette maison a été le théâtre de choses très étranges...

Farley eut un gros rire :

— Je m'en doute !

— Au début, Byron a pris cela du bon côté. Il pensait que des tasses et des assiettes voltigeant autour de la salle à manger donnaient de l'originalité à une vieille maison. C'est seulement lorsqu'un gros tisonnier est venu le frapper au front, qu'il a commencé à trouver le fantôme inamical.

— Un esprit frappeur ! haleta Élisabeth. Lui est-il arrivé de se manifester en public ? Ou en la seule présence de Byron ?

— Un soir, j'étais à un cocktail chez Byron, intervint Loretta, et la salle de séjour était pleine de monde. Soudain, la grande jatte de punch est allée se déverser sur Byron. Une autre fois, c'est une fourchette qui l'a ainsi blessé à la gorge.

— Intéressant ! apprécia Élisabeth, les yeux brillants. Et jamais personne d'autre n'a été l'objet de pareilles attentions ?

Loretta secoua la tête :

— Uniquement Byron. Et les attaques se faisaient sans cesse plus violentes.

— Que voulez-vous dire ?

S'éclaircissant discrètement la gorge, Maude expliqua :

— Byron avait de plus en plus le sentiment que le fantôme cherchait à le posséder, se fondre en lui. Voyez-vous, James souffrait d'être mort si jeune...

— M. Terrance était jeune ? l'interrompit Élisabeth.

Maude sourit :

— Il disait n'avoir que soixante-trois ans et n'être donc pas disposé à quitter si tôt notre monde.

— Alors il cherchait à posséder Byron Sanders ?

— Byron en avait la conviction. Il se mit à avoir du mal à dormir dans la maison. Il se réveillait, trempé jusqu'aux os. Une nuit, il s'éveilla en sursaut, et vit James qui n'avait pas fini de sortir de lui. Ce fut la dernière nuit qu'il passa à Terrance House. Il bondit hors de son lit pour se réfugier en ville. Il n'a même pas voulu revenir empaqueter ses affaires. C'est Loretta et moi qui nous en sommes chargées.

— *Mer*-veilleux !

Élisabeth avait un carnet en main et y prenait quantité de notes.

Farley lui donna un coup de coude :

— Ça m'a tout l'air que nous en avons là un bien vivant, hein, Liz ?

Maude jugea cette formulation plutôt étrange, mais revint au sujet qui l'occupait en priorité :

— Terrance House pourrait s'avérer un lieu de séjour dangereux...

— Tout est donc pour le mieux, rétorqua Farley en riant et sortant un chéquier de sa poche. Nous la prenons.

— Non.

Il la regarda avec surprise :

— Non ?

— Ici, c'est mon agence et l'on y suit mes directives. Tout le monde. Même vous. Si vous êtes intéressé par cette maison, vous devez d'abord la visiter.

— Très juste. N'est-ce pas, Liz ? Allez, ma vieille, montrez-nous le chemin !

Maude laissa passer le « ma vieille », bien qu'elle fût certainement plus jeune que lui et en très bonne forme. Avec sa chevelure de neige et ses yeux sombres, elle faisait battre le cœur de plus d'un veuf. Alors ce vieux zèbre pouvait toujours s'aligner !

— D'accord, allons-y.

Elle les aiguilla vers une Jeep verte rangée le long du trottoir.

Lorsqu'ils eurent démarré, Maude dit :

— Je vais profiter du trajet pour vous donner quelques précisions. Terrance House est à une vingtaine de kilomètres de la ville. C'est au père de James Terrance que nous sommes redevables de cette propriété. James y est né et y est mort. C'est ce qu'il souhaitait. La maison comprend quatre chambres et une salle de bains au premier étage, plus un vaste studio au second. Au rez-de-chaussée, il y a un grand living et une salle à manger, tous deux avec cheminée à l'ancienne, ainsi qu'une très spacieuse cuisine comportant...

— Parions que je devine ! l'interrompit Farley. Une de ces hautes cheminées sous le manteau desquelles on peut s'asseoir ?

— Oui, après tout, c'est une maison de l'époque victorienne. Elle a aussi sa bonne part de tourelles, pignons etc., le tout en piteux état.

— Si ce James Terrance aimait tellement sa maison, pourquoi l'a-t-il laissée aller à l'abandon ?

Maude eut un haussement d'épaules :

— La famille de James était dans l'industrie du bâtiment, et dès qu'il a su tenir un marteau, on l'a mis au travail. Aussi, la retraite venue, la dernière chose qu'il souhaitait faire, c'était bien de se mettre à réparer sa propre maison.

— Et sa femme laissait faire ?

— James ne s'est jamais marié.

— Un célibataire invétéré, apprécia Élisabeth. Cela explique bien des choses.

— Byron Sanders, lui, avait entrepris d'effectuer des réparations pour meubler ses loisirs, remédiant notamment à la plomberie par l'installation d'une tuyauterie en cuivre, si bien que nombre de murs présentent des trous...

— ... sa *trou*-ille des fantômes l'ayant fait fuir avant qu'il ait fini ! s'esclaffa Farley.

Maude vira un peu trop sec dans l'allée de gravier menant à la maison :

— Vous n'hésitez pas à dire du mal de gens que vous n'avez jamais rencontrés, lança-t-elle à son passager.

— Il a décampé, non ? riposta l'autre.

— Ce n'est pas tout le monde qui trouve fascinant de devenir un possédé.

Elle s'arrêta devant le perron et coupa le contact.

— Pas très appétissant, hein ? fit-elle avec un geste en direction de la maison.

L'expression de Farley montrait que c'était bien aussi son avis, mais Élizabeth descendit vivement de la Jeep pour gagner la large terrasse qui précédait la façade.

— On jurerait une de ces maisons hantées qu'on voit dans les films d'épouvante ! Pour un peu, on croirait que c'est du décor !

Actionnant la fermeture à glissière de l'énorme sac qu'elle transportait, elle en sortit une boîte noire rectangulaire.

— Un éloigneur de fantômes, expliqua Farley.

Élizabeth attendit qu'ils l'aient rejointe avant de pénétrer dans le grand hall vide :

— En réalité, c'est un appareil pour mesurer les

radiations, dit-elle. Grâce à lui, nous saurons s'il y a un fantôme dans cette maison.

— Nous allons lui donner la chasse ! enchérit Farley.

— À condition qu'il nous laisse l'approcher suffisamment. S'il est timide — c'est le cas de certains fantômes — il demeurera caché jusqu'à ce qu'il trouve le courage de se manifester à nous.

Maude ne se rappelait aucune circonstance où James Terrance se soit montré timide. Réservé, oui, mais pas timide. Elle se dit que Farley et Élizabeth semblaient grandement sous-estimer la sournoise malice de l'hôte invisible. Mais ils s'en aviseraient le moment venu, et elle se bornait personnellement à faire le travail d'une directrice d'agence.

Les menant d'une pièce à l'autre, elle devait chaque fois attendre qu'Élizabeth ait orienté en tout sens sa boîte noire.

— Faites attention en montant ! recommanda-t-elle comme ils s'apprêtaient à gagner le premier étage.

La vieille rampe de chêne bougeait de façon inquiétante et les marches se plaignaient bruyamment.

— Lamentable ! commenta Farley.

— Il y a pire, lui assura Maude.

— Rien ne peut être pire que cette satanée cuisine ! dit Farley. Je n'avais pas vu un évier pareil depuis l'époque où ma grand-mère faisait sa lessive dans un cuveau en bois !

— Je vous avais prévenu, lui rappela Maude.

Ils s'immobilisèrent en un silence pétrifié lorsqu'ils atteignirent le palier où le papier mural pendait en grands lambeaux.

— Une fuite d'eau, expliqua Maude.

Le parquet gondolait en plusieurs endroits, et trois des chambres n'avaient pas été repeintes depuis au moins un quart de siècle.

— Un désastre ! grommela Farley.

Élizabeth n'y prêtait guère attention, les yeux rivés sur l'aiguille de son détecteur, tandis qu'elle passait d'une pièce à l'autre pour en faire lentement le tour. Comme elle entrait dans la dernière chambre à gauche, elle eut une exclamation :

— Ici, ça bouillonne d'énergie !

Farley et Maude la rejoignirent, détaillant les murs nus de la pièce sans meuble et un placard vide à la porte béante. Par l'étroite et haute fenêtre, Maude regarda le jardin de derrière avec les vestiges de ses parterres fleuris. Il ne subsistait là plus rien de James, hormis la vue qu'il aimait. Elle s'efforçait de le sentir présent tandis que l'aiguille d'Élizabeth s'agitait follement, mais elle n'y parvenait pas.

— Est-il là ou non ? voulut savoir Farley.

— Non, il y a un champ magnétique très puissant, mais je pense que cela vient sans doute de ce qu'il avait une prédilection pour cette pièce. Il devait y passer plus de temps que n'importe où ailleurs, mais je ne crois pas qu'il y soit en ce moment. Bien sûr, quand j'aurai mon autre équipement, je pourrai me montrer plus formelle...

Plongeant la main dans une de ses poches, Farley en extirpa son chéquier :

— Nous avons fait ce que vous vouliez : nous sommes venus ici avec vous et avons visité les lieux. À présent, pouvons-nous acheter cette maison ?

— Oh ! moi, je suis d'accord, répondit Maude. Je voulais seulement éviter qu'il y ait des problèmes ultérieurs.

— Par exemple ?

Elle exhala un soupir :

— Vous n'avez pas idée du nombre de gens qui, venant de la ville, sont convaincus qu'ils vont adorer le calme régnant dans ce bel environnement. Ils s'installent et sont très vite désemparés. Les choses les plus simples posent de terribles problèmes à qui a toujours vécu dans un appartement...

Farley chercha le regard d'Élizabeth, puis dit :

— Je sais me débrouiller avec des outils... Mais, bien sûr, les trucs qu'on peut avoir à réparer dans un appartement sont sans commune mesure avec... avec tout ça !

Maude hocha la tête :

— Et quand il vous faudra payer quelqu'un pour faire telle ou telle réparation, vous serez effaré par le prix qu'il vous demandera.

— Aucun problème en ce qui concerne l'argent, lui assura Farley. Je peux vous signer immédiatement un chèque pour l'achat de cette baraque et payer ensuite quelqu'un pour m'en apprendre les ficelles.

Maude eut un geste expressif :

— Si un riche citadin veut se vider les poches à mon profit, je n'y vois aucun inconvénient.

— Vous êtes une vieille coriace, non ? s'esclaffa son client.

— Je ne suis pas plus âgée que vous.

— Mais beaucoup plus avisée, hein ?

— C'est vous qui le dites, pas moi.

— Combien de temps pensez-vous que nous tiendrons ?

— Si je vous le dis, vous resterez quelques mois de plus, par pur entêtement.

— Vous m'avez mal jugé, ma bonne dame. Une fois que j'ai mordu dedans, rien ne peut me faire lâcher le morceau.

— James était comme ça. Il aimait se battre. S'il s'est pendu, je pense que c'est en grande partie parce qu'il ne voulait pas que le cancer ait le fin mot.

— Alors, il me tarde de rencontrer son fantôme, car nous sommes décidés à rester ici. (Farley ouvrit son carnet de chèques.) Allez, régularisons ça !

*
* *

Au cours des semaines qui suivirent, Maude ne revit Farley que de temps à autre et, chaque fois, son inquiétude augmentait. L'homme perdait rapidement du poids, sa jovialité bourrue faisait carrément place à de la mauvaise humeur. James avait été comme ça vers la fin : de la bouderie morose, il avait sombré dans la dépression.

— Alors, terminé le déménagement ? s'enquit-elle un jour qu'elle le rencontra chez le quincaillier du village. Tout est en place maintenant ?

— La seule chose qui soit en place, c'est le satané fourbi d'Élizabeth ! grommela-t-il. Nos meubles sont arrivés et des montagnes de caisses, mais elle n'a pratiquement rien déballé. Elle consacre tout son temps à ses recherches.

— Pour essayer de localiser James ?

— Oh ! non ! aucun problème de ce côté. James est toujours à proximité de nous. Liz dresse un diagramme de ses radiations, des moments où elles culminent ou bien sont au plus bas... Enfin des tas de trucs comme ça, pour voir s'il change à mesure que le temps passe.

— Et il change ? questionna Maude.

— Il devient impossible ! Il est fou de Liz, mais ne peut pas me souffrir. Et pour ne rien vous cacher...

Il hésita, puis lâcha d'un trait :

— Ma femme éprouve plus d'amour à l'égard d'un fantôme qu'envers moi.

Maude chercha à se montrer diplomate, mais ce qu'elle venait d'entendre était loin de lui plaire.

— C'est simplement qu'elle se passionne pour ces recherches.

— J'ai l'impression de n'être qu'une sorte d'appât. Elle est aux anges quand il me bombarde de fourchettes et de couteaux !

— Et a-t-il essayé de...

Maude ne pouvait dissimuler son inquiétude.

— Non, dit Farley en réponse à la question inachevée. James n'a sans doute aucune envie de se glisser dans un corps plus vieux que celui qu'il a quitté.

— Tout bien pesé, c'est de beaucoup préférable.

Farley eut une grimace sardonique :

— Oui : en toute chose, il y a un bon et un mauvais côté.

En le regardant s'éloigner, Maude décida d'aller sous peu faire un tour à Terrance House. Elle avait toujours eu pour règle de vérifier l'installation de ses clients, et tenait à revoir Farley avant que la situation n'ait empiré.

*

* *

Quand elle regagna l'agence cet après-midi-là, Maude alla directement à son bureau et décrocha le combiné du téléphone. Plus elle donnait de coups de fil et plus elle était soucieuse. Farley Lawford était un vieux monsieur très riche, ayant beaucoup plus d'argent que de bon sens. Quand Élizabeth Hansom fit sa connaissance, il lui fallut moins de cinq mois pour se faire conduire devant le maire. Presque aussitôt, ils se mirent à chercher la maison hantée de leurs rêves. Maude eut la nette impression qu'ils s'étaient mariés bien plus pour partager une aventure qu'une même existence.

Jamais encore son instinct n'avait trompé Maude et en ce moment il lui disait que Farley Lawford n'était qu'une sorte de vieil enfant. Maude en avait connu bien d'autres dans ce cas. D'ordinaire, les épouses les surveillent de près mais en l'occurrence Élizabeth se souciait plus du comportement d'un fantôme que de mettre à l'épreuve les ressorts du lit conjugal.

Farley n'avait pas exagéré. Les appareils de sa femme

étaient disposés un peu partout. Mais les meubles avaient été placés n'importe où et rien n'avait été entrepris pour redécorer la maison, ni même la rendre plus habitable.

— C'est tout simplement exceptionnel, dit Élizabeth à Maude en la conduisant vers la cuisine située à l'arrière de la maison. James est vraiment le fantôme idéal. Il est actif, a des opinions arrêtées, se montre capable d'affection. Mais il est très exclusif et lorsqu'il s'attache à quelqu'un, il refuse que quiconque vienne en tiers.

C'était bien toujours le même James que Maude avait connu.

— Se montre-t-il hospitalier ? demanda-t-elle. Ou bien a-t-il des mouvements d'humeur ?

Élizabeth rit :

— Oh ! je crains que James ne soit beaucoup plus un esprit frappeur qu'un fantôme familier, car il est toujours à mal faire.

Voilà qui ne correspondait plus du tout au James que Maude avait connu et aimé, un James qui abhorrait les réunions mondaines, mais se montrait toujours très civil quand il ne pouvait s'abstenir d'y paraître. Peut-être la mort modifiait-elle parfois la personnalité ? James ne tenait pas tellement à mourir. Il s'était suicidé parce qu'il trouvait que, vu sa maladie, Dieu faisait trop durer les choses.

— Voyez-vous souvent James ? questionna Maude.

— Tout le temps. Venez me donner un coup de main dans la cuisine, proposa Élizabeth. Peut-être se manifestera-t-il...

Et ce fut le cas. Alors qu'Élizabeth préparait le thé et disposait dans une assiette des petits gâteaux achetés chez l'épicier, tasses et cuillers se mirent à danser sur la desserte, comme dans un dessin animé de Walt Disney. Maude en fut d'abord toute saisie mais Élizabeth était rayonnante.

Après un moment, regardant autour d'elle, Maude demanda :

— James ? Tu es là ?

— Vous étiez de bons amis ? s'enquit Liz.

— De très bons amis.

Après la mort de Nate, quand Maude s'était retrouvée seule, James et elle passaient de plus en plus de temps ensemble. Dans une petite ville, il est difficile d'avoir des secrets, mais ils avaient réussi à ce que leur intimité ne s'ébruitât point.

— Quel genre d'homme était-ce ?

Comment Maude aurait-elle pu répondre à pareille question sans révéler ce qu'elle voulait taire ?

— Votre Farley me rappelle beaucoup James, finit-elle par dire. James était un brasseur d'affaires, avec beaucoup d'opinions arrêtées, mais un homme sympathique. Il avait un cœur d'or. Il déplaçait beaucoup d'air en apparence mais, au fond c'était une sorte de bon gros chat.

— C'est peut-être pour cette raison que je me sens tant d'affinités avec lui, opina Élizabeth.

Maude regarda autour d'elle en fronçant légèrement les sourcils :

— Vous n'avez encore pratiquement rien déballé. Comptez-vous vraiment rester ?

— Oh ! oui... Les choses ne vont pas tarder à se tasser et alors je m'occuperai de tout bien ranger. Je sais que cette situation désempare quelque peu Farley, mais je n'avais jamais pensé que je ferais une telle rencontre... qui dépasse de beaucoup tout ce dont peuvent rêver des chercheurs comme moi. Bientôt je vais reprendre contact avec le quotidien... Alors je laverai les verres, la vaisselle, les rangerai dans les placards, ferai tout ce qu'il faut pour que nous nous sentions bien ici.

Ses paroles sonnaient faux aux oreilles de Maude. Ce n'était qu'une impression, mais son instinct la trompait rarement. Elle acquiesça aimablement, tout en étant convaincue qu'Élizabeth lui bourrait le crâne. Mais elle était incapable de discerner la véritable raison.

*
* *

— Que savons-nous de Byron Sanders ? demanda Maude à Loretta quand elle regagna l'agence.

— Byron ? Il a eu le coup de foudre pour Terrance House...

— Quelle coïncidence, ne trouvez-vous pas ? l'interrompit Maude. Une maison si délabrée et ayant tant d'inconvénients !

Loretta eut une petite moue expressive :

— Figurez-vous que ça m'avait frappée, moi aussi. Je sais que les terres sont vastes et belles, mais Byron n'avait guère l'air d'un gentleman-farmer.

— En effet, approuva Maude. Que faisait-il avant de venir ici ?

— Je pense qu'il avait des occupations sur la Côte Ouest.

— En Californie ?

— À Hollywood, plus précisément. Il ne m'en a pas parlé, mais un jour que je me trouvais à Terrance House...

Elle marqua une hésitation, comme gênée ; Maude fit mine de ne rien remarquer. Si Loretta s'était entichée de ce séduisant nouveau venu, était-ce à elle de s'en formaliser ? La petite ne manquait pas de charme, loin de là, mais elle était trop sérieuse et timide... Alors si un Byron Sanders réussissait à la faire sortir de sa coquille, tant mieux !

— ...il a reçu un coup de téléphone, poursuivit Loretta. Et il a si vivement baissé le ton, que je n'ai pu me retenir de tendre l'oreille. Je n'y aurais pas prêté attention s'il n'avait eu ce réflexe instinctif. Quoi qu'il en soit, je suis à peu près certaine qu'on lui téléphonait de Californie.

Maude demeura pensive, pesant la chose avant de dire :

— Je me demande ce qu'il y trafiquait.

Loretta avait eu tout loisir de réfléchir à ce point :

— Je pense qu'il devait se débrouiller dans le cinéma.

— Comme acteur ?

— En coulisse, d'après ce que j'ai cru comprendre. Vous allez sans doute rechercher un peu ses antécédents ? ajouta-t-elle après un temps.

Maude la regarda, surprise. Loretta poursuivit :

— Je le ferais si j'étais vous. C'est quand même un peu trop fort comme coïncidence que, d'abord, Byron ait eu le coup de foudre pour une maison qu'il n'avait jamais vue, puis qu'Élizabeth Hansom ait éprouvé une attirance du même genre. Vous allez probablement vous renseigner aussi sur elle... Et puis, j'ai beaucoup repensé à Byron...

Elle hésita, cherchant ses mots :

— À l'époque, je crois qu'il avait comme un faible pour moi.

— Il semblait visiblement se plaire en votre compagnie, acquiesça Maude.

— Mais si l'on débarque dans une ville que l'on ne connaît pas, en souhaitant recueillir des renseignements dans le minimum de temps, qui est mieux à même de vous les fournir que la représentante d'une agence immobilière, vivant là depuis sa naissance ?

— Byron vous posait beaucoup de questions ?

— Ma foi, il opérait avec tant de souplesse que c'est difficile à dire... Mais il m'invitait très souvent chez lui, déclarant se sentir détendu en ma compagnie. Et pendant que nous passions une après-midi à élaborer un massif ou démolir un muret, nous bavardions. Or nous en arrivions toujours à parler de James. Je pensais alors que c'était parce qu'il vivait dans la maison de James et commençait à se demander si elle n'était pas hantée, mais maintenant je n'en suis plus aussi sûre.

— Vous croyez qu'il se servait de vous ?

— À présent, oui, je le crois.

Passant un bras autour des épaules de la jeune fille, Maude lui dit :

— N'allez pas vous mettre dans la tête que tout homme flirtant avec vous risque d'être un autre Byron !

Loretta esquissa une petite grimace triste :

— J'étais une proie facile... Il suffisait d'un peu de flatterie et d'attentions pour me conquérir.

— C'est parce que vous ne sortez jamais pour vous distraire, vous amuser. Les princes charmants ne viennent pas à domicile, comme dans les contes de fées. Mais sérions les problèmes, dit Maude en changeant de sujet. Il nous faut en apprendre davantage sur Byron et Élizabeth. Par où commencer ?

Le visage de Loretta s'éclaira :

— J'ai mon idée. Bien sûr, nous pouvons téléphoner ici et là, comme d'habitude, mais je me trouve avoir une amie qui travaille au siège de la police d'état à Glenview. Nous nous connaissons depuis le collège. Si je faisais un saut là-bas pour lui demander de me rendre un service ?

— Ça vaut d'être tenté. Prenez votre après-midi et voyez ce qu'elle pourra vous apprendre. Pendant ce temps, moi, je vais m'activer au téléphone.

*

* *

Quand Loretta revint dans la soirée, toutes deux arboraient un air satisfait.

— Vous d'abord, dit Maude.

— Byron Sanders travaille à Los Angeles, dans les « effets spéciaux ». Entre deux films, il a pris quelques semaines de congé pour « aller voir de la famille dans le Midwest ». Il n'avait aucune intention de s'installer ici. Il a employé ces quelques semaines à acheter Terrance House et convaincre tout le monde que la maison était hantée, puis il a filé.

— Bravo, Loretta ! s'exclama gaiement Maude. Maintenant, parlez-moi d'Élizabeth.

L'allégresse de la jeune fille s'atténua :

— Vous êtes déjà au courant.

— Il importe de confronter nos renseignements. Vous avez pu apprendre quelque chose que j'ignore.

Retrouvant son sourire, Loretta dit :

— Élizabeth était maquilleuse dans des studios d'Hollywood avant d'aller à New York où elle a suivi quelques cours de formation rapide concernant les phénomènes métapsychiques, et elle a fait la connaissance de Farley à une réunion de gens se passionnant pour l'Inconnu avec une majuscule.

— Après quoi, enchaîna Maude, elle se renseigna à fond sur lui afin de s'arranger pour présenter le maximum d'attraits à ses yeux. Mais comment pensez-vous qu'ils en sont venus à jeter leur dévolu sur Terrance House ?

— Avant tout, dit Loretta, parce que cette propriété était située dans le Midwest, où personne ne les connaîtrait. Ils pouvaient venir ici, y faire ce qu'ils voulaient, puis repartir comme fuyant le fantôme, sans que nul ne se soucie d'eux... Du moins, pas avant un très long temps.

— Oui... Ça me paraît se tenir. Mais pourquoi ici ?

— Parce que James a fait la « une » des journaux pour avoir légué tout son argent à la Ligue de Recherche contre le Cancer, et que la compagnic d'assurance n'a pas voulu payer, vu qu'il s'était suicidé.

— Même la presse nationale en a parlé ? s'enquit Maude.

— C'était une semaine creuse, m'a expliqué Dean quand nous sommes allés compulser les archives.

— Dean ?

— C'est le policier à qui Amanda m'a présentée, après m'avoir dit le trouver un peu trop timide.

— Bon, tout ce que nous avons appris me paraît fâcheux pour Farley. Qu'est-ce que votre Dean suggère ?

— C'est là que nous tombons sur un os, dit Loretta. Comme il ne s'est rien passé jusqu'à présent, la police ne peut intervenir d'aucune façon.

Maude demeura un moment à se mordiller pensivement la lèvre inférieure, puis déclara :

— Si la police n'est pas en mesure d'empêcher un crime d'être commis, nous pourrions peut-être nous montrer plus efficaces.

— Quel serait votre plan ?

Lorsque Maude le lui eut expliqué, Loretta eut un grand sourire et s'exclama :

— Banco !

Maude la considéra avec surprise. Elle n'aurait jamais cru Loretta capable d'autant de punch. Et pourtant elle l'avait connue pendant la majeure partie des vingt-trois ans que comptait maintenant la jeune fille. Elle dînait souvent chez ses parents et l'avait vue grandir ; mais ce côté de Loretta lui avait toujours échappé.

— Comment amener Farley à nous aider ? dit Loretta.

— Oh ! il nous aidera, lui assura Maude. Il ne voit pas plus loin que le bout de son nez, mais il a le nez long et saura comprendre de quoi il retourne.

*

* *

Quelques jours plus tard, Loretta appela Byron Sanders à Los Angeles.

— Byron ? Ici Loretta Lapley, de l'agence immobilière qui s'occupait de Terrance House...

— Oh ! oui, oui, Loretta... Ça me fait plaisir de vous entendre. Comment ça va là-bas ?

— Pas tellement bien, j'en ai peur, et c'est pour cela que je vous téléphone. Après votre départ, un couple a acheté la maison.

— Vous leur avez dit qu'elle était hantée, j'espère ?

— Certes, et nous avons tout fait pour qu'ils se ravisent, mais ils *voulaient* une maison hantée. La femme se passionnait pour le surnaturel.

— Alors, elle ne pouvait mieux tomber. Ce vieux James va lui en donner pour son argent.

— Il s'est même surpassé : il l'a projetée dans l'escalier de la cave.

— *Quoi* ?

La voix laissait transparaître une soudaine inquiétude.

— Son état demeure critique, et, dans son délire, elle ne cesse de répéter votre nom. Nous nous sommes dit qu'elle pensait peut-être que vous connaissiez, à propos du fantôme, quelque chose susceptible de lui être salutaire.

Il y eut un long silence à l'autre bout du fil, puis Byron dit :

— Je rapplique par le premier avion en partance. Peut-être serai-je de quelque utilité là-bas... Dès mon arrivée, je passe vous voir.

— Merci, Byron. Nous savions pouvoir compter sur vous.

Loretta raccrocha, puis se tourna vers Maude et Farley en disant :

— Il se met en route.

*
* *

Byron ouvrit avec fièvre la porte de Terrance House et se figea à la vue du sombre trio qui conversait à mi-voix dans le hall.

— Où est-elle ? demanda-t-il aussitôt. Où est Élizabeth ? J'ai appelé l'agence, mais le répondeur m'a appris que vous étiez ici.

— Vous arrivez trop tard, dit Farley. Élizabeth n'est plus.

— Elle... ?

Il s'avisa qu'ils étaient tous trois vêtus de noir.

— James l'a tué.

— *Vous* l'avez tuée !

— James l'a précipitée dans l'escalier de la cave, riposta Farley. Il était de plus en plus mécontent ces derniers temps.

— Allons donc ! James n'existe pas et vous le savez foutrement bien !

Farley se borna à le regarder, sans prononcer un mot.

Au comble de la rage, Byron marcha vers un des murs nus de la pièce, pointant le doigt vers des fils électriques neufs, qu'il arracha. Puis, de derrière la plinthe, il extirpa un mini-projecteur :

— Le voilà, votre fantôme ! L'argenterie qui voltige, les bruits, les vagues silhouettes, trucage que tout cela ! James n'est rien d'autre qu'un mirage, un mirage qui est mon œuvre. Et des « effets spéciaux » n'ont jamais tué personne !

Tandis qu'il parlait, les autres avaient porté leurs regards vers l'escalier obscur menant à l'étage. Dean Thorn, en uniforme de la police de l'état, acheva de descendre les marches et les rejoignit, montrant le magnétophone qu'il tenait à la main.

— Et maintenant, dit-il, verriez-vous quelque inconvénient à nous révéler dans quel but vous vous êtes donné tout ce mal ?

Sidéré, Byron balbutia :

— Qu'est-ce donc... Je ne comprends pas...

Du regard, il implora le secours de Maude.

— La personne tombée dans l'escalier n'est pas celle qu'il fallait, hein ? Le fantôme était censé tuer Farley, après quoi, Élizabeth et vous auriez été riches.

— Est-ce qu'Élizabeth... ?

— Farley l'a envoyée chercher un appareil pour parachever la localisation du fantôme, répondit Maude. Nous l'avons fait accompagner par un voisin, afin de ne pas courir le risque qu'elle vous téléphone ou fasse demi-tour pour tuer son mari.

Byron parut soudain comme vidé de ses forces et s'effondra sur une chaise :

— J'avais dit à Élizabeth que ça ne marcherait pas, mais elle était lasse de côtoyer toujours le fric sans jamais en avoir.

Il n'y avait pas là de quoi susciter la compassion de son auditoire :

— Chaque dollar que j'ai eu, je l'ai gagné par mon travail, répliqua Maude d'un ton acerbe.

— Et moi de même, opina Farley.

Plié en deux, Byron se cacha le visage dans ses mains en gémissant :

— Que va-t-il nous arriver maintenant ?

Du geste, Dean répercuta la question vers Farley.

— Je ne veux plus avoir à faire avec eux ! Qu'ils disparaissent !

— Vous pourriez porter plainte.

— Pour quel motif ? Avoir voulu flanquer la trouille à un vieil imbécile ?

— Pour tentative de meurtre.

Farley secoua la tête :

— Je me suis conduit comme un idiot. Une jeune femme m'a dit ce que je souhaitais entendre et j'ai marché à fond. Non, tout ce que je veux, c'est être débarrassé d'elle. Un divorce rapide.

Il regarda le magnétophone.
— Et j'espère qu'elle n'aura pas le culot de réclamer une pension !
— Si vous êtes sûr...
Farley se tourna vers Byron :
— Foutez le camp d'ici et n'y remettez jamais les pieds ! Quand vous aurez rejoint votre petite garce, engagez-la vivement à en faire autant, car si je la revois...
Avant même qu'il eût achevé, Byron s'était levé d'un bond et avait filé par la porte.
Lorsque Loretta et Dean furent aussi partis, Farley se tourna vers Maude :
— Satisfaite, hein ?
— Pourquoi ?
— Vous m'avez l'air d'être le genre de femme aimant à faire remarquer : « N'avais-je pas raison ? »
— J'ai toujours raison. Vous aurez d'autres occasions de le vérifier.
— Qu'est-ce qui vous donne à croire que je vais rester ici ? Si vous croyez que je m'y plais !
Maude sourit en secouant doucement la tête :
— Vous allez rester.
— Et pourquoi donc ?
— Parce que, à bien des égards, vous êtes comme James.
— Ah ? Et alors ?
— Il avait trouvé ici nombre de choses intéressantes.
— Dont vous ?
— Peut-être.
Sur quoi, elle esquissa un geste d'adieu et se dirigea vers la Jeep.
— Mais je vous espère plus bricoleur que lui ! lança-t-elle avant de démarrer.
En prenant le virage de l'allée, elle le vit debout dans l'encadrement de la porte, la suivant des yeux. Elle eut

un petit sourire. Avant longtemps, il aurait scies et marteaux en main. Farley n'était pas homme à se laisser démoraliser.

The Haunting of Terrance House
Traduction de Maurice B. Endrèbe

PÉCHÉS DE CHAIRE

par B. K. Stevens

— On dira ce qu'on voudra en faveur de la chimie et de la sociologie, déclara Neville Carter, arrondissant les lèvres avec délice à l'idée de la formule définitive qu'il n'allait pas tarder à asséner. (Grand et grisonnant, l'orateur à la panse rebondie était dodu comme un chapon. Son regard, qui n'avait plus l'éclat de la jeunesse, n'en pétillait pas moins d'une malice entendue.) On dira ce qu'on voudra de l'histoire et de la biologie, continua-t-il. On pourra toujours vanter les vertus de la philosophie et chanter les louanges de la musique. Mais en ce qui me concerne, je n'en démordrai pas et clamerai toujours haut et fort la suprématie de l'anglais. Car sans l'anglais, nous ne pourrions même pas communiquer.

Et l'auditoire de s'esclaffer. Pas moi, bien entendu, ni Miss Woodhouse et sa mère, non plus que la femme sévère assise à l'autre bout de la table. Mais nous quatre — rabat-joie que nous étions — mises à part, l'assistance frétilla et gloussa de satisfaction.

— Bien envoyé, Nev, lança une dame entre deux âges. « Même pas communiquer ! » Parfaitement !

— « Chanter les louanges de la musique », reprit un homme lui aussi entre deux âges, c'est — bravo ! Ça, c'est... bien. Et voilà.

— Et « vanter les vertus de la philosophie », s'extasia

une jeune femme à l'air déjà fané. Quelle maîtrise d'expression !

— Et quelle hardiesse, confirma un jeune homme avec un gloussement. Pénétrant, percutant. Très hardi.

On eût dit une vraie scène de cauchemar. Comme si le tonnerre avait éclaté à l'extérieur, et que je me fusse trouvée seule dans la lugubre salle à manger aux murs ornés de six portraits sévères et réprobateurs, ceux de six professeurs d'anglais. Je lançai un regard chargé de reproche à Miss Woodhouse qui était assise en face de moi, traits figés, visage dénué de toute expression. Mais qu'est-ce que je faisais dans cette galère ? Bien sûr, je savais parfaitement qu'il s'agissait de son ancienne école préparatoire* et que le nouveau chef du département d'anglais, une certaine Matilda Arnold, dont on allait célébrer la nomination, se trouvait être non seulement l'ancien professeur d'anglais de Miss Woodhouse mais encore l'amie d'enfance de sa mère. Je savais également que c'était à la demande pressante de Miss Arnold que le duo Woodhouse avait accepté d'assister à la cérémonie. À mon avis, ce n'étaient pourtant pas là raisons suffisantes pour m'obliger à me déplacer, moi qui ai une sainte horreur des discours, comme de la grammaire d'ailleurs. Pour une fois, j'avais le sentiment qu'une autre victime aurait pu être désignée pour servir de tampon entre mère et fille.

Émergeant enfin de ses gloussements d'autosatisfaction, Neville Carter se prépara à reprendre son discours. Comment un homme pouvait-il être aussi dénué de la plus élémentaire courtoisie ? Pendant les quatre premières allocutions qui avaient fait suite au dîner, il n'avait cessé de sommeiller, ne daignant entrouvrir ses yeux glauques et esquisser un vague sourire que lorsqu'un hommage de l'un de ses collègues provoquait les

* U.S. : école préparatoire à l'entrée en faculté *(N.d.T)*.

applaudissements de l'assemblée. Et maintenant qu'à mon tour le sommeil me gagnait, j'étais empêchée de dormir à cause de son interminable laïus.

Il jeta un coup d'œil à ses notes.

— Ces dernières années nous ont été favorables, dit-il. Tant que j'ai eu l'honneur de présider aux destinées du département, celui-ci n'a cessé de prospérer. Non seulement nous avons préservé nos programmes envers et contre les assauts répétés des autres sections, mais mieux encore, nous sommes parvenus à augmenter le volume horaire de l'anglais. Nous nous sommes battus bec et ongles lors de l'élaboration des budgets pour l'amélioration des salaires de nos enseignants et l'augmentation des bourses de nos élèves. Pour toutes ces raisons, j'espère que vous ne m'en voudrez pas si je me permets, avec le recul, de considérer cette période avec une « fierté tranquille ». Semblable à celle d'Eve, chez Milton — une « fierté tranquille ».

Dûment impressionnés, les quatre enseignants assis à ses côtés émirent un murmure ponctué de hochements de tête approbateurs. Le professeur Woodhouse, quant à elle, me donna un coup de coude dans les côtes.

— Dans cette citation, me chuchota-t-elle à l'oreille, Milton parlait de relations sexuelles. Citation grotesque et mal venue, ma petite Harriet.

— Et maintenant, continua Neville Carter, voici que je me surprends à aspirer à la retraite. Vous conviendrez avec moi, j'espère, que je l'ai bien méritée...

— Méritée ? éclata la dame entre deux âges incapable de se contrôler. Cent fois ! Mille fois, même !

Neville Carter en rougit de plaisir.

— Vous me manquerez tous. Mais ce qui me console, c'est de savoir que je vous laisse en de bonnes mains. (Quittant ses notes des yeux, il fixa la femme jusque-là silencieuse installée en face de lui à l'autre bout de la table qui lui renvoya un regard sans expression.)

Matilda, lança-t-il, vous êtes restée trop longtemps loin de nous. Je me rappelle notre peine à tous lorsque le directeur vous demanda de prendre le poste de doyen. Et, malgré les petits problèmes que nous avons pu vous poser dans vos fonctions ces dernières années, je suis certain de ne pas m'avancer en vous disant au nom de tous la joie qui est la nôtre de vous compter de nouveau parmi nous aujourd'hui. Sous votre autorité, tout comme sous la mienne, le département ne pourra que continuer de connaître harmonie et succès. Bienvenue, Dr Matilda Arnold. Bon retour au sein de notre département.

Des applaudissements retentirent, bien entendu — auxquels je joignis les miens, frénétiques, heureuse et soulagée qu'il en eût terminé et voulût bien enfin se rasseoir. Deux serveurs en tenue blanche se mirent en devoir de poser un petit verre à la droite de chaque convive. D'ordinaire, il est interdit de boire lors des réunions à Newton Academy. Mais il existe une exception à la règle : lorsqu'un département change de direction, le nouveau chef peut proposer un toast en l'honneur de celui qui se retire. Voilà pourquoi l'un des serveurs, une carafe à la main, versait cérémonieusement dans les verres deux doigts de vin de xérès. Le second saisit une autre carafe et emplit le verre du Dr Arnold. Je me souvins alors que Miss Woodhouse m'avait informée qu'avec ses ennuis de cœur, Miss Arnold ne pouvait pas boire d'alcool. On venait donc vraisemblablement de lui servir du jus de fruit. Pauvre femme. Avoir subi tous ces discours, et ne pas pouvoir boire un petit coup pour se requinquer. Quelle punition !

Le Dr Matilda Arnold se leva. Malgré sa bonne soixantaine, sa minceur et sa petite taille, elle n'avait pas l'air fragile le moins du monde. Bien au contraire, on la sentait volontaire, énergique et intelligente — cela se voyait au premier coup d'œil. Ce qui se voyait également, c'était qu'elle était furieuse.

— Merci pour votre discours de bienvenue, Neville, commença-t-elle d'une voix claire et incisive. Je doute, néanmoins, que tous les membres de ce département partagent votre enthousiasme — apparent, en tout cas — concernant mon retour. Car l'un d'entre vous essaie de me tuer.

Enfin, de l'action ! Je me redressai sur mon siège et lançai un regard interrogateur à Miss Woodhouse. Mais cette dernière secoua la tête, désarçonnée par cette affirmation péremptoire.

Et elle n'était pas la seule. Après un silence à couper au couteau, la jeune femme éclata d'un petit rire nerveux vite réprimé.

— Vous plaisantez, bien entendu, fit Neville Carter, fronçant les sourcils.

— Pas le moins du monde, répliqua sombrement Matilda Arnold en haussant les épaules. Il se peut tout simplement que j'exagère un peu. Car les tentatives de meurtre dont j'ai fait l'objet ont été si maladroites et stupides qu'il est difficile de les prendre au sérieux. Mais l'un des membres du département étant bien entendu derrière tout ça, peut-être est-ce tout de même sérieux. Ce qui est certain en tout cas, c'est que quelqu'un essaie de me faire peur pour me forcer à partir. Dans le mois qui a suivi l'annonce de ma nomination par le directeur, j'ai reçu deux lettres de menaces anonymes par le courrier intérieur, chacune d'entre elles suivie d'une agression. La seconde menace est arrivée hier matin, et tard, hier soir, quelqu'un s'est introduit chez moi et a éteint la veilleuse de ma cuisinière. Mon chat m'a réveillée bien avant que la situation ne fût dangereuse — il aurait fallu en effet si longtemps pour que la maison s'emplît de gaz que je me serais certainement levée le matin avant d'être asphyxiée, même si Boots ne s'était pas montré si vigilant. Il n'en reste pas moins que la tentative a bel et bien eu lieu. Et qu'aujourd'hui, j'ai reçu une autre lettre de menaces.

Elle extirpa de son sac une feuille de papier qu'elle tendit à Miss Woodhouse.

— Tenez, Iphigénie. Voilà pourquoi j'ai insisté pour que vous assistiez à cette réunion. C'est avec intérêt que j'ai suivi votre carrière. Je suis au courant de tous vos exploits de policier et de détective privé. En conséquence, je vous ai adressé au courrier de ce matin les deux autres lettres de menaces ainsi que divers documents complémentaires. En principe, vous devriez recevoir le tout demain matin et pouvoir commencer votre enquête sur-le-champ.

Miss Woodhouse secoua la tête.

— Je suis sensible à la confiance que vous me témoignez, mais, si vous ne vous êtes pas trompée, il vous faudra des gardes du corps 24 heures sur 24. Nous ne pouvons pas...

— Par ailleurs, coupa Matilda Arnold, j'ai envoyé un chèque à la société des Amis des Mouettes — étrange petite association à laquelle je ne porte aucun intérêt particulier, mais dont votre mère, je le sais, s'occupe activement. Le chèque ayant été encaissé, j'en conclus que votre avance sur honoraires a été réglée et que vous êtes tenue sur l'honneur de vous considérer comme engagée.

Miss Woodhouse faillit protester, mais sa mère lui coupa l'herbe sous le pied.

— Pas d'objections s'il te plaît, vilaine fille. Matilda a besoin de toi, et toi, tu as besoin de travail, non ? Pourquoi faire toute une histoire chaque fois que quelqu'un veut s'assurer tes services ?

La question était donc réglée.

— Désolée, mère, dit Miss Woodhouse d'une voix douce. Docteur Arnold, je serai ravie de m'occuper de votre affaire, mais le moment me semble mal choisi pour en parler. Demain matin...

— Pas question, intervint Neville Carter. Matilda, nous ne pouvons laisser des détectives privés s'occuper d'un incident qui doit relever de la mauvaise plaisanterie. Vous imaginez le scandale... Si quelqu'un vous a vraiment joué un sale tour, il doit s'agir d'un élève, auquel cas c'est au surveillant général de prendre l'affaire en mains. Je ne parviens même pas à imaginer comment vous avez cru un instant qu'un membre de ce département ait pu penser à vous nuire et vous menacer.

— Les lettres de menaces ont été tapées sur du papier à en-tête du département, et je suis persuadée qu'Iphigénie ne tardera pas à prouver qu'elles l'ont été sur l'ordinateur du département auquel vous avez tous accès. De plus, les menaces sont très littéraires, et j'imagine mal un élève exprimant son hostilité à mon égard en citant Shakespeare ou Tennyson. Et pour tout vous dire, malgré votre discours mielleux, je sais pertinemment qu'aucun d'entre vous ne tenait à me voir occuper ce poste. Vous, par exemple, Neville. Pendant les trois semaines qui ont suivi ma nomination, vous avez littéralement campé dans le bureau du directeur. Vous avez tout essayé : pleurniché, protesté. Vous avez même été jusqu'à le menacer de poursuites judiciaires.

Neville Carter se rebiffa.

— Je n'ai jamais utilisé ce terme. Je me suis contenté de faire remarquer que je n'avais rien contre vous, mais que l'usage voulait que le choix de leur responsable incombât aux départements eux-mêmes. Il est pour le moins inhabituel, voire insultant, que le directeur passe ainsi outre la volonté du département et impose son candidat personnel.

— Je conviens en effet que la procédure est cavalière, reconnut Matilda Arnold. Mais le directeur était au courant de votre vote. Aussi, a-t-il eu un haut-le-cœur quand il a vu le nom de l'heureux élu. (Elle releva les yeux pour fixer l'homme d'âge moyen.) Jeffrey Littel — le clone mou de Neville Carter, votre plus que vraisemblable successeur, Neville, le premier enseignant que vous ayez engagé voilà vingt ans, à l'époque où vous avez pris le contrôle du département et décidé de le remplir de mollassons que vous pourriez manipuler à votre guise, d'individus si irréductiblement ternes que, à côté d'eux, vous feriez figure de lumière.

Le visage de Jeffrey Littel s'empourpra.

— Ça... c'est... Vous y allez fort.

Matilda haussa un sourcil.

— Parce que vous prenez ça pour une insulte ? Bien ! Enfin une étincelle d'intelligence. Cultivez-la, Jeffrey, si vous espérez enseigner un jour autre chose que la grammaire aux classes de troisième. Je ne parviendrai sans doute pas à me débarrasser de vous, mais le fait que vous soyez titulaire ne vous évitera pas pour autant les classes difficiles. Votre paresse n'a d'égale que votre incompétence. Vous ressassez les mêmes cours depuis des années sans autoriser les élèves à vous poser des questions parce que vous vous savez incapable de leur répondre.

— C'est sa conception de la pédagogie, lâcha furieuse la femme entre deux âges. Vous n'avez aucun droit de critiquer son style.

— Ah, mais nous y voilà, reprit Matilda Arnold un sourire aux lèvres. Valérie Littel, la sœur dévouée de Jeffrey — un peu moins bête et inerte que lui, mais deux fois plus intrigante, deux fois plus venimeuse. Vous avez utilisé votre frère pour vous faire nommer à un poste pour lequel vous n'aviez pas l'ombre d'une qualification, et, depuis votre nomination, avez complètement laissé tomber vos élèves pour mettre toute votre énergie dans les intrigues de couloir. Votre conscience de votre propre incompétence était telle que l'obtention de votre titularisation après des magouilles sans nom n'a pas suffi à vous rassurer. Vous pensiez bien jouer les éminences grises, n'est-ce pas, une fois Jeffrey nommé chef de département ? Eh bien, c'est raté, Valérie. Vous n'avez plus la moindre influence. Car désormais, c'est moi qui déciderai des nominations. Vous n'aurez plus jamais l'occasion de faire entrer dans l'établissement des individus du genre d'Adam Pulen.

Le jeune homme secoua tristement la tête.

— Tout ce que vous nous révélez là, Matilda, c'est votre propre amertume.

— Eh bien oui, je suis amère, reprit Matilda Arnold. Amère de voir un homme tel que vous enseigner dans notre bon vieux collège, amère de voir la vénalité gagner autour de vous comme de la vermine. Vous êtes encore plus nocif que les autres non-titulaires du département, que Carla Parry, qui n'a de cesse de satisfaire les moindres fantaisies des élèves, qui passe dans ses classes trois films par semaine pour s'éviter de préparer le moindre cours et éviter du même coup aux élèves d'avoir à ouvrir un livre...

— Mais c'est parce qu'ils n'aiment pas les livres ! pleurnicha Carla Perry. Ça n'est pas de ma faute s'ils préfèrent les films. Et puis, je suis si occupée avec les associations et les organisations d'élèves, la commission des problèmes étudiants et le groupe Sunshine...

— C'est exact, coupa Matilda Arnold, acquiesçant de la tête. C'est une bonne excuse — et surtout, pendant que vous y êtes, n'oubliez pas les projets mémorables que vous avez parrainés, comme le fameux Carnaval de l'Amour-Propre de l'an dernier. Vous pourrez en dresser une liste exhaustive dans votre CV pour votre prochaine demande d'emploi. À propos, Iphigénie, je vous ai envoyé tous les *curriculum vitae* des membres du département. Étudiez-les de près, histoire de vous familiariser avec les carrières de ces éminentes médiocrités. Nous en reparlerons très bientôt. Et maintenant, lança-t-elle en levant son verre, le toast traditionnel. Neville, il y a vingt ans de cela, vous m'avez éloignée de l'enseignement en faisant de ce département une telle abomination que je ne pouvais plus supporter d'en faire partie. Mais aujourd'hui, me voici de retour. Et, comme vous et vos petits copains l'avez compris, si je reviens, c'est avec la ferme intention de faire le ménage avant de me retirer à mon tour. L'auteur de ces menaces ridicules sera bien entendu la première personne à partir. Mais dorénavant, interdiction à quiconque de bâcler son travail, de roupiller en classe, ou de magouiller pour obtenir de minables petits avantages personnels. C'est dans cet état d'esprit, mes chers collègues, que je bois à notre collaboration.

Une fois son verre vidé, elle le reposa et fronça les sourcils.

— Très amer, ce jus de pomme, commenta-t-elle.

Portant ses deux mains à la gorge, elle eut un hoquet et s'effondra, morte, sur la table.

*

* *

Le lendemain matin à neuf heures, installée dans le grand salon ensoleillé qui sert de bureau à Woodhouse Investigations, je tapais le rapport de synthèse d'une affaire d'assurance lorsque Miss Woodhouse entra en fanfare : un mètre quatre-vingt-cinq, élancée, carrure d'athlète, cheveux gris frisottants ramenés en arrière et maintenus en chignon par un large élastique bleu, elle adressa un regard respectueux à sa mère qui était assise dans un rocking-chair devant la grande baie vitrée. Aujourd'hui, madame le professeur était occupée à sculpter le profil des présidents des U.S.A. dans des pommes de terre, avec l'intention manifeste de faire concurrence au mont Rushmore.

— Harriet, annonça Miss Woodhouse, je vais être occupée dans la cuisine pendant deux heures. Bien entendu, j'ai informé la police que le Dr Arnold nous a adressé des documents. Un agent passera les chercher à onze heures.

Je fronçai les sourcils.

— Mais le courrier arrive à dix heures.

Elle me renvoya ma mimique.

— Je suis au courant, figurez-vous. Mais le lieutenant Glass — la police — m'a informée que quelqu'un passerait vers onze heures. Quand le courrier arrivera, vous l'ouvrirez comme d'habitude et ferez des photocopies des papiers qui vous sembleront importants. Mais ne décachetez surtout pas l'enveloppe du Dr Arnold — qui peut après tout contenir des pièces à conviction dans une affaire d'homicide. Et abstenez-vous de faire des photocopies des documents susceptibles d'intéresser la police et auxquels nous n'avons pas accès pour le moment.

Grands Dieux, me faire ce numéro, à moi, qui savais exactement à quoi m'en tenir ! Ça me donnait envie de rire ! Quatorze ans auparavant, le lieutenant Glass et elle avaient été fiancés. Mais lorsque le professeur avait eu ses graves ennuis de santé, Miss Woodhouse s'était sentie obligée de rompre ses fiançailles, de démissionner de la police et de monter une agence de détective privé à seule fin de pouvoir consacrer plus de temps à sa mère. Je savais parfaitement que le lieutenant Glass l'aimait toujours mais que, orgueilleuse comme elle l'était, elle ne pouvait accepter l'aide qu'il brûlait de lui apporter. C'est pourquoi ils avaient mis en place toutes sortes de stratagèmes pour tenter de dissimuler leur collaboration occulte. Et, comme à chaque fois qu'ils montaient une de leurs comédies, c'était moi qui en faisais les frais.

— Très bien, Miss Woodhouse, fis-je avec un soupir. Quand le courrier arrivera, je m'abstiendrai soigneusement d'ouvrir la lettre du Dr Arnold. Et de faire des photocopies de documents dont nous ne sommes pas censés avoir connaissance.

Le professeur renifla bruyamment.

— Raté, fit-elle, tentant de reciseler à petits coups de couteau maniaques les moustaches de Teddy Roosevelt. (Comme cette mise en scène était en grande partie montée à son intention — ce dont elle était parfaitement consciente —, il lui fallait bien jouer le jeu tout comme moi.) J'ai l'intime conviction, Iphigénie, que Matilda n'est pas morte de mort naturelle. Elle a été empoisonnée. Et il va falloir que tu le prouves.

— Je ferai de mon mieux, mère, répondit Miss Woodhouse qui alla se réfugier dans la cuisine.

À dix heures tapantes, le courrier arriva. Sifflotant d'un air distrait, je décachetai toutes les enveloppes et photocopiai tous les documents sans exception — facture d'électricité, offre d'abonnement du *National Geographic*, ainsi que les documents envoyés par Matilda Arnold. À onze heures pile, un policier en uniforme se présenta et Miss Woodhouse émergea de la cuisine suivie d'une forte odeur d'ammoniaque.

— Voici, monsieur l'agent, commença-t-elle, l'enveloppe du Dr Matilda Arnold contenant... Mon Dieu, Harriet ! Mais vous l'avez ouverte ! Je vous avais pourtant demandé...

— Un moment de distraction, fis-je, haussant les épaules. C'est moi tout craché !

Le jeune flic, encore plus gêné que nous, rougit jusqu'aux oreilles.

— Le lieutenant Glass m'a demandé de vous remettre ceci, dit-il. Une lettre de remerciements pour votre coopération, je crois.

Ouvrant l'enveloppe, elle y trouva une lettre officielle de la police avec quelques mots tapés à la machine — et un feuillet de brouillon resté collé derrière comme par inadvertance, une note post-it grand format.

— Qu'est-ce que c'est que ça ? s'exclama-t-elle, feignant la surprise. Voyons : « Cause décès : absorption massive digitaline. Ordonnance de la victime renouvelée il y a une semaine. Cinq comprimés mystérieusement disparus. Volés lors du cambriolage nuit précédant le meurtre ? Voleur = assassin ? » Mon Dieu, monsieur l'agent ! Voilà sûrement un papier qui ne m'était pas destiné. Rapportez-le immédiatement au lieutenant Glass.

Rouge de confusion, le policier saisit la note qu'elle lui tendait.

— Le lieutenant m'a également chargé de vous demander si vous ne voulez pas un exemplaire de la clé de la maison du Dr Arnold. Comme votre mère et elle étaient très amies et qu'elle a un chat... il s'est dit que vous désireriez peut-être vous occuper de l'animal. Et il m'a aussi demandé de vous informer qu'il a fait le tour de la maison ce matin, mais qu'il n'a touché à rien parce qu'il repasserait demain pour prendre les objets susceptibles de faire avancer l'enquête. Donc, que vous pouviez passer donner à manger au chat ce soir.

Miss Woodhouse s'empara de la clé.

— J'irai m'occuper du chat du Dr Arnold ce soir même, fit-elle d'un ton grave. Merci beaucoup.

Sa mission accomplie, le flic sembla fort heureux de détaler.

— J'espère, Harriet, lança Miss Woodhouse d'un ton sec, que vous n'avez pas par mégarde photocopié le contenu de la lettre du Dr Arnold.

Je réussis non sans mal à prendre un air confus.

— Mon Dieu ! J'ai bien peur que si ! En tout cas, je crois bien que ces documents-ci, bafouillai-je en lui tendant une liasse, sont des copies de ceux qu'elle vous a envoyés. Qu'en pensez-vous ?

Elle s'empara des papiers qu'elle déposa sur son bureau.

— Il s'agit peut-être de copies des lettres de menaces qu'elle a reçues, on dirait celles qu'elle m'a montrées hier au soir — et que j'ai bien entendu remises à la police. Qu'en dites-vous, mère ? « T. Wolfe, 1940 », ceci vous a-t-il l'air d'une menace ?

Le professeur ne prit même pas la peine de relever les yeux.

— Référence à un roman de Thomas Wolfe, *Impossible retour.* Oui, étant donné le contexte du retour de Matilda au département, cela peut fort bien être interprété comme une menace.

— Et il y avait aussi cette note agrafée au document, ajoutai-je en tendant la copie à Miss Woodhouse. « Reçu lundi matin, 19 avril. Le soir du jour où, alors que je travaillais à la bibliothèque, le buste de Sir Isaac Newton est tombé de son socle sur le balcon et s'est écrasé à quelques centimètres de moi. Bibliothèque vide, aucun suspect en vue. »

— Intéressant, commenta Miss Woodhouse. Écoutez la seconde : « Richard II, III, 2, 103 ». Vous voulez que je retrouve la citation ?

Son professeur de mère la fusilla du regard.

— Douteriez-vous de moi, Iphigénie ? Voyons... Oui, ça doit être quelque chose comme ça : « Le pire, c'est la mort et la mort aura son jour. » La menace se fait plus précise — et plus sérieuse.

— Oui, tout ça sent l'escalade, acquiesça Miss Woodhouse. Des remarques, cette fois-ci, Harriet ?

Je lus la photocopie :

— « Reçu deuxième lettre de menaces le 10 mai. Cette nuit-là, j'ai pris des notes jusqu'à une heure en prévision de l'entrevue avec I.W. À quatre heures, Boots m'a réveillée. Veilleuse éteinte, émanations de gaz. Pas de traces d'effraction, mais la secrétaire de la faculté garde un double de mes clés dans son bureau afin de pouvoir donner à manger à Boots quand je m'absente. Accès très facile pour les enseignants. »

— De la même façon qu'il eût été facile à un enseignant de se glisser dans la salle à manger hier soir alors que nous buvions du punch dans l'entrée, continua Miss Woodhouse, et d'empoisonner le jus de pomme destiné au seul Dr Arnold. Je suis persuadée que tout le monde connaissait ses problèmes cardiaques. Enfin, la dernière lettre de menaces, celle qu'elle m'a montrée hier soir — dont j'ai déjà trouvé la citation — et qui faisait référence à *La charge de la Brigade légère* de Tennyson. Les vers où il est question d'une chevauchée « Dans les mâchoires de la mort, dans le gouffre de l'enfer ». Qu'en dites-vous, mère ?

— Que l'auteur de ces missives a une nette préférence pour la littérature britannique — ou qu'il a voulu nous lancer sur une fausse piste. Et à part ça, quoi d'autre, Harriet ?

Je parcourus rapidement les documents.

— Une courte lettre d'accompagnement où elle dit qu'elle espère pouvoir rencontrer bientôt Miss Woodhouse. Avec les CV des professeurs d'anglais annotés au crayon. Ne trouvez-vous pas bizarre qu'elle n'en ait pas envoyé davantage ?

— Oh, Matilda ne consignait que très peu de choses par écrit, répondit le professeur. Elle ne communiquait à personne — pas même à la police — les renseignements personnels auxquels elle avait accès en sa qualité de doyen. Les *curriculum vitae*, cependant — pas les « CV », ma petite Harriet — n'en restent pas moins des documents publics, et il n'y a rien de choquant à ce qu'ils soient publiés. D'ailleurs, ils le sont souvent, et on n'y trouve jamais rien de très révélateur. On ne voit pas pourquoi en effet les candidats à un poste fourniraient des renseignements susceptibles de leur nuire dans leur *curriculum vitae*. Si nous voulons des renseignements confidentiels, il nous faudra tirer les vers du nez aux membres du département.

— Inutile d'y penser, coupai-je en secouant la tête. Ils sont trop proches les uns des autres, trop liés — rappelez-vous, hier soir, ils n'ont pas cessé de s'envoyer des fleurs. Je mettrais ma main à couper qu'ils refuseront tout net de nous parler. Ils vont faire bloc, vous pensez bien ! Se serrer les coudes.

Le professeur eut un petit sourire.

— À votre place, je n'en serais pas si sûre, ma petite Harriet. Mes quelques années dans l'enseignement m'ont appris que...

La sonnette retentit. C'était Neville Carter, en costume noir, l'air lugubre.

— Je viens de l'entreprise de pompes funèbres, annonça-t-il lorsque je l'introduisis dans le bureau. J'ai dû m'occuper des formalités. Saviez-vous que la pauvre Matilda n'avait pas de famille ? Et qu'elle a consacré sa vie entière à notre Academy ?

— Très triste, commenta Miss Woodhouse, se contentant d'attendre la suite.

— Vous pouvez le dire. (Neville Carter s'installa sur la chaise près du bureau.) Bien que j'aie déjà fait ma déposition à la police hier soir, je suis quand même passé vous voir, car, eu égard aux circonstances, il me semble qu'un détective privé... Enfin, nous nous devons tous de défendre la réputation de l'Academy. Aussi me suis-je dit qu'en tant qu'ancienne élève, vous feriez preuve de davantage de discrétion. Voilà pourquoi je suis venu me mettre à votre disposition.

— Je n'en attendais pas moins de vous, répondit Miss Woodhouse, tout en jetant un regard entendu à sa mère.

Le professeur, un petit sourire aux lèvres, s'était mise en devoir de retailler la barbe de Lincoln.

— Monsieur Carter, que savez-vous concernant les

tentatives de meurtre dont le Dr Arnold avait fait l'objet avant sa mort ? Rien ? Alors pourriez-vous me dire si elle avait des ennemis au département, ou des gens qui avaient des raisons de la craindre ?

Il sembla réfléchir un instant.

— Pas vraiment. En tout cas, personnellement, je n'avais rien à craindre. Le fait que je prenne ma retraite me met *de facto* hors du coup. Quant à Jeffrey et Valérie Littel, ils n'ont rien à redouter non plus, puisqu'ils sont titulaires. Et puis ce sont des gens si charmants, de si bons amis... C'est absurde, ils n'ont rien à voir dans cette histoire. La titularisation de Carla Perry devait avoir lieu l'année prochaine. Mais sa prestation a été si brillante jusqu'à maintenant que ça ne devrait être qu'une formalité. Non, aucun d'entre nous n'avait la moindre raison de trembler devant Matilda.

— Et Adam Pulen, ajouta Miss Woodhouse. Vous ne l'avez pas mentionné.

Carter tripota sa cravate.

— Ah bon ? Eh bien, c'est un brillant chercheur, qui termine sa thèse dans une université réputée. Il est vrai que lui *avait* des raisons de craindre Matilda. Mais je reste persuadé qu'il n'aurait jamais été jusqu'à tuer...

Miss Woodhouse s'empara du *curriculum vitae* d'Adam Pulen.

— Il y a tout de même un détail bizarre. Après avoir décroché sa maîtrise en 1984, il n'a entrepris son doctorat qu'en 1989. Que s'est-il passé dans l'intervalle ? On peut se poser la question, non ? Miss Arnold a entouré les deux dates et noté « Trou » dans la marge.

— Ah bon ? fit-il, fronçant les sourcils. Vous me voyez... un peu embarrassé. Car si je suis aujourd'hui au fait de ses activités pendant ces années, ça n'était pas le cas, vous comprenez, lorsque je l'ai engagé. Je n'ai été mis au courant qu'à l'automne dernier, lorsqu'une jeune femme qui cherchait à retrouver Adam a écrit à Matilda à son sujet. Une histoire de fiançailles rompues et d'enfant naturel. La personne en question s'appelait Rebecca Carswell. Peut-être avez-vous entendu parler de son père, le révérend Edward Carswell ?

— Celui qui célébrait l'office à la télévision ? s'enquit Miss Woodhouse. Et qui a été condamné à vingt ans de prison pour escroquerie ?

Carter acquiesça de la tête.

— Celui-là même. Adam a travaillé pour lui pendant plusieurs années et cité comme témoin dans le procès des *60 Minutes* après l'avalanche de révélations qui a eu lieu. Mais il n'a jamais été condamné, vous m'entendez, *jamais*. Comme il voulait à tout prix prendre un nouveau départ, il a rompu ses fiançailles avec Miss Carswell, laquelle a prétendu qu'Adam était le père de son enfant. Mais les tests n'ont rien prouvé. Rien. Bien entendu, quand nous avons appris cette histoire, nous avons été plutôt choqués. Mais il était bien jeune quand tout cela s'est produit — une petite vingtaine tout au plus — et personne n'est parfait. Dès lors, comment lui jeter la pierre ? Le département a décidé par un vote de maintenir sa confiance à Adam. Matilda, elle, qui voulait qu'on se sépare de lui, a été furieuse lorsque le directeur nous a soutenus.

— D'après ces notes, intervint Miss Woodhouse, je constate que le Dr Arnold avait également des doutes quant à la qualité de son enseignement et de son approche critique. Partagez-vous ces réserves ?

Neville Carter haussa les épaules.

— Oh, vous savez, son approche... je ne suis pas tellement au courant. Ce genre de problème ne me passionne pas, et je ne surveille pas non plus l'enseignement de mes collègues. J'ai d'autres soucis en tête — par exemple défendre sans relâche les intérêts du département. Je suis sûr que c'est un enseignant sérieux et que son approche est correcte.

— Ça n'est pas l'avis du Dr Arnold, pour qui c'étaient là deux choses primordiales, dit Miss Woodhouse. Si elle était devenue chef de département, elle aurait sans doute de nouveau tenté de se débarrasser de Mr Pulen.

— Peut-être, fit-il en s'agitant sur sa chaise. Mais de là à en conclure que... Non. Je me refuse à y croire. Évidemment, si l'on veut *absolument* trouver quelqu'un avec un mobile et considérer *à tout prix* les péchés de jeunesse comme révélateurs d'un certain manque de caractère, alors... Mais je suis persuadé que tel n'est pas le cas.

— Merci pour votre franchise, monsieur Carter, énonça solennellement Miss Woodhouse en se levant. Je sais combien cette conversation vous a coûté.

À peine avait-il franchi le pas de la porte que je m'écriai, levant les bras en l'air :

— Faire ça à un collègue ! Mais il nous a apporté l'histoire sur un plateau !

— Il devait se sentir obligé de nous donner un os à ronger, commenta Miss Woodhouse. Je suis sûre qu'il tient à ce que l'affaire soit réglée rapidement, avant que la police et les détectives n'aillent trop fourrer leur nez dans les petites affaires du département et ne révèlent ses secrets à lui. Il était normal qu'Adam Pulen joue le rôle de victime expiatoire. Il n'a que deux petites années d'ancienneté dans le département, et son arrestation serait de toute façon bien moins gênante que celle de l'un des vieux complices de Carter. Quant à ce dernier... Harriet, pourriez-vous aller voir qui sonne à la porte ?

Cette fois-ci, il s'agissait de Carla Perry. Bien qu'âgée d'une petite trentaine, elle avait l'air déjà fané, avec ses mouvements étriqués et nerveux et son visage crispé en permanence. Elle me toisa d'un air méprisant.

— Je veux parler à votre patron, dit-elle.

Elle ne sembla pas apprécier la présence dans le

bureau du professeur Woodhouse, mais cette dernière ne bougea pas d'un centimètre. Elle est inamovible. Tous ceux qui veulent s'entretenir avec Miss Woodhouse sont obligés de se faire une raison. Après avoir tiqué pendant quelques instants, Carla Perry finit par capituler.

— Je suis venue voir si je pouvais vous être d'une quelconque utilité, commença-t-elle. Dans votre enquête, j'entends. Si vous avez besoin de renseignements...

— Mais bien sûr, s'empressa de répondre Miss Woodhouse. À votre avis, quelqu'un aurait-il une raison sérieuse d'en vouloir au Dr Arnold ?

Carla Perry eut un petit rire cruel.

— Vous voulez dire quelqu'un d'*autre* que Jeffrey ?

Tout le monde fut décontenancé par la brutalité de l'accusation, même Miss Woodhouse.

— Jeffrey Littel, je présume ?

— Je ne vois pas de quel autre Jeffrey il pourrait bien s'agir. Vous en connaissez un autre ? (Le sarcasme semblait être une seconde nature chez elle.) Bien entendu qu'il s'agit de Jeffrey Littel. Je ne dis pas que c'est lui qui l'a tuée, remarquez bien, mais c'est certainement lui qui avait le plus de raisons de lui en vouloir. Alors qu'il était persuadé d'hériter de la chaire, voilà que le directeur y nomme le Dr Arnold. Vous parlez d'une gifle ! D'ailleurs, ce jour-là, Jeffrey était livide. Et il a dit de ces choses... Mais je m'en voudrais de les répéter.

— Dans ce cas, pourquoi y avoir fait allusion ? lâcha le professeur sans cesser de se balancer dans son rocking-chair. Pour nous forcer à faire semblant de vous cuisiner ? Inutile de donner ce plaisir à cette jeune femme, Iphigénie. Demandez lui plutôt ce qu'elle pense de sa titularisation de l'an prochain.

Le visage de Carla Perry s'empourpra.

— Ça ? Vous parlez d'une affaire. C'est pratiquement réglé. J'ai un doctorat, c'est-à-dire beaucoup plus que *certaines* personnes au département, et consacre une grande partie de mon temps à la vie de l'établissement — clubs étudiants, commissions, etc.

— Le Dr Arnold n'en semblait pas autrement impressionnée, remarqua Miss Woodhouse en consultant le *curriculum* de Carla Perry. Elle a souligné la liste de vos activités extra-enseignement et a inscrit dans la marge : « Va trop loin. Fâcheux pour le département. »

— Il est vrai qu'elle n'a guère montré d'enthousiasme pour le Carnaval de l'Amour-Propre, reconnut Carla Perry, et qu'elle a émis des réserves lors de l'installation de la salle vidéo interactive à la bibliothèque. Mais les élèves adorent ces choses-là, et nous sommes au service des élèves, non ? En vérité, le Dr Arnold était un peu conservatrice. À ses yeux, seul l'enseignement comptait, comme si les élèves étaient censés étudier toute la journée. Nous n'étions pas d'accord sur ce point, c'est exact, mais nous n'avons jamais eu le moindre accrochage. En tout cas, elle respectait ma philosophie.

— Que vous avez défendue avec éloquence, observa le professeur, ce que nous apprécierons à sa juste valeur. (Lorsque Carla Perry eut passé la porte, la vieille dame haussa les épaules.) Dire qu'il y a des universités qui décernent des doctorats à des filles de cet acabit. J'en tremble pour l'Academy, Iphigénie.

— Comme nous tous ici, acquiesça Miss Woodhouse. Pourtant, la bêtise congénitale de Carla Perry n'est probablement pas pire que celle de Neville Carter. La seule différence entre les deux, c'est qu'ayant fait ses études trente ans plus tard, elle n'a pas la moindre éducation. Elle n'en reste pas moins l'un des suspects, puisqu'elle devait être titularisée l'an prochain et que le Dr Arnold ne pouvait pas la voir en peinture. Mais bien entendu, elle a tenté de nous mettre sur la piste de quelqu'un d'autre.

— Pourquoi s'en est-elle prise à Jeffrey Littel ? demandai-je. Par hasard ?

— C'est fort possible. À moins qu'elle ne le soupçonne vraiment, ou qu'elle cherche à se débarrasser de lui pour prendre la tête du département. (Elle saisit le *curriculum* de Valérie Littel.) Sa sœur est la seule autre candidate possible, et elle n'a qu'une licence. Perry est nettement plus diplômée.

— Certes, glissai-je, pourtant...

Le téléphone sonna. C'était Valérie Littel, toute chuchotante, qui me demanda si je pouvais m'échapper un moment et venir déjeuner avec elle. La main sur le micro, je répercutai la question à Miss Woodhouse qui fit oui de la tête. J'acceptai donc l'invitation.

Je me rendis chez Chic et Ruth, un *delicatessen* populaire du quartier historique d'Annapolis et trouvai Valérie Littel dans un box. À l'odeur. Car même le délicieux fumet du *pastrami* ne parvint pas à couvrir son parfum. Je ne suis pourtant pas un nez particulièrement délicat : la fumée de mes voisins ne me dérange pas, j'ai séjourné une semaine à Los Angeles sans même remarquer le smog, je passe en voiture devant des usines de produits chimiques et des champs couverts de bouses de vache sans remonter ma vitre. Mais la veille à la fin du dîner, après être restée assise à côté de Valérie Littel, j'avais failli me trouver mal à cause de son parfum.

Aujourd'hui, outre des lunettes de soleil, elle portait un châle qui cachait des cheveux trop bouclés et trop noirs pour être naturels.

— Ravie que vous soyez venue, chuchota-t-elle. Je me sens si mal à l'aise par rapport à cette histoire que je ne sais pas si je dois me manifester ou non. Pourriez-vous me donner un conseil à ce propos ?

— Bien sûr, dis-je. Mais si vous avez des renseignements intéressants, pourquoi ne pas les fournir directement à Miss Woodhouse qui...

— Non, non. Je ne peux pas. (Elle se mordit la lèvre.) Après tout, ç'a été mon professeur... et mon ami.

Et puis quoi encore ?

— Neville Carter ?

— Oui, souffla-t-elle d'un air pitoyable avant d'enfourner une grosse bouchée de son sandwich œuf dur-salade. C'est lui qui m'a engagée, même s'il m'a écartée ces dernières années en me refusant les emplois du temps et les responsabilités que je méritais. Je lui suis donc redevable. Mais un meurtre ! C'est très grave, non ?

De mon air le plus solennel, je lui confirmai que c'était très grave.

— Pourquoi ? Vous pensez que c'est Mr Carter qui a empoisonné le Dr Arnold ?

Elle acquiesça de la tête tout en continuant à mâcher.

— Neville détestait Matilda, il ne pouvait supporter l'idée qu'une femme lui succède. C'est pour cela qu'il a soutenu Jeffrey plutôt que moi, bien que je me sois beaucoup plus décarcassée pour le département. Voilà bien les hommes. Le directeur aussi est misogyne. Lui non plus ne voulait pas de moi.

— Il a pourtant choisi le Dr Arnold, lui fis-je remarquer. Une femme, jusqu'à preuve du contraire.

— Mais une femme à sa botte. J'aimais beaucoup Matilda, mais elle était trop traditionaliste. Le directeur ne voulait pas risquer de tout chambouler en confiant la chaire à une femme dans mon genre.

L'entretien prenait un tour étrange.

— Peut-être a-t-il choisi le Dr Arnold parce qu'elle était titulaire d'un doctorat. J'ai eu votre CV entre les mains et...

Elle redressa brusquement la tête et me foudroya du regard à travers ses lunettes noires.

— Ça n'a jamais été une question de diplômes, mais de pouvoir. Le directeur entendait régner par Matilda interposée. Neville, lui, par l'intermédiaire de Jeffrey. Il ne pouvait pas supporter l'idée de lâcher les rênes, même une fois à la retraite. Il a modelé le département à son image et présidé à sa destinée pendant des décennies. Si Matilda avait pris la succession, tout ce bel édifice se serait effondré. Voilà pourquoi il n'a pu faire autrement que de la supprimer.

Elle, au moins, contrairement à ses collègues, ne mâchait pas ses mots.

— Avez-vous des preuves ? m'enquis-je.

— Pas exactement, hésita-t-elle. Mais avant le dîner, alors que nous buvions du punch dans le hall, je me suis rendue aux toilettes pour me remettre un peu de parfum et ai aperçu un homme qui se glissait dans la salle à manger. Je n'ai pas très bien vu, car j'étais à l'autre bout du hall et n'ai pas approché de la salle à manger pendant l'apéritif, mais il me *semble* qu'il s'agissait de Neville.

Pendant tout le temps qu'il nous fallut pour venir à bout elle de son sandwich œuf dur-salade et moi de mon sandwich-club à la dinde, je tentai de lui extirper quelque chose d'un peu plus consistant. Peine perdue. Elle me submergea de détails sur le caractère tyrannique et l'instabilité de Neville Carter, mais je ne parvins pas à tirer d'elle quoi que ce fût de plus précis concernant la personne qu'elle avait aperçue la veille au soir. Et si, me dis-je en regagnant le bureau à pied, elle n'avait rien vu du tout ? Et que, de peur au contraire que quelqu'un l'ait vue *elle* quitter le hall, elle tienne à ce que ses déclarations soient enregistrées au plus vite avant que ladite personne ne s'avise de l'accuser de la même chose ?

À mon arrivée, Adam Pulen était déjà installé dans le fauteuil de chintz jouxtant le bureau de Miss Woodhouse. De tous les membres du département d'anglais, c'était de loin celui qui avait le plus de classe — longs cheveux blonds lisses ramenés en arrière comme ceux d'un mannequin, costume trois pièces gris impeccable, cravate de grand couturier. Malgré cela, je ne l'aurais pourtant pas qualifié de beau. Il avait dans l'expression quelque chose de fuyant qui m'avait fait l'éliminer immédiatement de mes cibles potentielles lors du dîner de la veille avant même que, fidèle à mon rituel, j'eusse vérifié s'il n'avait pas la bague au doigt.

— Ravi de vous revoir, Ms Russo, dit-il en se levant à mon entrée. (Le fait qu'il se souvînt de mon nom le fit remonter d'un cran dans mon estime.) Je m'entretenais justement avec Ms Woodhouse et sa mère des rumeurs qui courent sur le campus en ce moment. Dites-moi, ça n'est pas possible ?

— Malheureusement si, déclara Miss Woodhouse. Le Dr Arnold est morte suite à une absorption massive de digitaline. Il s'agit bien d'un meurtre.

Il eut un léger froncement de sourcils, comme s'il ne tenait pas à la contredire.

— Disons que c'est une éventualité. Peut-être s'agit-il tout simplement d'un accident — ou d'un suicide.

— Certainement pas ! s'indigna le professeur. Je connais Matilda depuis des dizaines d'années, jeune homme, et puis vous affirmer que ce n'était pas une tête de linotte capable de laisser tomber cinq comprimés de digitaline dans son jus de pomme. Par ailleurs, dans l'état normal qui était le sien hier au soir, elle n'aurait jamais tenté de mettre fin à ses jours.

— Normal, anormal, répéta-t-il en haussant les épaules, comment savoir ? On peut considérer la situation d'un autre point de vue. Elle s'était engagée à accepter la chaire avec la ferme intention de nous secouer les puces. Mais, à son âge, il se peut fort bien qu'elle n'ait pas supporté la perspective d'un affrontement quotidien avec des collègues hostiles à sa politique. La voilà donc qui s'envoie à elle-même des lettres de menaces, simule des agressions — n'oubliez pas qu'il n'y a pas de témoins — et empoisonne son jus de fruit. Puis, elle fait un discours canon où elle nous balance à tous nos quatre vérités et meurt là-dessus, faisant d'elle-même une martyre et de tous ses collègues des suspects en puissance. Elle a atteint son but : donner au département un coup fatal tout en s'épargnant la tâche ingrate d'une longue et pénible réforme. Qui peut affirmer que cette version n'est pas aussi plausible que les autres ?

— Eh bien moi, je le peux, explosa le professeur en le fusillant du regard. Elle était mon amie de toujours et je sais parfaitement que ce que vous venez d'énoncer est impossible. Vous me semblez d'ailleurs bien prompt à vouloir faire connaître votre version, jeune homme. Ne tenteriez-vous pas par là de créer une diversion pour détourner l'attention de certains faits vous concernant — certaines erreurs de jeunesse, par exemple ?

Pulen opina en souriant.

— Ainsi donc, vous êtes au courant. Mais c'est justement là que ça ne colle pas. Tout le monde est au courant. Je n'ai rien à cacher, moi, et je n'avais donc rien à craindre de Matilda Arnold. Quant à elle, elle n'avait aucune raison de faire remonter à la surface de vieilles histoires risquant de porter atteinte à la réputation de l'Academy. Surtout maintenant que tout le monde sait que je vais quitter Newton à la fin de l'année prochaine.

— Vous partez ? s'étonna Miss Woodhouse. Et pourquoi donc ?

— Parce que j'en ai presque fini avec ma thèse, et que, une fois docteur, je désire enseigner à l'université. Je n'ai aucune intention de passer ma vie à Newton Academy pour ressasser à des gamins la rédaction et la littérature. Ce qui m'intéresse vraiment, c'est la théorie critique. Vérifiez auprès de mon directeur de thèse. Il vous dira que mon travail avance bien et que j'ai toutes les chances de trouver un poste. Et pendant que vous y êtes, regardez-donc un peu le carnet de rendez-vous de Matilda. Vous constaterez que je lui ai rendu visite *après* sa nomination, justement afin de régler une fois pour toutes cette affaire. Elle m'a affirmé que le passé ne l'intéressait pas et que certaines choses qui se passaient à Newton en ce moment la préoccupaient bien davantage.

— *Certaines choses* ? reprit le professeur. Pourriez-vous vous exprimer plus clairement ?

Comme ses collègues avant lui, il se fit tirer l'oreille quelques instants.

— C'est-à-dire... Vous comprendrez qu'il n'est pas question pour moi d'accuser qui que ce soit, mais Matilda m'a parlé de Carla Perry. Carla... C'est difficile à dire, mais Carla couche avec des élèves. C'est pour ça qu'elle raffole tant toutes les activités sociales, commissions et autres... Je suppose que c'est une bonne façon de s'assurer la coopération des jeunes. À ce propos, Matilda m'a *affirmé* qu'elle avait la ferme intention de mettre l'affaire sur le tapis lors de l'entrevue de titularisation de Carla et qu'elle l'en avait d'ailleurs avertie. Bien entendu, il ne s'agit que d'un mobile *éventuel*. Loin de moi l'idée d'affirmer que c'est Carla qui a fait le coup.

— Bien entendu, fit Miss Woodhouse en approuvant de la tête. Je comprends parfaitement. Et... Harriet, voudriez-vous aller ouvrir ?

Heureusement que j'étais là pour ouvrir la porte dans cette maison ! Il restait encore un membre de l'honorable département d'anglais qui n'avait pas craché son venin. Mais cette fois-ci, ça me fit tout drôle d'introduire Jeffrey Littel dans le bureau avant même qu'Adam Pulen ne fût parti.

Ce dernier bondit sur ses pieds.

— Jeffrey ! Quelle surprise !

Littel fronça les sourcils.

— Oui, euh... Je... Je venais informer Mrs et Ms Woodhouse des heures de visite au salon mortuaire.

— Et moi, je m'en allais, glissa Adam Pulen qui détala sans demander son reste.

— Asseyez-vous, je vous en prie, monsieur Littel, dit Miss Woodhouse. Vous veniez donc nous donner les heures de visite ?

— Je... Oui... C'est-à-dire... Oui, fit-il en s'asseyant.

Avec son visage ravagé, ses cheveux rares et gras, sa voix molle et incertaine, Jeffrey Littel était l'un des hommes les plus répugnants que j'eusse jamais rencontrés.

— C'est... Bon. Les heures de visite sont de quatre à six demain, alors nous irons tous ensemble vers cinq heures et reviendrons chez moi — euh... chez moi et Valérie — boire un verre de xérès accompagné d'un peu de fromage, et... euh... bon, et voilà. Alors... euh... comme votre mère était une amie de Matilda, bon... Peut-être nous ferez-vous l'honneur de venir et... Bien... Voilà.

Il lui fallut cinq bonnes minutes pour déballer son speech. Au point que mes paupières commençaient à tomber.

— Merci, répondit Miss Woodhouse. Nous viendrons.

— Bien. Euh... Très bien. (Je faillis m'endormir pendant la pause qui dura au moins deux minutes.) Et je... bon, j'ai honte de dire une chose pareille mais... euh... le devoir, euh... la vie... et tout ça, bon... Je me suis dit qu'il fallait que je me manifeste.

Je surpris Miss Woodhouse étouffant un bâillement.

— À quel propos, Docteur Littel ?

— Eh bien... bon. Euh... à propos de Valérie. Vous savez, ma sœur. Bon, je l'aime, c'est vrai, mais je... euh... j'ai pensé qu'il fallait que je vous en parle. Elle et Matilda, euh... Valérie a toujours voulu devenir chef de département, mais sans doctorat... Le directeur n'aurait jamais... Vous comprenez.

Alors, voir une autre femme, euh... qu'elle méprisait... Bon, voilà. Je ne tiens pas à... euh... non. Mais elle est rentrée très tard sans raison et... comme elle ne me dit jamais rien... Bon. J'ai pensé qu'il fallait que vous sachiez. Voilà.

Le professeur siffla et sa fille sembla émerger d'un interminable sommeil.

— Très bien. Merci beaucoup. Et nous viendrons demain. Harriet, voudriez-vous reconduire le Dr Littel ?

Je raccompagnai le pauvre type et refermai la porte sur lui. Me frottant les yeux, je rejoignis la famille Woodhouse.

— Sa propre sœur ! m'indignai-je. Je n'en crois pas mes oreilles.

— Eh bien, vous avez tort ! me lança Miss Woodhouse d'un ton lugubre. Je suppose qu'elle l'a houspillé toute sa vie, qu'il en a assez de se faire mener par le bout du nez et a vu là l'occasion de retrouver la liberté. Vous savez, les faibles aspirent eux aussi à la liberté, même s'ils ne savent quoi en faire une fois qu'ils l'ont obtenue. En tout cas, nous voilà maintenant avec un certain nombre de pistes. Pour aujourd'hui, il ne nous reste plus qu'à aller nourrir le chat du Dr Arnold. Mais puisque Barry... le lieutenant Glass nous a dit d'y aller le soir, je vais attendre que la nuit soit tombée. En effet, la police risquerait de s'étonner de nous trouver là-bas de jour. Aussi, vais-je...

— Pas question que tu ailles chez Matilda, coupa sèchement le professeur. Tu as donc oublié ton épouvantable allergie touchant les chats, Iphigénie ? Je n'ai aucune envie de recommencer à te soigner comme un bébé pendant une semaine. C'est notre petite Harriet qui s'occupera de ça.

— Mais elle n'est que secrétaire, hoqueta Miss Woodhouse épouvantée. Harriet, malgré toute l'estime que j'ai pour vous, vous n'avez aucune formation de détective. Vous ne saurez pas ce qu'il faudra noter ou non.

— Eh bien, elle n'aura qu'à tout noter, contra le professeur. Iphigénie, il n'est pas question que tu mettes les pieds chez Matilda. Donne à notre chère Harriet toutes les instructions nécessaires et fais-moi le plaisir de ne pas bouger d'ici.

Voilà pourquoi, à dix heures ce soir-là, je me retrouvai toute seule au volant de ma voiture en route pour la maison du Dr Arnold, armée d'un Polaroïd, d'un bloc-notes, d'instructions détaillées, d'un grand sac de Miaou Mix, et décidée à consigner par écrit absolument tout ce que je remarquerais.

Boots était roulé en boule derrière la porte d'entrée. À peine eus-je commencé à le gratter entre les oreilles qu'il se mit à ronronner comme un moulin.

— Oh, le bon gros chat, fis-je. J'aimerais bien te prendre, tu sais, seulement les animaux domestiques sont interdits dans mon appartement. Mais ne t'en fais pas. Nous te trouverons une famille où tu seras bien. J'espère que tu aimes le Miaou Mix.

Je lui remplis son assiette et changeai l'eau de son bol avant de me mettre à l'ouvrage. D'abord, le bureau du Dr Arnold. Le professeur, qui m'avait prévenue que ce serait un vrai bazar, ne s'était pas trompée. Apparemment, Matilda Arnold ne rangeait jamais sa table de travail et laissait simplement s'accumuler des couches successives, sur la plus haute desquelles je trouvai ouverts *Les Souffrances du jeune Werther* ainsi qu'un bloc jaune intitulé *Notes pour le rendez-vous avec I.W.* Je recopiai les notes portées sur chaque page — remarques sur l'incompétence manifeste de Neville Carter et son manque d'intérêt total pour l'enseignement, sur la paresse monumentale de Jeffrey Littel, la rouerie et les intrigues de Valérie Littel, les projets de commission de Carla Perry, les théories malsaines et le passé tumultueux d'Adam Pulen. Je pris une photo du bureau et passai dans le séjour où je photographiai la chaîne stéréo sur laquelle était posée la pochette d'un 33 tours, la *Tosca.*

C'est alors que j'entendis du bruit en haut. Mes doigts se raidirent si brutalement que je pris une autre photo sans le faire exprès. Le tueur était donc revenu pour une raison ou une autre, avait entendu ma voiture s'arrêter dans l'allée, et, dans l'impossibilité de sortir de la maison, s'était réfugié à l'étage. Manifestement, il attendait le moment favorable pour me tomber dessus avec un pistolet, un couteau, une seringue pleine de digitaline, je ne sais quoi encore...

Du calme. Ne te comporte pas comme une idiote, Harriet, me morigénai-je. De toute façon, je n'avais aucune intention de me conduire comme l'héroïne-type de roman d'épouvante qui, gravissant les marches sur la pointe des pieds, pousse un cri d'horreur quand un chat innocent lui saute dans les bras.

Peur ou pas, il me fallait pourtant bien aller voir de quoi il retournait et je m'engageai dans l'escalier. Comme le bruit m'avait semblé venir de la gauche, une fois sur le palier, je tournai de ce côté et entrai précautionneusement dans la première pièce. Au moment même où j'allumai, cet imbécile de chat me sauta dessus et je poussai un hurlement stupide.

— Oh, Boots, espèce d'idiot, m'exclamai-je.

Je profitai néanmoins de l'occasion pour jeter un coup d'œil circulaire. Au lit avec sa couverture blanc cassé spartiate, aux étagères débordant de livres, à la commode nue, au plancher impeccablement ciré et aux tapis tressés à l'ancienne mode, je déduisis qu'il devait s'agir de la chambre du Dr Arnold. Exactement le genre de décor dans lequel on l'imaginait.

Je tendis le bras pour prendre Boots, qui me glissa

entre les mains et se dirigea vers une porte fermée contre laquelle il se frotta en ronronnant.

— Qu'est-ce que c'est ? lui demandai-je en souriant. Son placard ? L'endroit où elle range ton herbe à chat ? Tes jouets ? C'est ça qui te tracasse ? Eh bien nous allons régler tout de suite ce petit problème.

J'allai jusqu'à la porte de chêne et me penchai pour prendre Boots dans mes bras. Entendant un déclic, je relevai la tête... et pris la lourde porte en pleine figure. Je ne me rappelle pas être tombée en arrière, mais par contre, je me rappelle parfaitement m'être cogné la tête contre le plancher étincelant — ça, je ne suis pas près de l'oublier. Ensuite, je dus perdre conscience pendant quelques secondes seulement, car lorsque je revins à moi, je sentis la langue râpeuse de Boots sur mon visage et entendis les pas de quelqu'un qui dévalait l'escalier.

— Nom d'un chien ! m'exclamai-je en me redressant. Avançant à tâtons dans l'obscurité, je me pris les pieds dans un tapis, percutai la bibliothèque, trébuchai sur Boots et, trouvant enfin le mur, finis par atteindre l'interrupteur et allumai. Me précipitant vers la porte, je descendis l'escalier quatre à quatre. Trop tard. Le visiteur avait disparu.

— Sacré nom d'un chien ! répétai-je, avant de présenter mes excuses à Boots qui ne paraissait guère apprécier ce juron. Je passai l'heure suivante à explorer toutes les pièces les unes après les autres, à prendre des photos et à remplir mon bloc de toutes sortes de notes.

Il était minuit lorsque je regagnai enfin Woodhouse Investigations. Installée dans la cuisine, Miss Woodhouse m'attendait en fumant une Marlboro et buvant du Coca Cola Light, deux vices auxquels elle s'adonne lorsque sa mère n'est pas là. Sans un mot, elle écouta mon rapport tout en regardant les polaroïds.

— Pas de signes d'effraction ? demanda-t-elle tout en examinant la photo de la chaîne stéréo.

— Apparemment, non. Les portes étaient fermées à clé.

— Dans ce cas, il nous faudra découvrir comment l'intrus est entré. Manifestement pas avec le trousseau de clés confié à la secrétaire du département, puisque c'est la police qui l'a embarqué. (Elle fit une pause pour examiner les notes que j'avais prises dans le bureau du Dr Arnold.) Si c'est la même personne qui est entrée l'autre nuit et a éteint la veilleuse, c'est qu'elle s'est fait faire une copie de la clé. Attitude tout à la fois arrogante et imprudente. Il va donc nous falloir également découvrir *pourquoi* cette personne a pris le risque de retourner dans la maison.

— Pour faire disparaître des indices ? hasardai-je.

Elle approuva d'un air absent.

— Peut-être. Mais pas nécessairement. Harriet, vous avez eu une dure journée. Rentrez donc vous reposer.

Au moment où je partais, je la vis tendre la main vers le téléphone. Je sais qui elle appelle, me dis-je. Eh bien, il sera heureux d'entendre sa voix, même à pareille heure. Et si elle est ainsi prête à s'asseoir sur son amour-propre et à lui demander directement de l'aide, c'est qu'elle a dû remarquer quelque chose de vraiment important au milieu de ce tas de notes et de photos.

*
* *

Quand j'arrivai le lendemain matin, elle était d'excellente humeur.

— Belle journée, Harriet, s'exclama-t-elle. Vous portez là une bien jolie robe. Il faudra que vous alliez en changer cet après-midi, elle n'est pas assez stricte pour une visite à la chapelle ardente.

Bien. Celle-là, je m'y attendais.

— Nous continuons à travailler sur le meurtre du Dr Arnold ? m'enquis-je.

— Inutile, lança-t-elle d'un ton enjoué tout en feuilletant son carnet d'adresses. Le seul problème maintenant, c'est de trouver une famille pour Boots. À propos, mère, je sais que tu aimerais venir voir la pauvre Matilda, mais je crois qu'il serait plus prudent que tu restes à la maison. Parce que ça risque de chauffer.

Le professeur quitta des yeux le canard en papier mâché qu'elle était en train de terminer :

— Il n'est pas question une seule seconde que je manque à mon devoir. J'irai rendre une ultime visite à la dépouille de ma vieille amie. Merci de te soucier de ma sécurité, mais il ne faudrait tout de même pas me prendre pour une demeurée. Qu'est-ce que tu as encore été manigancer ? Cet homme y sera, c'est ça ?

Toute confuse, Miss Woodhouse répondit timidement :

— Pas si tu t'y opposes, mère.

— Je m'y oppose avec la plus grande fermeté, fit-elle en tapant si fort sur le canard que le volatile en eut la tête presque écrasée. Si tu es trop inepte ou paresseuse pour régler toute seule cette affaire, fais appel à quelqu'un d'autre. La municipalité dispose tout de même d'un certain nombre d'officiers de police.

Si l'incident jeta un froid sur toute la matinée, l'atmosphère redevint pourtant respirable dans l'après-midi et une harmonie relative régnait sur notre groupe lorsque nous partîmes pour la chapelle ardente. Dans son tailleur noir, Miss Woodhouse portait un deuil élégant, ma tenue bleu marine était convenable, le professeur était superbe : longue robe de soie noire, bottines noires boutonnées jusqu'en haut, châle noir, chapeau noir, voile noir, impossible de ne pas deviner où elle se rendait.

Dans la salle de réception, les membres du département d'anglais, regroupés, semblaient jouer à qui tirerait la mine la plus éplorée ou exhalerait le soupir le plus désespéré. Neville Carter nous indiqua une salle attenante.

— C'est là que repose la pauvre Matilda, dit-il. (Nous entrâmes doucement toutes les trois. Devant le cercueil, le professeur se plaça entre nous deux.)

— Chère Matilda, soupira-t-elle. Il est exact que tu n'étais pas d'un commerce très agréable, avec ton tempérament fougueux et vindicatif, mais ton intégrité était sans faille, et surtout quel merveilleux enseignant tu faisais ! Je suis heureuse que tu aies eu la chance d'être son élève, Iphigénie. Depuis que tu es passée entre ses mains, je crois bien que tu n'as pas fait une seule faute d'accord.

— Vous avez raison, mère, acquiesça Miss Woodhouse. Elle était féroce sur les fautes d'accords. Nous tremblions tous devant elle de peur de nous tromper. Mais aujourd'hui, je lui en suis reconnaissante.

Le professeur étouffa un sanglot — c'était bien la première fois que je l'entendais émettre pareil son. Mais une petite toux impatiente retentit derrière nous. Je me retournai, pour voir Carla Perry, les bras croisés, s'encadrer dans la porte, le visage sévère.

— Nous allons partir chez les Littel, annonça-t-elle. Neville m'a demandé de vous prévenir. Si vous voulez venir, c'est maintenant.

— Un moment, dit Miss Woodhouse sans se retourner et nous nous attardâmes encore quelques instants devant le cercueil. Ne vous faites pas de souci pour Boots, Docteur Arnold, pensai-je. Nous lui avons trouvé une bonne famille.

Tout en nous conduisant chez les Littel, Miss Woodhouse nous expliqua son plan et nous donna ses instructions. Quand nous arrivâmes, tous les membres du département d'anglais étaient réunis dans la petite salle de séjour. Se dirigeant droit sur Miss Woodhouse et s'accrochant à son bras, Neville Carter ne la lâcha pas d'une semelle, l'accablant d'une interminable litanie sur son profond chagrin, son respect pour le Dr Arnold et son désir ardent de voir le meurtrier traduit devant la justice. Effondrée dans un coin du canapé, Carla Perry sirotait son xérès en faisant la moue, comme si elle regrettait de ne pas avoir quelque chose d'un peu plus raide à boire. Le professeur, indifférente à ses soupirs, s'assit à côté d'elle et finit par l'entraîner dans une conversation décousue et entrecoupée de silences. Repérant Adam Pulen seul dans un coin, je le rejoignis. Comme j'avais encore les yeux humides après notre visite au Dr Arnold, il me donna un Kleenex, me tapota l'épaule et se fendit de quelques soupirs de compassion. Le moment étant venu de me montrer un peu plus avenante, je lui posai une question sur sa thèse. Ce fut comme si j'avais appuyé sur un bouton. Son visage s'anima et il se mit à parler abondamment, grands gestes à l'appui. J'approuvai vigoureusement de la tête à tout ce qu'il me débita, les yeux remplis d'admiration, comme si j'y avais compris quelque chose.

Jeffrey Littel, quant à lui, était en excellente forme. Son teint d'habitude si gris avait tourné à une couleur que je qualifierais de beige, et sa démarche... je n'irai pas jusqu'à dire qu'il était bondissant, mais en tout cas il ne traînait presque plus les pieds. Quel changement saisissant par rapport à hier ! Carafe au poing, il passait de l'un à l'autre, essayant à toute force de placer son xérès, parvenant même par moments à articuler jusqu'à trois syllabes par minute. Sa sœur, par contre, n'était pas d'humeur aussi sociable. Le visage fermé, elle nous collait les plateaux sous le nez, nous arrachait les verres des mains et aboyait en direction de son frère pour qu'il accélère un peu le mouvement. Une fois même, l'ayant surprise à me fusiller du regard, je lui répondis par mon sourire le plus avenant et me vis remerciée par un grognement.

Lorsque Neville Carter se décida à lâcher le bras de Miss Woodhouse, il leva son verre et s'éclaircit la gorge :

— C'est une bien triste occasion qui nous rassemble ici. Je propose que nous buvions à la mémoire de notre regrettée collègue Matilda Arnold.

Tout le monde s'exécuta avec des mines de circonstance.

— Et maintenant, continua-t-il, il nous faut penser à l'avenir. Comme vous le savez, Jeffrey, j'ai eu un entretien avec le directeur qui a décidé de vous nommer chef de département. Bien que les circonstances ne s'y prêtent guère, nous ne vous en présentons pas moins nos sincères félicitations.

Voilà donc pourquoi Jeffrey Littel était si frétillant. Un sourire béat aux lèvres, il cligna des yeux pendant un moment qui nous parut durer une éternité pour marquer son acceptation de l'honneur qui lui était fait.

Carla Perry, au contraire, sur le point d'exploser de fureur, ne put se contenir :

— Et le meurtre ? siffla-t-elle. Aucune décision ne peut être prise tant que ce problème n'est pas réglé. Où en est la police ? (Puis, se tournant vers Miss Woodhouse :) Et vous ?

— Oh, je ne... C'est-à-dire... coupa Jeffrey Littel, livide. Ce n'est... euh... ni le moment ni l'heure. Pensez à... Pauvre Matilda. Enfin, quoi.

Valérie Littel vida son verre :

— Et moi, je dis qu'il faut tirer cette affaire au clair, puisque tout le monde ici semble d'accord pour penser que c'est l'un d'entre nous qui a tué Matilda. Car si tel est bien le cas, je ne vois pas comment nous pouvons penser à l'avenir. Sans compter que s'il y a un assassin parmi nous, je tiens à savoir de qui il s'agit.

Adam Pulen secoua la tête.

— Le saurons-nous jamais, Valérie ? fit-il d'un ton

aussi désolé que résigné. Comment savoir s'il s'agit vraiment d'un meurtre, et non d'un suicide ou d'un accident ? Et quand bien même il s'agirait d'un meurtre, comment distinguer les bons des méchants ? Si Matilda, par son comportement intransigeant, a poussé quelqu'un à la tuer, n'est-elle pas en partie responsable de...

— Suffit, jeune imbécile ! tonna le professeur. Ça n'est pas d'un texte littéraire que vous parlez, mais d'une femme en chair et en os qui vient de mourir. Matilda a été assassinée, c'est *elle*, la victime. Quant à la personne qui a fait ça, c'est *elle* l'assassin. Me suis-je bien fait comprendre ?

Un sourire s'esquissa sur les lèvres d'Adam Pulen qui haussa les épaules en détournant les yeux. Miss Woodhouse prit alors le relais.

— En vérité, dit-elle, la police et moi-même avons fait un certain nombre de découvertes. Et bien que, effectivement, le lieu et l'heure soient mal choisis, un officier de police ne va pas tarder à arriver. J'ai jugé préférable de vous l'annoncer.

— La police... ici ? bafouilla Jeffrey Littel. Mais je ne... euh...

— Arrête de te ridiculiser, Jeffrey, coupa Valérie Littel. (Puis, se tournant vers Miss Woodhouse :) Va-t-il procéder à une arrestation ?

Miss Woodhouse haussa un sourcil mystérieux.

— Peut-être. Elle — c'est une femme, à propos — va tenter de découvrir la dernière pièce du puzzle. Si elle y parvient, il y aura une arrestation. La police et moi-même sommes persuadées que l'assassin n'est autre que la personne qui s'est introduite chez le Dr Arnold la veille de sa mort. Notre hypothèse ne va pas tarder à être confirmée.

— Mais qui est-ce donc ? s'impatienta Carla Perry.

— Pas avant l'arrivée de la police.

Au bout d'une bonne dizaine de minutes, une voiture

de police s'arrêta devant la maison. Après avoir fait entrer le sergent Judith Hoffer et son acolyte, Miss Woodhouse s'entretint plusieurs minutes avec eux avant de les présenter à l'assemblée.

— Le sergent Hoffer a apporté plusieurs photos du domicile du Dr Arnold, commença-t-elle. Certaines prises par Ms Russo la nuit dernière, d'autres par la police hier matin. Bien que la maison du Dr Arnold ne soit pas le lieu du crime, un prétendu vol par effraction y a eu lieu. C'est pourquoi le lieutenant Glass et ses collègues ont pris des précautions. Et ils ont bien fait. (Elle étala quatre photos sur la table basse.) Voici deux clichés du bureau du Dr Arnold et deux autres de sa chaîne stéréo. Vous observerez qu'ils sont pratiquement identiques, à deux détails près : sur les photos prises la nuit dernière on voit un livre ouvert sur le bureau, *Les souffrances du jeune Werther*, et une couverture de disque sur la chaîne, *La Tosca.* Or, ces deux éléments, qui n'apparaissent pas sur les clichés pris hier matin, n'ont été placés là ni par Ms Russo ni par la police. Nous en concluons donc qu'ils ont été mis là par la personne qui s'est introduite chez le Dr Arnold hier soir et a assommé Ms Russo en ouvrant violemment la porte du placard avant de disparaître. La question qui se pose est donc de savoir ce que *Les souffrances du jeune Werther* et *La Tosca* ont en commun.

— Sentimentalisme et médiocrité, lança le professeur Woodhouse d'un ton méprisant.

— Peut-être, répondit sa fille avec un sourire. Mais à part ça, le fait que les deux héros mettent fin à leurs tourments par le suicide. Il semble que notre visiteur ait placé ces deux éléments en évidence pour faire croire que le Dr Arnold avait également décidé de mettre fin à ses jours.

C'était là une attaque de front contre Adam Pulen.

— C'est ridicule ! s'exclama ce dernier. Aurais-je parlé de suicide en public si j'avais eu l'intention de monter une mise en scène me mettant en cause ? Ça n'aurait pas été très fin de ma part, vous ne trouvez pas ?

— Je ne vous accuse pas de finesse, monsieur Pulen, répondit Miss Woodhouse en haussant les épaules. Seulement de meurtre et de péché d'arrogance. Je crois que la vôtre ne connaît pas de limites. Dans cette affaire, alors que tout donnait à penser qu'il s'agissait bien d'un meurtre, vous vous êtes introduit une seconde fois dans la maison pour y monter une mise en scène destinée à brouiller les pistes et nous faire croire à la possibilité d'un suicide.

— Mais cela reste bel et bien une possibilité, insista-t-il. Tout est possible. De toute façon, je n'avais *aucune* raison de l'assassiner. Elle ne pouvait plus rien contre moi, puisque j'avais pris la décision de quitter Newton Academy l'année prochaine.

— Oui, continua Miss Woodhouse, afin de décrocher un poste à l'université. Mais pour assurer le coup, vous aurez besoin d'une recommandation du chef du département d'anglais. Une fois le Dr Arnold éliminé, la chaire revenait automatiquement à Jeffrey Littel — dont j'ai de bonnes raisons de croire que vous obtiendrez une recommandation étincelante. Alors que Matilda Arnold, non contente de vous refuser la lettre que vous convoitiez, se serait également fait un plaisir de contacter les universités auxquelles vous vous seriez adressé afin de les mettre au courant de votre passé, ruinant ainsi définitivement tous vos espoirs — perspective intolérable pour un jeune homme ambitieux tel que vous. Voilà ce dont elle vous a informé lors de votre entrevue. Je ne crois pas qu'elle ait dit un mot des aventures du Dr Perry avec les élèves.

— Quoi ! s'étrangla Carla Perry.

Sans l'ombre d'une hésitation, Adam Pulen se tourna vers sa collègue.

— Désolé, Carla, mais ça m'a semblé constituer un

bon mobile. C'est pourquoi je me suis senti obligé d'en informer Miss Woodhouse. Matilda m'a parlé de vos liaisons avec des élèves et m'a fait savoir qu'elle allait en informer le jury lors de votre entretien de titularisation.

— Impossible, contra fermement le professeur Woodhouse. Matilda n'aurait jamais dévoilé des éléments confidentiels à un jeune enseignant non-titulaire. Cela aurait été un manquement grave à l'éthique de la profession. Et si elle avait soupçonné le Dr Perry d'un comportement aussi infâme, elle n'aurait pas attendu son entretien de titularisation pour demander son licenciement immédiat. Il est hors de question qu'un établissement de la réputation de Newton Academy tolère ce genre de faute professionnelle un seul instant.

— Mais c'est entièrement faux ! protesta Carla Perry toute retournée. Jamais de ma vie je n'ai couché avec un élève. Je n'aurais jamais...

Miss Woodhouse vola à son secours :

— Je vous crois, Docteur Perry. Je suis certaine que vos relations avec les élèves sont irréprochables. Ce que nous sommes néanmoins en droit de nous demander, c'est comment il est venu à l'idée de Mr Pulen que vous aviez des rapports intimes avec les étudiants. Tout simplement parce que c'était une arme qui lui permettait de détourner les soupçons de lui-même. Car en la matière, Mr Pulen n'est pas une blanche colombe, loin s'en faut. La façon pour le moins indélicate dont il a utilisé la fille du révérend Carswell tend à montrer qu'il n'aurait pas hésité, pour les besoins de sa carrière, à se servir d'une autre femme : vous, en l'occurrence, puisqu'il s'imaginait que vous étiez plutôt du genre léger. Mais il y a mieux, continua-t-elle, brandissant une feuille de papier. Ceci est une copie d'une page du bloc-notes qui se trouvait sur le bureau du Dr Arnold, page dont le visiteur curieux peut fort bien avoir pris connaissance lors de son premier passage alors qu'il venait éteindre la veilleuse. Je lis : *Carla Perry. Relations avec les élèves. Va trop loin. Fâcheux pour le département.*

— Mais il n'est pas question de relations sexuelles ! protesta Carla Perry. Je suis persuadée qu'elle n'approuvait pas ma participation à la commission des problèmes étudiants et... oh !

— Parfaitement, confirma Miss Woodhouse. Vous avez mal compris la remarque du Dr Arnold, monsieur Pulen. C'est vous qui vous êtes introduit chez elle la nuit précédant le meurtre. Vous avez lu ce qu'elle avait inscrit sur son bloc-notes et l'avez mal interprété. Ses remarques au dîner et ses commentaires portés au crayon sur le *curriculum* du Dr Perry révélaient ses intentions réelles. Mais votre erreur d'interprétation vous a mené à accuser à tort le Dr Perry.

— À accuser... Ça alors ! s'exclama Jeffrey Littel. Quoi... Une collègue, un membre de... Non ! Et la solidarité ? Inadmissible, Adam ! Et... Ça alors !

— Quelle limpidité ! Lumineux, comme toujours, ironisa le professeur Woodhouse. Mais en ce qui concerne la solidarité entre enseignants, Mr Pulen n'est pas le seul à s'être quelque peu laissé aller. Chacun d'entre vous est venu hier au bureau nous faire des confidences peu élogieuses sur l'un de ses collègues. À votre place, je mettrais ce point à l'ordre du jour de la prochaine assemblée de département.

— Très juste, mère, approuva Miss Woodhouse. Mais d'un autre point de vue, Mr Pulen est de loin le plus méprisable. Car lorsqu'il s'est aperçu qu'un meurtre pouvait servir ses intérêts, il n'a pas reculé : il est passé à l'acte. Rien n'aurait pu l'arrêter, ni compassion, ni sens moral. Après avoir harcelé Matilda Arnold pendant un mois, il n'a pas hésité à l'assassiner.

Adam Pulen lui jeta un regard glacial.

— Prouvez-le, fit-il d'un air de défi.

— Très bien, dit Miss Woodhouse, qui adressa un signe de tête au sergent Hoffer.

Cette dernière fit un pas en avant.

— Monsieur Pulen, pourriez-vous me montrer votre trousseau de clés, je vous prie ?

Il hésita, puis, haussant les épaules, s'exécuta.

— Ça ne prouve rien, ajouta-t-il.

Le sergent retira du trousseau une clé plus brillante que les autres qu'elle compara à une clé qu'elle venait de sortir de sa poche.

— Identique, annonça-t-elle. Monsieur Pulen, je vais vous lire vos droits.

— Salaud ! hurla soudain Valérie Littel. Assassin ! Je t'aimais, tu disais que tu m'aimais, et j'ai menti par amour pour toi ! C'est toi que j'ai vu sortir de la salle à manger ce soir-là, et pour te couvrir, j'ai menti, j'ai dit que c'était Neville. Et tu ne trouves rien de mieux que de faire le joli cœur devant cette petite secrétaire de rien du tout !

— Quoi ! s'exclama Neville Carter. Tu as dit que c'était moi ?

Satisfaite, Miss Woodhouse hocha la tête.

— Voilà la confirmation que j'attendais. Merci, Harriet, vous avez été parfaite. Je sais combien cela vous a coûté de faire semblant de boire les paroles de ce monsieur, mais vous avez réussi à provoquer chez Ms Littel la réaction que j'attendais. Monsieur Pulen, vous êtes cuit.

Il soutint effrontément son regard. Même les menottes ne semblèrent pas l'impressionner. Peur et honte n'avaient pas la moindre prise sur lui.

— Si j'étais vous, je serais moins affirmative. Et gardez vos leçons de morale, je vous prie. Vous voulez me détruire, c'est ça ? Je ne vois pas de différence entre ce que vous faites et ce dont vous m'accusez.

— Pourtant, monsieur Pulen, répliqua doucement

Miss Woodhouse avec un sourire sévère. Il y en a une. Une grosse, même.

*
* *

Ça n'était pas tout à fait la fin de l'histoire. Adam Pulen plaida non coupable et monta un bateau énorme expliquant pourquoi le Dr Arnold lui avait remis un double de la clé de son domicile et pourquoi elle n'avait confié qu'à lui le secret des aventures amoureuses de Carla Perry. Puis, il se réconcilia avec Rebecca Carswell — sa fiancée abandonnée — qui, avec l'aide de Valérie Littel, emprunta une grosse somme d'argent pour payer sa caution. Cela fait, il disparut, laissant les deux femmes dans le désespoir et les dettes jusqu'au cou. Quelques mois plus tard, la police de Californie l'arrêtait dans la cafétéria d'une université où il avait utilisé un faux nom pour faire tout un numéro à un certain nombre de professeurs en chaire, les émerveillant avec les diplômes qu'il avait obtenus en Europe mais dont il ne pouvait pas pour l'instant les leur présenter, le secrétariat de son université venant d'être détruit par un incendie. On l'a ramené à Annapolis pour y être jugé. Et cette fois, il n'y aura pas de liberté sous caution.

Le soir de son arrestation, les dames Woodhouse et moi-même célébrâmes l'événement comme il se doit, devant une bouteille de champagne et un poulet farci aux olives et aux oignons.

— Il est capable de s'en tirer, fis-je en m'appropriant une cuisse. Doué comme il est pour broder, il peut fort bien embobeliner le jury. Il va encore leur sortir un truc invraisemblable et impossible à réfuter. Avec lui, pour prouver quelque chose, il faut se lever de bonne heure.

— Et pourtant, il est toujours possible d'apporter une preuve, ma petite Harriet, dit sereinement le professeur

Woodhouse. Pas facile, mais possible. Il faut faire confiance au bon sens et ne jamais avoir peur de dénoncer les absurdités et les crimes en les appelant par leur vrai nom, même lorsqu'ils avancent masqués par une présentation intelligente et apparemment logique. Je pense que c'est là ce que vont faire les membres du jury. Moins intellectuels que les membres du département d'anglais de Newton Academy, ils ne se laisseront pas mener en bateau. Ça n'est pas Mr Pulen et ses histoires qui vont les impressionner. N'ayez aucune crainte, ma petite Harriet, ils le convaincront de meurtre.

Miss Woodhouse esquissa un sourire.

— C'est ainsi qu'Adam Pulen deviendra enfin un homme de conviction.

Pour une raison obscure, la remarque me sembla si drôle que j'éclatai de rire. Le professeur ne fit pas chorus.

— Vous lui faites trop d'honneur, ma petite Harriet. Iphigénie n'a aucun sens de l'humour. Elle n'a jamais fait un bon jeu de mots de sa vie.

— Celui-ci n'était pas si mauvais que ça, mère, protesta Miss Woodhouse. J'ai entendu pire.

Guère convaincue, le professeur haussa les épaules et Miss Woodhouse émit un petit gloussement de plaisir. Nous bûmes à la mémoire de Matilda Arnold et fîmes un sort au poulet farci.

Death in Small Doses
Traduction de Dominique Wattwiller

Table

IMPRIMÉ EN FRANCE PAR BRODARD ET TAUPIN
Usine de La Flèche (Sarthe).
LIBRAIRIE GÉNÉRALE FRANÇAISE - 43, quai de Grenelle - 75015 Paris.

ISBN : 2 - 253 - 13956 - 4 31/3956/5